한반도와 일본어 시가 문학

한반도와 일본어 시가 문학

엄인경 지음

KOREA
UNIVERSITY
PRESS
고려대학교
출판문화원

※ 본 저서는 대한민국 교육부와 한국연구재단의 재원으로 대학 인문역량 강화사업 (CORE)의 지원을 받아 수행됨

머리말

하이쿠[俳句]나 단카[短歌]는 무라카미 하루키[村上春樹]와 더불어 가장 세계화에 성공한 일본 문학이라 할 수 있다. 그럼에도 불구하고 20세기 한반도에서 창작되고 유통된 수많은 단카, 하이쿠, 센류[川柳], 심지어 도도이쓰[都々逸]와 같은 일본의 전통시가에 관해서는 알려진 바가 거의 없다. 더욱이 일제강점기 한반도에서 간행된 대부분의 일간지에 시, 소설보다도 오히려 단카, 하이쿠, 센류가 주요 문예로서 수록되었고, 이러한 전통시가 관련 단행본이나 전문 잡지가 수십 종에 이르도록 다양하게 간행되었다는 사실과 그것이 한국에서는 물론 일본에서도 잘 알려지지 않았다는 측면은 새삼 놀라울 정도다. 따라서 이 책에서는 한일관계의 질곡을 고스란히 보여주는 20세기 전반기에, 한반도를 배경으로 전개되었지만 체계적으로 정리된 적 없는 일본어 시가 문학에 대해 기술하고자 한다.

이 책 『한반도와 일본어 시가 문학』은 한반도를 배경으로 창작된 헤아릴 수 없이 많은 단카, 하이쿠, 센류, 도도이쓰 등 세계적으로 유명한 일본 단시형(短詩型) 문학이, 20세기 전반 일제강점기라 칭해지는 시기에 한일관계의 시대별 쟁점을 어떻게 구현하고 식민지 '조선'을 어떻게 표상했는지 구체적이면서도 종합적으로 다루고자 한 시도다. 즉 일제강점기 한반도의 일본어 문학이 어떻게 성립되었으며 어떠한 형태로 전개되었는가를, 당시 식민지 일본어 문학 중 가장 주류적 위치에 있었던 단카, 하이쿠, 센류, 도도이쓰 등 일본 전통의 시가 문학을 중심으로 구성했다.

이 시기 한반도로 건너온 재조일본인들은 일찍부터 다양한 형태의 문학 유파를 만들었고 이러한 문학 결사는 일본의 '중앙' 문단이나 구 '만주' 지역, 멀리는 타이완에 이르기까지 다양한 네트워크 속에서 기능했다. 이 책에서는 일본과 한반도의 일본어 문학이 어떤 방식으로 문화교섭을 하고 있었는지도 다루고자 한다. 또한 일본의 가장 전통적인 문예가 어떤 이유로 한반도에서 광범위하고 다양하게 영위되고 있었는가 하는 일본어 시가 문학의 역할과 기능에 대해서도 고찰할 수 있도록 약 40년간의 한반도의 일본어 문학과 식민지주의의 관계를 추적해 볼 것이다. 아울러 한정된 시기의 일본어 전통시가라는 한정된 장르에 관한 문학사 서술이므로, 이 책에서는 현존본을 가급적 망라하여 다양한 문헌을 소개하고, 각 문헌의 특징이나 대표적 인물의 역할, 해당 시가 작품의 실례(實例) 인용, 그 실례의 유형 제시 등을 통해 문학을 통한 시대 해석 방식을 지향한다.

20세기 한반도에서 대규모로 창작 및 유통된 일본어 시가 문학은 식민지주의에 부응하는 부(負)의 면모만을 갖는 것이 아니라, '조선'과 '조선인', '조선 문화'에 대한 우호적 이해, '조선' 특유의 아름다움이나 특수성에 대한 발견, 민요나 가요와 같은 '조선'의 시가 문학 역시 적극적으로 연구 테마로 삼았다. 또한 이 책을 통해 일본어 시가 작가들이 조선적인 것을 수립하고자 했던 조선의 대표적 문화인, 지식인들과도 소통하고 있었고, 1940년대의 이른바 '친일문학' 이전에도 뜻밖에 많은 조선인들이 이른 시기부터 일본어 시가 문학 창작에 참여했던 복잡다단한 한일 문학 교류의 양상도 일정 부분 접할 수 있을 것이다.

20세기 출발과 함께 시작되어 1945년 광복과 더불어 거의 단절되다시피 한 기간에 이르기까지 한반도의 일본어 시가 문학을 시기적 특색 혹은 장르의 특징에 따라 총 10강으로 구성했다. 애초에 목표했던 망라(網羅)라고 하기에 감히 어려운 성긴 부분이나 아직 깊이 있게 손대지 못한 원자료의 제시에 그친 부분 또한 여전한 것이 사실이지만, 그 불충분함이 한반도에서 전개된 일본어 시가 문학의 다채(多彩)를 가능한 한 광범위하게 전달한다는 의도의 관철로 조금이나마 갈음되기를 바란다. 나아가 이 책이 일본어 시가 문학에 대한 상식과 독해 능력의 함양, 문학을 통해 20세기 그리고 21세기의 한일관계를 바라보고 이해하는 시각의 단초를 제공할 수 있다면 더없이 다행이겠다.

마지막으로 이 책이 형태를 가지고 세상에 나올 수 있게끔 기회를 주신 고려대학교 CORE사업단 여러 선생님들께 감사드리며, 까다로운 편집과정과 촉박한 일정에도 묵묵히 애써주신 고려대학교 출판문화원에 심심한 사의를 표한다.

2018년 12월 안암동 연구실에서

저자 씀

목차

서 - 일본어 시가의 현재성, 세계성, 그리고 한반도

한시(漢詩)에 대한 '일본[大和]의 노래[歌]'라는 의미의 와카[和歌]로 통칭되는 일본의 전통적 시가 문학은 천오백 년이 넘는 오랜 역사를 갖는다. 약 두 세기에 걸친 와카를 모았다고 하는 『만요슈[万葉集]』가 8세기 중엽에 성립되었고, 그에 수록된 와카 중 대부분이 5·7·5·7·7 다섯 구의 서른 한 음절 정형을 취하는 단카[短歌]였기 때문에 이후 와카는 거의 단카를 일컫는 것으로 통용되었다. 이후 905년 『고킨와카슈[古今和歌集]』을 필두로 하여 칙찬집(勅撰集)이 간행되면서 그 「가나 서문[仮名序]」에 의해 와카는 문장경국(文章經國)의 이념을 실현하는 위치를 오래도록 갖게 된다.

이어 1205년 와카의 중층성과 기교적 화려함이 극에 달한 것으로 평가되는 『신코킨와카슈[新古今和歌集]』를 거쳐 1439년의 『신쇼쿠코킨와카슈[新続古今和歌集]』에 이르기까지 21대집(代集)을 꼽는 칙찬집 외에도 귀족 문인들의 큰 행사였던 우타아와세[歌合], 헤아릴 수 없이 많이 존재했던 개인 문집에 해당하는 사가집(私家集)에 이르기까지 일본 고전 와카의 세계는 방대하다. 더욱이 와카는 중세의 렌가[連歌]라는 즉흥과 유행의 시가 문학 시대를 거쳐 에도[江戸] 시대에 이르렀고, 이윽고 와카의 홋쿠[発句] 5·7·5 세 구의 열일곱 음절이 독립하여 마쓰오 바쇼[松尾芭蕉]에 의해 하이카이[俳諧]가 시가 문학의 한 장르로 성립하게 되었다. 이것이 근대에 들어 마사오카 시키[正岡子規]의 시가 문학

혁신 과정에서 하이쿠[俳句]로 명명되고 이후 현재성과 세계성을 획득하면서 세계에서 가장 짧은 시형으로 널리 알려지게 된 것이다.

현재성은 하이쿠코시엔[俳句甲子園]이라 일컬어지는 고교 하이쿠 대회, 다와라 마치[俵万智]라는 여류 가인(歌人)의 『샐러드 기념일(サラダ記念日)』 가집을 위시한 엄청난 문학적 성공 사례, 해마다 대대적인 수의 아마추어 작가들의 응모가 이루어지며 일본의 유행어와 현세태를 반영해 내는 '샐러리맨 센류(サラリーマン川柳)' 콩쿠르 외에도 일본 각지에서 이루어지는 시가 문학 모임과 잡지 발간 등의 현황에서 알 수 있다.

하이쿠코시엔의 한 장면

샐러리맨 센류 홈페이지

세계성이라 함은 북미의 초중등 교과서에 하이쿠가 수록된 지 오래며, 온갖 최신의 기법을 구사한 헐리우드 영화에서 사무라이를 연상시키는 복장을 갖춘 로봇 외계생명체가 영어로 하이쿠(HAIKU)를 읊는 장면에서 상징적으로 드러난다. 유럽에서도 프랑스를 중심으로 요사 부손[与謝蕪村]의 구(句)와 그림, 바쇼의 구가 소개되거나, 국제하이쿠교류협회[国際俳句交流協会, HIA]에 따르면 독일 〈뮌헨 구회[ミュンヘン句会]〉의 활동상도 보고되고 있다. 아시아 각지에서도 물론 하이쿠를 중심으로 한 일본어 시가창작이 이루어지고 있으며, 한자로 짓는 '간파이[漢俳]'

나 타이완의 하이쿠라는 '완파이[湾俳]'가 알려져 있을 정도다. 특히 타이완의 경우 단카 창작도 왕성하여 『타이완 만요슈[台湾万葉集]』는 일본에서 큰 화제를 불러일으키기도 했다.

『타이완 만요슈』 표지

이러한 현황에 비해 한국에서 일본의 시가 문학에 대한 관심이나 호응, 창작의 양상은 눈에 띄게 저조하다고 할 수밖에 없다. 물론 그 가장 큰 요인이라면 질곡의 한일 간의 역사와 관계성이 거론될 것이다. 한일 관계가 가장 좋았다고 평가되는 2000년 전후의 시기에조차 한국인 가인 손호연 씨가 일본어로 단카를 지은 것이 한국 사회에서 이해를 얻지 못했을 뿐 아니라 널리 알려지지조차 않았던 것에서 단적으로 알 수 있다. 그런데 알려지지 않은 사실은 이 정도에서 그치지 않는다. 1945년 광복 이후 일본으로 귀환하기 전까지 재조일본인과 식민지 '조선인'이 한반도에서 어마어마한 규모의 일본어 시가 문학을 창작하고 향수했다는 사실이 대표적이다.

개항 후 한반도에 일본인들이 거류하기 시작한 이래로 1910년대까지는 주로 신문이나 잡지와 같은 일본어 매체의 문예란이 많은 모집 단카와 하이쿠 발표의 장이었다. 단카와 하이쿠만이 아니라 센류, 도도이쓰, 신체시, 각종 가락[節]이라는 이름이 붙은 유행가 등 다양성도 주목할 만하다. 1920년대 이후에는 그 다양성과 규모가 비할 바 없이 확대된 것은 물론, 각 장르별로 전문 잡지나 단행본 작품집도 방대한 규모로 간행되었다.

2013년도에 입수 가능한 현존본을 수합하여 『한반도 · 중국 만주 지역 간행 일본 전통시가 자료집』(전45권, 이회)을 간행했는데, 간행 이후에 몇 종의 잡지와 단행본을 추가로 발굴했고, 이에 관해서는 각 자료의 서지사항을 이 책 말미의 부록을 통해 정리하여 제시했다.

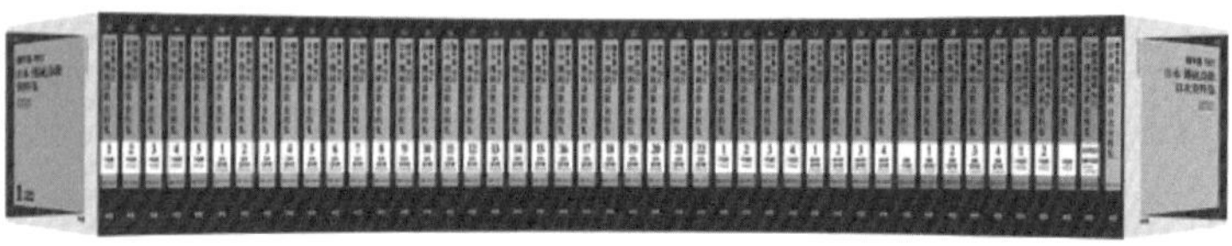

『한반도·중국 만주 지역 간행 일본 전통시가 자료집』(전45권, 이회)

따라서 이하 1강부터 10강까지는 20세기 초두부터 1910년대까지 한반도에서 간행된 일본어 잡지의 문예란에서 자료를 섭렵하고, 1920년대부터는 위의 자료집에 수록된 단행본이나 전문 잡지의 내용을 다루며 그 이후 발굴한 자료들도 한반도에서 전개된 20세기 전반기의 일본어 시가 문학의 스펙트럼을 보여주기 위해 최대한 언급해 나갈 것이다.

또한 이 중 일제말기 한반도의 일본어 시가 문학을 이해하는 데 가장 중요한 자료라 할 수 있는 잡지 『국민시가(國民詩歌)』는 식민지 문학을 함께 공부한 연구자들과의 협업으로 2015년에 현존본 여섯 호를 완역했다. 그리고 이에 관한 상세한 연구 내용은 『문학잡지 『國民詩歌』와 한반도의 일본어 시가 문학』(2015, 역락)이라는 단행본을 통해 그 성과를 보고한바, 이 책의 9강에서는 『국민시가』와 국민시가발행소에 관해 간략히 다루었으므로 일제말기의 한반도 시가 문학과 관련해서는 해당 서적의 참고를 권한다.

식민과 피식민이 지배 혹은 피지배, 협력 혹은 저항, 친일 혹은 반일, 우월감 혹은 열패감과 같은 이분법으로 단정될 때 생기는 문제점은 현재까지도 목도되는 바이며, 그렇게 단정지어 이분할 수도 없다는 것은 학문적으로 자명하다 할 수 있다. 1강부터 10강에 이르기까지 이하에서는 재조일본인과 식민지 '조선인'들이 약 40여 년 동안 한반도에서 일본어 시가 문학을 어떻게 영위했는지를 가급적 통시적으로 그리고 장르별로 정리하며 장르 주변부의 주요 인물과 서적까지 아울러 해설하는 방식으로 전개해갈 것이다.

『국민시가』현존본 완역과 연구서 『문학잡지 『國民詩歌』와 한반도의 일본어 시가 문학』

메이지유신[明治維新]을 단행한 일본이 시가 문학에서 어떠한 움직임을 보였는지를 기준점으로 하여, 20세기 벽두에 한반도로 이동한 초기 일본어 시가 문학의 잉태상부터 살펴보기로 하자. 그리고 일제강점기 말기에 이르도록 왕성히, 그리고 복잡한 양상을 띠면서 창작된 일본어 시가 문학의 마지막 모습까지를 읽어나간다면, 1945년 이후부터 21세기를 지나 현재에 이르기까지의 한일 관계와 문학이 내포한 어떠한 단절과 변모라는 것을 보다 입체적으로 이해할 수 있을 것이다.

1강
초창기 한반도 하이쿠 창작의 양상

1. 메이지[明治] 시대 일본 시가 문학과의 관련성

일본인들의 한반도 거류가 시작된 초기의 일본어 문학을 이해하기 위해서는, 먼저 일본에서 메이지[明治] 시대 전통 시가 문학이 어떠한 동향을 보였는지 살펴볼 필요가 있다. 메이지 시대의 전통 시가 문학이라고 하면 당시로서는 한시(漢詩), 하이쿠, 단카를 들 수 있는데, 이 장르가 한반도에서 이루어진 일본어 문학의 성립과 전개에 어떠한 관련을 가졌는지 개관해 보기로 한다.

일본은 1868년의 메이지 유신[明治維新]을 계기로 근대국가로 재탄생하게 되었다. 이 시기 일본어라는 언어에 부여된 지상과제라고 한다면 한자 및 한문을 기반으로 한 중화적 보편질서에서 탈피하는 것을 첫 번째로 꼽을 수 있다. 그 맥락에서 유신을 전후한 일본에서는 1866년에 건백서「한자 폐지의 의(漢字御廃止之議)」와 같은 한자폐지론까지 대두되면서 일본의 국자(國字)문제가 부상했다.[1] 그러나 사실상 그러한 움직임과는 이율배반적으로 메이지 시대는 한자 범람의 시대였다고 할 수 있고, 한시 애호층도 두텁게 형성되어 있었다. 1890년대 이후 도쿄의 모든 일간지에는 〈시란(詩欄)〉이 마련되어 있었는데, 여기에는 이토 히로부미[伊藤博文]를 위시한 신정부의 고관들이 한시를 게재했다.

실제 이토 히로부미는 통감부 초대 통감으로 취임하여 조선에서 정

---

1 イ・ヨンスク(1996)「明治初期の'国語問題'」『国語という思想』, 岩波書店, pp.26～46.

치적 영향력이 가장 큰 일본인이 되었는데, 이름과 슌보코[春畝公]라는 필호도 사용하며 조선에서 발행된 일본어 잡지에도 많은 한시를 게재함으로써 지적 교양의 과시와 문화적 지배력 행사의 효과를 가질 수 있었다. 예를 들어 부산에서 간행된 잡지 『조선지실업(朝鮮之実業)』 제25호 〈문원〉에도 이토의 한시가 게재되어 있는데, 안중근에 의해 저격되어 사망한 1909년 이후에도 이토의 한문학적 학식의 권위는 식민지기에 여전히 지속된다.

그리고 잡지와 신문과 같은 한반도의 일본어 매체에서 일본의 요인들과 한국의 문관들 역시 한시로 문학적 소통을 하는 경우가 상당히 많았다. 요컨대 한시는 한반도에서 창작된 초기 일본어 문학으로도 이어져 한동안 지속적으로 유지, 성행하는 장르였다.[2]

메이지 시대 후반에 일본에서 하이쿠와 단카라는 시가 문학의 부활을 이끈 장본인은 마사오카 시키[正岡子規]이다. 그는 1896년에 그의 수필 「송라옥액(松蘿玉液)」에서 시에 관하여 다음과 같은 의견을 피력했다.

> 오늘날의 문단에서 단카, 하이쿠, 시(詩), 이 세 가지를 비교하여 그 진보의 정도를 비교함에 한시를 제일로 보고 하이쿠를 제이로 보며 단카를 제삼으로 본다. (그 한시라고 하거나 하이쿠라고 하는 것은 모두 구파의 노인들 것을 포함하지 않는다) 내가 시(詩)를 보는 견해는 이와 같다.[3]

---

2 林慶花(2009) 「志士와 文人, 정치와 문학-일본에서의 漢詩의 근대와 지식인-」 『大東文化研究 第65輯』, 성균관대학교 대동문화연구원, pp.351~377.

3 正岡常規(1896), 「松蘿玉液」, 『子規全集 随筆 上』(1924), アルス, p.17. 이하 이 책의 모든

근대 일본어 시가 문학의 혁신을 이룬 마사오카 시키

위의 내용은 마사오카 시키 28세 때의 일기식 수필 내의 내용으로, 우선 시키가 '시'를 논하는 것에 대해 주목하고자 한다. 단카 및 하이쿠와 병렬되는 앞의 '시'는 '한시'를 의미하지만, 인용부 마지막 부분의 '시'는 서양의 시 장르에 대응하는 일본의 시가 전체를 의미하는 것을 알 수 있다. 이 글에서 보이듯 마사오카 시키는 서양의 시 개념에 응수할 수 있는 일본의 국민적 시가를 갈망했던 것을 알 수 있다. 그리고 종래의 일본시적인 축적을 결집해 국시(國詩)를 성립시켜야 한다는 목표를 내세우게 된다. 바로 이 지점에서 국시에 대한 갈망으로 일본 최고(最古)의 가집 『만요슈[万葉集]』가 높이 재평가되면서 국민적 시가로 자리매김하게 되었다.[4] 또한 마사오카 시키는 그 운동의 일환으로 근대 단카와 하이쿠 용어의 범위를 넓게 확장하는 동시에 다양한 표현영역을 획득함으로써 문학화하기를 구상했던 것이다.

이 시기 일본은 세계 일등국을 목표로 하여 일종의 환상(幻像)이라고도 할 수 있는 '국민적' 가치와 '국민적' 시가를 필요로 했고, '국민적' 글자인 가나[仮名]에 의한 근대 하이쿠와 단카는 걸출한 문인 시키의 등장으로 개혁을 받아들인다. 특히 '사생(写生)'이라는 수법으로 대표

인용문 번역은 필자에 의한 것이다.

4 品田悦一(1999) 「国民詩歌としての『万葉集』, ハルオ・シラネ・鈴木登美 編 『創造された古典』, 新曜社, pp.48~84.

되는 마사오카 시키의 하이쿠와 1897년에 그가 창간한 하이쿠 잡지 『호토토기스(ホトトギス)』는 이후 오래도록 그리고 널리 일본의 하이쿠 세계를 장악하게 된다. 이후 1902년에 시키가 사망한 후, 그 문하생들 중에 쌍벽이라 일컬어지며 유명세를 누린 다카하마 교시[高浜虛子]와 가와히가시 헤키고토[河東碧梧桐]가 문단에서 라이벌처럼 경쟁하며 하이쿠 문단을 견인했다.

『호토토기스』를 견인한 다카하마 교시

하이쿠의 혁신운동을 거듭한 가와히가시 헤키고토

이제 그 시기 한반도의 초기 일본어 시가 문학의 상황으로 화제를 옮겨보기로 한다. 1900년대에 들어와 식민지 '조선'에서는 일본인 거류지를 중심으로 일본어 매체가 등장하고 그 안에 문예란을 마련하면서 하이쿠 장르가 가장 먼저, 수적으로도 많은 비율을 점유하게 되었다. 이와 관련하여 흥미로운 점은 당시 '내지' 일본에서 하이쿠나 단카를 둘러싸고 논의되었던 담론들이 재조일본인의 일본어 매체에도 반영되어 나타난다는 점이다.

부산에서 간행된 『조선지실업』의 〈문원(文苑)〉에 나온 다음 글을 보자.

겐로쿠(元禄)의 하이진(俳人)은 하이쿠에 한 기원을 만든 점에서만도 훌륭하다고 할 수 있다. 한 기원을 만들었다기보다 처음으로 천지를 열었다고 말하는 편이 온당하리라. …(중략)… 그리고 덴메이[天明]의 하이진은 겐로쿠 하이진이 토대를 만들어 둔 개간지에 여러 종류의 화훼[花卉]를 심었다는 측면에서 크게 성공했다. …… 메이지의 하이진은 겐로쿠, 덴메이 두 하이진의 뒤를 이어 …… 하이쿠 이외에 사생이라는 문장체를 만듦으로써 하이쿠 창작의 여력을 오로지 그 방면으로 쏟았다.[5]

이것은 1905년 간행된 『조선지실업』 안에서 가와히가시 헤키고토가 쓴 글 「하이쿠 이야기 단편[俳話断片]」에 보이는 일부 내용이다. 위에서 언급하는 겐로쿠의 하이진, 덴메이의 하이진, 메이지의 하이진이란, 순서대로 마쓰오 바쇼[松尾芭蕉], 요사 부손[与謝蕪村], 마사오카 시키를 일컫는다. 에도 문학이 가장 화려하게 꽃핀 겐로쿠 시대에 기행과 하이쿠를 접목하여 하이분[俳文]이라는 문학을 창조해 낸 마쓰오 바쇼, 그로부터 약 한 세기 후 이번에는 회화와 하이쿠를 하나의 예술로 담아낸 하이가[俳画] 장르를 완성하고 유럽에서도 큰 인기를 얻게 된 부손, 그들과 나란히 또 약 한 세기 후 사생이라는 문장 스타일을 개척한 스승 시키를 높이 평가하는 정리방식을 볼 수 있다.

그리고 또 한 가지 중요한 내용은 '사생'이라는 기법이 메이지 하이쿠의 가장 큰 달성으로 인식되었으며, 1900년대 초 한반도에서 이루

5 碧梧桐(1905) 「俳話断片」, 『朝鮮之實業』第7号, 2권의 pp..582-584. 이하 『조선지실업』의 인용 페이지는 정병호·엄인경 편(2014) 『근대초기 한반도 간행 일본어 잡지 자료집』(전18권 중 『朝鮮之實業』 2~5권, 이회)에 따른다.

어진 하이쿠 관련 담론에서도 하나의 키워드가 된 용어라는 점이다.

아울러 비슷한 시기 일본의 가단(歌壇) 쪽 동향을 살펴보자면 『묘조[明星]』나 이시카와 다쿠보쿠[石川啄木]처럼 메이지 시대의 신파(新派) 단카가 등장하기에 앞서 상당 기간 가론(歌論) 및 가학(歌學)의 시대가 전개된 바 있다. 구체적 연대로 보자면 1890년대부터 1900년대 초기라 할 수 있는데, 이때 대부분의 신문과 잡지들에 발표된 수많은 가론과 가학을 거침으로써 메이지의 새로운 단카가 탄생했다고도 볼 수 있다. 가론 및 가학이란 일본 문예이론의 유구한 역사를 갖는 분야로, 헤이안[平安] 시기부터 성립되어 중세에 화려하게 꽃핀 일본 특유의 시가문학에 관련된 이론 장르이다.

물론 에도 시대에도 가론과 가학은 융성했지만 에도 시대의 와카 자체가 매너리즘에 빠졌다는 평가가 우세한바, 일본 가단의 논란이 역사상 다시 수면위로 불거졌다고 볼 수 있는 것이 1890년대 전후인 셈이다. 앞서 언급한 마사오카 시키를 비롯해 일본의 '국시'를 수립하려는 동향은 하기노 요시유키[萩野由之] 등의 「국학 와카개량론[国学和歌改良論]」(1887)이나 요사노 뎃칸[与謝野鉄幹]의 「망국의 소리[亡国の音]」(1894)와 같은 강렬한 가론과도 관련이 깊다. 그리고 이 같은 와카를 둘러싼 혁신적 주장이 등장할 때마다 문단에서는 그에 대한 찬반론도 거세게 일어났다.[6] 하지만 이러한 가론들은 일본의 전통시가 장르인 와카 자체를 부정했다기보다는 유파나 계통, 와카의 일정 특징과 난해함에 대한 제한된 부정이 주된 내용이었다.

---

6 小泉苳三(1940) 『明治歌論資料集成』 立命館出版部, pp.1~765., 久松潜一 外編(1973) 『近代詩歌論集』 日本近代文學大系59, 角川書店, pp.1~496. 참조.

한반도에서 간행된 일본어 매체의 초기 〈문원〉을 보면, 하이론[俳論]은 비교적 자주 게재된 것에 비해 인상적인 가론(歌論)은 찾아보기 어렵다. 다만 단카와 렌가[連歌] 장르 창작 자체는 한동안 지속되었고, 와카라는 일본 전통운문이 가진 정통과 역사성 중에서도 일정한 특성이 취사선택되곤 했다. 한반도 내의 초기 일본어 문학을 구성하는 가장 주요한 장르였던 하이쿠와 단카는, 이처럼 1890년대부터 1900년대에 이르는 일본의 전통시가 장르를 둘러싼 다양한 담론과 주장, 새로운 시도 등을 배경으로 흡수했다. 그리고 조선의 하이쿠와 단카에 이를 반영시키고자 하면서 한반도 일본어 문학의 주요 장르로 창작, 유통되어간다.

2. 부산 거류 일본인들의 하이쿠〔俳句〕 결사 〈일일회(一一會)〉

당시 한반도와 같은 '외지'에서 일본어로 창작된 단카, 하이쿠 문학은 일본 내의 움직임을 반영하고는 있었다. 하지만 일본 밖의 지역이라는 '외지'의 공간성 때문에 훨씬 복잡한 양상을 띨 수밖에 없었다. 1900년대 초 식민지 '조선'에서 이루어진 일본어 문학 중 일본 시가장르의 특징과 역할을 파악하기 위해, 당시 대표적 일본어 잡지 『조선지실업』의 〈문원〉란을 살펴보기로 하자.

〈문원〉란에는 산문은 물론이고 하이쿠를 위시한 전통시가가 매호 게재되고 있었다. 아직은 소설계나 여타의 산문 장르에 문학결사가 보이지 않는 시기였는데, 일본의 전통운문인 단카나 하이쿠, 그리고 시와 같은 시가 분야에는 이미 문학결사가 일정 이름을 가지고 조직되어 활동한 것을 확인할 수 있다.

『조선지실업』과 전신 『조선평론』, 후신 『만한지실업』이 수록된
《근대초기 한반도 간행 일본어잡지 자료집》(2014, 이회)

『조선지실업』에는 창간호부터 〈문원〉란에 〈일일회〉라는 문학회 회원들의 하이쿠가 게재되어 있으며 모쿠안[默安], 도난[斗南], 호사이엔[芳哉園], 쇼키[笑鬼], 란코[爛紅], 기몬[鬼門], 고텐[皐天], 하쿠가이[白皚], 난메이[南溟], 긴모[金毛], 소테이[草汀] 등 스무 명 남짓의 하이고[俳号]를 확인할 수 있다. 창간호 〈문원〉란의 하이쿠에 이어서는 바로 현상 과제를 공모하며 계어(季語)와 마감일을 지정하고 있고, 1등, 2등, 3등에게 주어지는 상은 각각 『조선지실업』 1년, 6개월, 3개월 구독권이었다. 공모와 현상이라는 제도를 이용하여 〈일일회〉는 회원을 확대해갔으며, 「회원영초(會員咏草)」에 『조선지실업』 제5호까지 한 구 이상의 하이쿠를 발표한 사람은 1905년도에만 50명 이상을 헤아리기에 이르며 상당수 회원을 확보해간 하이쿠 문학결사였음을 반증한다. 『조선지실업』 초창기 〈문원〉란은 이처럼 〈일일회〉 회원들의 하이쿠 및 하이론[俳論]으로 주도되었다.

이 중 〈일일회〉를 주도한 것은 기몬[鬼門]이었던 듯하다. 그에 관해 먼저 살펴보면, 『조선지실업』 제1호부터 제30호에 이르기까지 가장 많은 하이쿠를 수록했고 창간호부터 제3호까지 「하이쿠를 짓는 표준[俳句を作るの標準]」이라든가 「하이쿠의 수식[俳句の修飾]」과 같이 기초적 이론을 연속적으로 개진한 것으로 보아 〈일일회〉의 이론적 지도 역할을 맡은 인물이었던 것으로 미루어 볼 수 있다.

이를 더욱 뒷받침하는 근거로 첫째, 기몬 단독의 하이쿠만 실린 경우를 들 수 있다. 우선 『조선지실업』 제10호 및 제20호에서 겸양을 뜻을 담은 「악시자칭(惡詩自稱)」이라는 제목으로 각 10구, 15구를 게재했고, 제12호에서도 「푸른 잎 어린 잎[青葉若葉]」이라는 구제로 그만의 단독 하이쿠가 10구 게재되었다. 둘째, 제18호에서 보이는 하이쿠 양식에서도 기몬의 주도적 역할을 알 수 있다. 제18호의 〈문원〉에는 「세만즉흥(歳晩卽興)」이라는 제목으로 기몬의 하이쿠가 12구 실려 있고, 〈일일회〉 멤버들에게 한 구씩 편지처럼 쓴 8구가 이어진다. 그 구들을 살펴보면서 기몬과 〈일일회〉 멤버들 간의 분위기를 추찰해 보자.

① 호사이엔[芳哉園]에게　아픈 아내를 고국에서 돌보며 해 넘기겠지.
[病む妻を国に護りて年越へむ]

② 도로[斗郎]에게　봄 기다리는 몇몇 전투 먼지 속 보이는 미소
[春を待つ幾戦塵の微笑哉]

③ 소테이[草汀]에게　새로이 나온 지폐로 계산하는 한 해 끝자락
[新しき紙幣勘定や年の暮]

④ 롯코쓰[綠骨]에게　기나긴 밤을 연말결산에 지친 두견새같군

[長き夜を仕切に倦んてホトトキス]

⑤ 란코[爛紅]에게　　세밑 떡 찧고 다들 모인 자리에 임신한 소식

[餅搗きぬ掛け集りぬ妊娠りぬ][7]

①⑤의 호사이엔[芳哉園]이나 란코[爛紅]에게는 보내는 하이쿠에서는 아픈 아내를 돌보는 남편, 임산부로 타지 조선에서 살게 된 여성 회원에게 따뜻한 연민이나 축하 메시지를 전하고 있다. 또한 ②의 도로[斗郎]는 1906년 당시이므로 러일전쟁과 관련된 전장(戰場) 속 인물로 보이며, 지폐 계산이나 연말결산을 하는 모습의 ③과 ④의 소테이[草汀], 롯코쓰[綠骨]는 부산의 실업가임을 추측케 한다. 이들 모두 『조선지실업』에 꾸준히 하이쿠를 게재한 〈일일회〉 주요 멤버이고, 그 중심에 있는 기몬은 한 해를 마무리하는 시점에서 연말 인사와 같은 내용을 회원 개개인에게 맞추어 인간적인 관심으로 노래하고 있다. 다양한 직업과 입장에 놓인 재부산 일본인들이 〈일일회〉라고 하는 하이쿠 결사를 통해 문학 창작과 인간적 교류로 회원 내부의 결속력을 유지하고 있음을 엿볼 수 있는 대목이다.

이제 기몬에 이어 쇼키[笑鬼]라는 회원에 관해 보기로 한다. 쇼키는 창간호부터 〈문원〉에 꾸준히 하이쿠를 싣고 있는데, 여기서는 그가 지은 「전첩의 저녁[戰捷の夕方]」이라는 제목의 단카를 먼저 주목해 보자.

「전첩의 저녁[戰捷の夕方]」

7　鬼門(1906), 『朝鮮之實業』第18號, 3권의 p.224.

어디에선지 정확히 모르지만 소리 높여서

노래로 위로하는 강가의 개구리들.

[何処とも定かにわかす声立てうたふて慰する川の辺の蛙]

더위 식히러 저녁에 작은 산의 꽃을 찾으니

동쪽에 솟아나는 고귀하신 달님아.

[夕涼み小山に花を訪つぬればあづまに昇る月の尊さ][8]

이 두 단카의 지은이는 주자툰[朱家屯] 병참사령부의 쇼키라고 되어 있다. 주자툰이란 중국 산둥성의 지명이며, 제목의 '전첩(戰捷)'은 승전을 의미하므로, 초창기 〈문원〉란에 꾸준히 하이쿠를 수록한 쇼키는 당시 러일전쟁에 관여한 군인 회원임을 알 수 있다. 그런데 쇼키라는 군인 겸 하이진이 당시 처해 있던 상황을 이해할 때 기몬의 다음 하이쿠가 어떤 실마리를 줄 수도 있을 것이다.

전지의 친구에게 보내다[戦地の友に送る]

긴 도검 끝의 흰 이슬에 깃드는 달 머문 새벽.

[剣尖や白露宿る朝月夜]

긴 장마기간 전화(戰火)가 머무르는 사십 리 남짓.

[大雨期や兵火屯す四十餘里]

전선 보초에 친한 친구인 오월 장맛비 내려.

[哨線や親しき友の五月雨る]

8 朱家屯兵站司令部 笑鬼(1905), 『朝鮮之實業』第3號, 1권의 p.247.

한낮 더위에 러시아군으로 보인 투항의 깃발.

[日盛りや露軍に見ゆる投降旗][9]

「전지의 친구에게 보내다」라는 제목으로 보낸 위 하이쿠들은 어쩌면 러일전쟁에 전장에 있던 회원 쇼키에게 보내는 안부인사였던 것은 아닐까? 적게나마 지속적으로 하이쿠를 보내오던 쇼키는 어떠한 이유인지 모르지만 제9호를 끝으로 『조선지실업』에서 그 이름이 보이지 않게 된다.

다음으로 〈일일회〉, 나아가 재부산 일본인의 인적 이동이라는 측면에서 소테이[草汀]도 주목할 만한 회원이다. 소테이 또한 창간호 〈문원〉에서부터 하이쿠를 수록했는데 제15호 이후로 적극적인 투고를 보였다. 그런데 『조선지실업』 제23호의 따로 마련된 지면에서 〈일일회〉 회원 롯코쓰, 모쿠안[默安], 란코, 고텐[皐天], 가테이[華汀] 등이 「오랫동안 소테이를 배웅하며[送永見草汀]」라는 제목으로 석별의 정을 노래하고, 이에 대해 소테이가 답구를 보낸 것을 확인할 수 있다. 또한 이렇게 보내온 소테이의 하이쿠에 대해 기몬이 「멀리 소테이 군에게 보내다[遙寄草汀君]」라는 제목으로 그의 앞날을 축복하는 두 구를 다시 싣고 있다.

「오랫동안 소테이를 배웅하며[送永見草汀]」

산은 웃으며 바다 고요해 그대 이제 가는가

9 鬼門(1905), 『朝鮮之實業』第4號, 1권의 p.332.

[山笑海静君行んかな] 稧코쓰

석별하게 된 우정처럼 깊구나 봄의 바닷물

[惜別の友情深し春の海] 덴안[點安]

「멀리 소테이 군에게 보내다[遥寄草汀君]」

백만 말[斗] 거둘 땅에 축복 있으라 그대 못자리

[百万の斗地に幸あれ苗代田] 기몬[10]

당시 『조선지실업』은 평균 3천부, 누적 7만2천부를 발행했고 23군데의 지회와 37군데의 판매처, 회원 2,300여 명이 일본, 한국, 청나라, 미국 4개국에 걸쳐[11] 있는 것으로 현황 보고된 한반도 유일의 실업 잡지였다. 이를 감안한다면 〈일일회〉의 하이쿠는 편지나 연락의 기능도 수행했다고 할 수 있다.

이처럼 다양한 인적 구성으로 『조선지실업』을 무대로 구작(句作) 활동을 보인 〈일일회〉는, 문원란의 내용에 따르면 마산의 하이쿠 모임인 〈쓰키노우라[月の浦]〉와도 합동 구회(句會)를 열었다. 그 근거로 『조선지실업』 제14호에서 「회원영초」라는 제목으로 마산 〈쓰키노우라〉와의 교류가 언급된 것을 들 수 있다. 이 구회에서 기몬 외의 헤키테이[碧汀], 주호[桑圃], 오메이[央名], 시산[支山], 로쿠뉴[六入], 보초[暮潮], 구

10 一一會(1907) 「送永見草汀」 『朝鮮之實業』第23號, 4권의 p.752.

11 内田竹三郎(1907) 「丸三年」 『朝鮮之實業』第24號, 5권의 pp.38~42. 우치다 다케사부로는 『조선지실업』의 주간인데, 이 글에서는 조선이라도 외국이라 잡지인쇄도 어쩔 수 없이 오사카로 보내서 인쇄할 수 밖에 없다는 등 당시의 출판 상황에 관한 정보도 얻을 수 있다.

세쓰[苦節] 등 7명은 해당호에만 등장하므로 마산 거류의 〈쓰키노우라〉 멤버라 할 수 있다. 또한 『조선지실업』 제13호에는 「산고수장(山高水長)」이라는 구제로 "인천 모리 게이호[森桂圃]의 댁에서 우연히 회동하여 개최한 구교 〈일일회〉"[12]라는 내용이 소개되고 있어서 〈일일회〉가 멀리 인천의 하이진들과도 교류한 것을 알 수 있다. 여기에 네 사람의 하이쿠가 교대로 등장하는데 이 중 기몬, 난메이[南溟], 호사이엔은 〈일일회〉의 주요 멤버이고 게이호[桂圃]가 재인천 일본인 하이진으로 보인다. 조금 더 추측의 폭을 넓혀, 구교(舊交)라는 말에서 게이호라는 인물이 예전 부산에서 활동한 〈일일회〉 회원이었을 가능성을 생각한다면, 〈일일회〉의 연혁은 『조선지실업』 발간 훨씬 이전으로 생각보다 오래되었을 수도 있을 것이다. 또한 『조선지실업』 제16호에도 인천에서 덴코쓰[天骨]와 포말 문학사(泡沫文學士)라는 필명으로 세 구의 가을 하이쿠가 실려 있어[13](3의 p.31.) 인천 지역과의 하이쿠 연계는 단발적인 것이 아니었음을 보여준다. 이처럼 부산의 하이쿠회 〈일일회〉의 한반도에서의 활동 폭은 다양하고 넓었다.

그런데 위에서 살펴본 것처럼 〈일일회〉가 부산의 유력한 하이쿠 문학결사였던 것은 분명할지언정, 결코 유일한 세력은 아니었음을 알려주는 다음의 내용은 당시 재조일본인 문학결사의 동향을 파악할 때 주목할 만하다.

⊙〈일일회〉는 잠들어 깨어나지 않고 〈초승달회[三日月会]〉는 건너편

---

12 仁川森桂圃宅偶然會同舊交一一會(1906) 「山高水長」 『朝鮮之實業』第13號, 3권의 p.490.

13 仁川 天骨, 泡沫文學士(1906), 「文苑」, 『朝鮮之實業』第16號, 4권의 p.30.

을 보지 않고 잘난 체 한다. 주먹을 불끈 쥐고 서로 싸운다면 재미있겠다고 여기지만 쌍방이 얌전하구나. 그건 그렇고 봄이 되어 길어진 날의 무료함이여, 안경이라도 닦고 앉아서 졸아보련다.[14]

◎⊙生이라는 사람에 의한 「흐린 안경[くもり眼鏡]」이라는 글 속에서 〈일일회〉와 더불어 초승달회[三日月会]라는 하이쿠 결사에 대해 언급되고 있다. 〈일일회〉의 잠에서 깨어나지 않는 듯한 구태의연함을, 초승달회의 주위를 돌아보지 않는 오만함을 야유하는 어조이다.

이처럼 1910년 이전에 부산에서는 성향을 달리하는 라이벌 격의 두 하이쿠 결사가 존재했으며 서로 일정 세력을 유지하면서 각 회원들에 의한 하이쿠 창작 활동을 벌였고, 부산 거류 일본인들 사이에 유력 일본어 매체를 통한 문학 활동이 일정 수요와 독자가 있었음을 확인할 수 있다.

정리하자면 〈일일회〉는 부산의 대표적인 문학결사로서, 기몬과 같은 리더적 인물을 중심으로 문예창작을 통해 회원 간의 교류 및 결속을 도모했다. 또한 초승달회라고 하는 문학적 성향을 달리 하는 결사와 경쟁관계에 있었으며, 쇼키나 소테이 같은 인물의 궤적이나 마산의 문학결사나 인천 하이진과의 교류에서 볼 수 있듯 광역적 활동을 했다는 사실도 특기할 만하다. 더불어 『조선지실업』의 유통이 확산되면서 그 〈문원〉란의 하이쿠 자체가 회원 사이의 연락 수단으로도 기능했고, 재조일본인들 사이에서 구회의 활동이나 하이쿠 공모 등이 잡지 매체의 문예란을 통해 일정한 문학 수요를 창출하고 있던 사실도 파악했다.

---

14 ◎⊙生記(1906), 「くもり眼鏡」, 『朝鮮之實業』第11號, 3권의 p.323.

요컨대 1900년 초 일본의 전통시가는 당시 일본어 문학 중에서도 중심 장르로 위치했으며, 하이쿠 구회라는 문학결사 활동을 통해 현지에 뿌리를 내리며 문학 창작을 통해 다양한 재조일본인들이 서로 소통하는 기능도 수행했다.

3. '외지' 하이쿠의 초기 양상과 조선적 계어(季語)의 모색

이제 초창기 한반도의 하이쿠에서 계절을 드러내는 오래된 약속인 '계어' 혹은 '계제(季題)'가 조선이라는 대상을 포착하여 형상화하고자 할 때 어떠한 양상을 보이는지, 그리고 조선을 소재로 삼은 하이쿠에서 조선과 조선인을 어떻게 그리는지 알아보기로 한다.

우선 『조선지실업』 제20호까지는 재조일본인으로서의 애상이나 애환을 담아낸 구풍(句風)이 압도적이라고 할 수 있는데, 조선적 풍물이나 소재를 다루는 〈일일회〉의 하이쿠와 계어의 관계를 살펴보자.

① 온돌에 피는 연기 흔들리누나 봄 하늘에는.

[温突の烟たゆたひ春の霄]

② 개 짖어대는 한인들 마을이네 봄 하늘 아래.

[犬吠る韓人街や春の霄]

③ 효도의 마음 묘지에 바친 한두 어린 잎이네.

[孝道や墓地一二本若葉かな]

④ 양반에 의한 소유로구나 어린 잎 돋은 봄산.

[兩班の所有なりけり若葉山]

⑤ 술집에 여보 담배 피우는 저녁 더위 식히기.

[スリチビにヨボタンベ吹く夕涼]

⑥ 기생의 거울 탁하게 흐렸구나 청죽 엮은 발.

[妓生の鏡くもれり青すだれ]

⑦ 드리운 발 안 나체 미인이 화장을 하고 있구나.

[みすの裸体美人の化粧哉]

⑧ 지게꾼이 지게에 기대어서 낮잠 자누나.

[チゲグンのチゲにもたれて昼寝]

⑨ 한국 산들이 열흘간의 여행에 단풍 보였네.

[韓山や十日の旅を紅葉見す]

⑩ 벗겨진 산의 바위를 덮어버린 덩굴의 단풍.

[禿山の巌掩ふたりつた紅葉][15]

①②③④는 '봄 진눈깨비'나 '어린 잎'이라는 계어로 봄의 하이쿠임을 알 수 있고, ①의 온돌이나 ②의 개가 짖는 소리가 흔한 한인들 마을, ③의 효도나 ④의 양반 소유 등 조선 고유의 특징적 풍물이나 개념이 경물로써 배치되어 있다. 또한 ⑤에는 '술집', '여보[ヨボ=한국인]', '담배'가. ⑧에는 '지게꾼'이나 '지게'가 조선어 그대로 등장하며 조선사

15 ①②는 一一會(1906)「一一會咏草」『朝鮮之實業』第11號, 3권의 p.318. ③④는 鬼門(1906)「靑葉若葉」『朝鮮之實業』第11號, 3권의 p.409. ⑤~⑧은 仁川森桂圃宅偶然會同舊交一一會(1906)「山高水長」『朝鮮之實業』第13號, 3권의 p.490. ⑨⑩은 釜山一一會(1906)「野菊, 栗, 稲妻, 新米, 紅葉」『朝鮮之實業』第17號, 4권의 p.136.

람을 술집이나 담배, 낮잠과 결부시킴으로써 게으른 한국 남성의 표상을 보여준다. 이와 관련하여 노코[乃公]라는 사람은 제26호에서 한국 사람에 대해 "거짓을 내뱉고, 도둑질하고, 나태한 잠을 탐하는구나"[16] 라고 하거나, 제30호에서 '조선의 지게꾼[擔軍]은 마늘 냄새가 나고 지나의 쿨리[苦力]는 먼지 냄새가 너무 심하다. 마늘 냄새 나는 것은 놀며 먹는 것을 의미하고 먼지 냄새가 나는 것은 노동을 표시한다'[17]고 한 것처럼 식민지 '조선'의 남자들에게는 게으름, 나태 등 야만적이고 부정적 이미지를 일찍부터 부여하고 있는 것을 알 수 있다.

다시 위의 하이쿠 예로 돌아가면, 남성과는 대조적으로 ⑥과 ⑦처럼 기생 및 나부(裸婦)는 한국 여성의 표상으로 이후 지속적으로 사용되는 이미지가 이미 이 시기 일본 전통시가에서 등장한 것을 보여준다. 또한 ⑨와 ⑩은 '단풍'으로 알 수 있듯 가을의 하이쿠인데, 벗겨진 산과 덩굴로 대표되는 조선의 황폐한 자연이 그려져 있다. 여기에서는 일제강점기 내내 일본어 문학에서 조선 풍물의 상징이 되는 온돌, 여보, 효도, 양반, 지게, 기생 등의 개념과 조선어는 한국 병합 이전에 이미 조선을 그릴 때 사용되는 일종의 상투적 소재로 자리 잡고 있었음이 확인된다.

그런데 한편으로는 이러한 소재가 스스로 계어로 완전하게 자리 잡지는 못하여 따로 계어를 필요로 하고 있는 점도 지적할 수 있다. 그리고 이들이 쓴 하이쿠에는 당시 식민지화의 분위기나 일본인으로서의 기상이나 우월감과 약간 연관된 창작도 있다.

---

16 乃公(1907) 「乃公帳」『朝鮮之實業』第26號, 5권의 p.254.

17 乃公(1907) 「乃公帳」『朝鮮之實業』第30號, 5권의 p.670.

① 온돌방에서 밀칙을 논의하는 이와 박 무리.

[温突に密勅を議す李朴の徒]

② 종주국 일본 신하가 여기 있소 기원절 맞아.

[宗国の臣茲に在す紀元節]

대묘참배(大廟參拜)

③ 신의 바람아 정미년 새해 복을 기원해 본다.

[神風や丁未の歲を祈りけり]

④ 소수레 가는 거친 땅에 끝없는 하얀 창포 꽃.

[牛車往く荒地はてなき白菖蒲]

⑤ 북쪽 한국 산 녹색 빛을 띠누나 여름 한복판.

[北韓山も緑や夏半ば][18]

①에서는 따로 계어가 없는 것으로 보아 온돌 자체가 난방이 필요한 겨울의 계어라 판단할 수 있다. 하지만 계절 감각이 드러난다기보다는 ②나 ③의 하이쿠와 함께 볼 때 일본이라는 나라의 탄생을 기념하는 기원절(起元節), 특수한 신의 바람[神風, 가미카제]이 지켜주는 종주국민의 자부심과 대조적으로 비밀 모임으로 온돌방에서 회동하는 이씨, 박씨의 조선인들을 그린 하이쿠로 볼 수 있다.

또 회령(會寧)을 비롯한 북한을 다녀온 듯 제24호 〈문원〉란에는 「북한 야경(北韓野景)」과 「북한 회령(會寧)」이라는 소제목으로 ④⑤의 하이

18 ①~③은 鬼門(1907)「惡詩自稱」『朝鮮之實業』第20號, 4권의 p.490. ④⑤는 一一会(1907)「會員咏草」『朝鮮之實業』第24號, 5권의 p.45.

쿠가 게재되었다. '거친 땅'이라는 것은 '독산탁수(禿山濁水)'[19]와 함께 개간과 개척 대상으로서의 한반도 땅을 이미지화하는 대표적 어휘다. '독산탁수'란 『조선지실업』에서 「매몰된 조선을 연구하라」라는 글로도 일찍이 지적된 것처럼 벗겨진 산과 탁한 물로 조선의 황폐한 산하를 지칭한다. "독산탁수, 이 한 마디로 덮기에는 조선 역시 하나의 가련히 여길 망국에 불과하다"로 시작하는 것처럼 망국의 상징적 경물로서 다루어지고 있다. 즉 거친 북쪽 한국의 들판과 산에도 여름의 한복판인 만큼 녹색 빛을 띠어 척박한 풍경을 약간은 면한다는 내용으로 읽힌다.

'온돌'이라는 어휘를 중점적으로 볼 때 하이쿠의 기본 약속 중 하나인 계어와 조선 고유의 소재가 서로 융합되지 못하고 피상적 계절 묘사에 머무른다는 점, 개척할 대상으로 조선 땅을 바라보기는 하지만 계절을 반영하기에 급급하여 큰 포부를 담은 진취적이자 적극적인 하이쿠는 보기 어렵다는 점을 지적할 수 있다. 이것은 어쩌면 하이쿠 성립에 필요한 최소 요건인 계어가 조선의 특수한 용어나 생경한 문화와 충돌하면서 조선적 하이쿠로 자리잡지 못하고 부유하는 상황이라 볼 수 있을 것이다.

이러한 흐름을 결정짓는 변화는 『조선지실업』 〈문원〉란 제21호 이후 멤버와 분위기가 바뀌면서 두드러지게 된다. 즉 〈일일회〉 회원들의 하이쿠는 〈문원〉의 맨 앞자리에서 산문 뒤쪽으로 밀리거나 실리지 않는 경우도 생기며, 기토(其桃)라는 인물에 의해 〈문원〉의 하이쿠 공모

19 美人之助(1906)「埋沒せる朝鮮を硏究せよ」『朝鮮之實業』第11號, 3권의 p.320.

나 하이론이 주도되었다. 그 결과 계절감을 반영한 하이쿠를 투고하는 것이 의무사항으로써 강조되어 '내지' 일본인들의 하이쿠가 비약적으로 증가하고 그와 더불어 조선적 소재나 풍물을 읊은 구는 사라지게 되었다.

이렇게 살펴본 것처럼 하이쿠에 조선적인 소재를 반영할 때 그것이 계어 설정과 원활하게 조화를 이루지 못하는 점은, 아직 한반도 내의 창작 하이쿠가 '외지' 일본어 문학으로 확고하게 정착하지는 못했음을 보여줌과 동시에 한편으로는 전통시가 장르의 '외지' 일본어 문학적 성격을 드러내는 것이라고 볼 수 있을 것이다.

1강 키워드

메이지[明治] 문단, 한시(漢詩), 국자(國字) 담론, 마사오카 시키[正岡子規], 다카하마 교시[高浜虚子], 가와히가시 헤키고토[河東壁梧桐], 『조선지실업(朝鮮之実業)』, 문원(文苑), 〈일일회(一一會)〉, 계어(季語)

2강

20세기 초 재조일본인의 자화상

1. 단카〔短歌〕에 그려진 일본인의 타향살이

이번 강에서는 역시 1900년대 초를 대상으로 하여 당시 재조일본인들의 단카에 관하여 자세히 다루고자 한다. 앞서 언급한 『조선지실업』과 더불어 『한국교통회지(韓國交通會誌)』(1902.12~03.12, 도합 5호 간행)와 『한반도(韓半島)』(1903.11~06.5, 도합 5호 간행)라는 한반도 간행 초기 일본어 잡지에 수록된 단카를 살펴볼 것이다. 이를 통해 재조일본인들이 식민지 '조선'이라는 '외지'에 거주한다는 공간성을 어떻게 인식하고 있었는지, 그들의 현실적 삶의 터전인 '외지' 조선과 조선에서 삶을 영위하는 자기 모습들을 어떻게 형상화했는지 알아보자.

1905년 연말부터 1906년 연초에 이르는 시기의 『조선지실업』 〈문원〉란에서는 조선인이나 조선적 풍토를 소재로 삼은 단카들을 통해 타지에서 세밑과 신년을 맞는 재조일본인의 심정을 읽어낼 수 있다.

① 소수레 쫓는 아이 거친 들판아 한인의 뺨에 부는 가을바람이
수수밭에 울린다.
[牛車追ふわらべ荒野や韓人の頬吹く秋風黍から鳴らす]

② 추한 잡초에 이슬 얼었던 것도 녹아내리며 들판도 조용하니
한 해가 저무누나.
[醜草の露の氷も打とけて野辺も静けさ年のくれかな]

③ 일본의 깃발 고려땅 당토까지 나부끼면서 해를 넘어 건너는

압록강이로구나.

[日の御旗高麗唐土に耀きて年たちわたるありなれの河][20]

①은 교카[挾花]라는 필호로 제7호 〈문원〉란에만 등장한 한 가인의 단독 단카로, 황야 즉 거친 들판은 식민지 시기 내내 한국의 척박한 풍토를 결정짓는 이미지로 춥게 느껴지는 늦가을 바람과 함께 조선의 황량함을 드러내고 있다. ②와 ③은 지금의 도치기현[栃木県] 일대의 옛 지명인 시모쓰케[下野] 사람 가와마타 규헤이[川俣久平]가 「작년과 올해[去年今年]」라는 제목으로 실은 단카 두 수이다. 언뜻 거칠고 추운 한국의 들판을 배경으로 읊고 있는데, 특히 ③의 단카는 주목할 만하다. '아리나레[ありなれ]'는 압록강을 일컫는 오래된 일본어인데, 일본의 기세가 고려 땅과 그 너머 당토, 즉 대륙에까지 이르며 추운 겨울에도 배로 압록강을 건너는 자로서의 자부심과 기상이 느껴진다.

이제 비슷한 시기에 경성에서 간행된 『한국교통회지』와 『한반도』라는 두 일본어 잡지의 단카를 통해, 재조일본인이 그린 조선 및 조선인상과 조선에서 생활하게 된 일본인 자신의 자화상을 그려낸 방식을 파악해 보기로 하자.

우선 『한국교통회지』에는 독립된 문예란이 없었던 만큼 몇몇 인물의 단카가 단속적으로 게재되는 형태를 보여준다. 이 중 특히 고후[光風]라는 사람과 그의 단카를 보면 한반도에서 창작된 초기 단카의 특성이 잘 이해된다. 고후는 이 잡지를 낸 한국교통회의 이사 나리타 마

20 ①은 挾花(1905)『朝鮮之實業』第7號, 2권의 p.584. ②③은 下野 川俣久平(1906)「文苑」『朝鮮之實業』第9號, 3권의 p.151.

1902~03년 동안 다섯 호가 간행된 『한국교통회지』

러일전쟁을 전후하여 간행된 종합 잡지 『한반도』

사토[成田勝虎]의 필호이며, 그는 이 잡지에 조선의 우편 및 교통 정보에 관한 논설을 제공하고 있다.

① 새로이 자라 나온 두 갈래 솔잎 어린 초록색 몇 천 대에 걸쳐서 번영을 누려가리.

[生ひ出でし二葉の松の若みとり幾千代かけて栄へ行らむ]

② 한국의 호랑이 숨어 있는 들판도 태양의 깃발 내걸고 축하하는 천황 치세의 새봄.

[から国の虎伏す野辺も日の御旗掲げて祝ふ御代の春かな]

③ 기나긴 세월 누군들 우러르지 않을까 소리 드높은 강화 섬에 남겨진 포대.

[長へに誰か仰かぬ音に高き江華の島に残る砲台][21]

---

21 ①은 光風(1902) 『韓國交通會誌』第1號, 韓國交通會, p.7. ②③은 光風(1903) 『韓國交通會誌』第2號, (韓國交通會, 1903.2) p.35.

①은 고후가 『한국교통회지』의 간행을 축하하는 내용인데, 이 잡지의 축사 중에 맨 먼저 등장하는 문예적 내용이므로, 그가 한국교통회에서 차지한 위상이나 문예적 소양이 상당했던 것을 추찰할 수 있다. 일본 문예에서 전통적으로 축수(祝壽)하는 의미에 다용되는 표현들을 넣어서 단카를 읊고 있는데, "두 갈래 솔잎"처럼 일본과 한국이라는 두 나라가 "몇 천 대에 걸쳐서" 함께하며 "번영"할 것을 기원하는 내용이다. ②는 「한국의 신년」이라는 제목 하에 지어졌는데 임진왜란 때 왜장 가토 기요마사[加藤清正]와 더불어 유명했던 '호랑이 사냥[虎刈り]' 이후 조선적 소재가 된 "호랑이"를 하나의 상징물로 등장시키고, 한국 들판에도 천황 나라의 "태양의 깃발" 즉 일장기가 펄럭인다는 이미지를 드러낸다. 또 ③은 고후가 인천을 근거로 한 인물이었기 때문인지 강화도를 소재로 삼은 것이다. 강화도의 포대는 원래 조선시대에 지어진 것인데, 흥선 대원군이 병인양요(1866년) 이후 더 강화한 사실이 있으므로, 대원군과 일본 간의 역사적 맥락을 우회적으로 환기시킨다. 다른 연작(連作) 단카나 고토바가키[詞書][22]와 같은 서술이 없지만, 위의 예들이 단순히 자연경물을 노래한 단카가 아니라는 점은 아래의 내용에 의해서도 뒷받침된다.

> 적어도 눈을 크게 뜨고 한국의 산하를 똑똑히 보라. 반드시 그곳에 역사에서 놓친 대문학(大文學)의 구성도 존재할 것이다. 혹은 시집(詩集)에서 잊혀진 대문학의 재료도 존재할 것이다. 하물며 과도기에 놓인

22 노래 앞에 붙어 노래의 배경이나 사정에 관해 설명하는 글.

> 작금의 조선은 어느 한 촌읍(村邑)이라도 (소재를) 취하여 일본 문학에 이채를 띠게 만들 수 있는 품제(品題)가 아닌 것이 없지 않은가.[23]

인용문에 따르면 러일전쟁 직후 재조일본인이 문학을 창작할 때 한국의 산하나 촌읍, 역사, 과도기에 놓인 조선의 운명과 망각된 인물이나 시집 등을 살펴야 한다는 주장이다. 이러한 소재들에서 "역사에서 놓친 대문학의 구성"과 "잊혀진 대문학의 재료"를 찾고, 일본 문학의 새로운 "품제(品題)"를 발견하고 이채롭게 문학화해야 한다는 의식을 드러낸다. 이러한 인식의 맥락에서 보면 위의 단카는『한국교통회지』라는 초기 일본어 잡지에 이미 한국의 산하를 테마로 하고, 대원군이나 가토 기요마사와 같이 조선의 망국적 운명이나 역사에 유명한 인물들을 연상시키는 수법이 사용됨을 확인할 수 있다.

한편으로는 한반도에서 창작되는 단카에 '조선적 소재'를 도입하려는 시도가 매우 이른 시기부터 있었다는 점을 잘 보여준다. 특히 위의 단카는 내용적으로 일본의 한반도 식민지화의 당위성을 바탕에 깔고 있거나, 일본의 식민지배를 정당화하는 측면이 있다는 점에서 한반도에서 창작된 단카는 당시 식민지주의 담론과 맞물려 전개되었다고도 하겠다.

이제 한국이나 한국 사람을 소재로 한 단카를 통해 재조일본인이 식민지 '조선'과 조선인을 어떻게 이미지화했는지 포착해 보기로 한다.

---

23 美人之助(1906)「朝鮮に於ける日本文学」『朝鮮之實業』第10號, p.24.

① 흰색 영묘한 의복의 빛깔과는 닮지 않은 것 바로 한국 사람의 마음 씀씀이더라.

[白妙の衣の色に似ぬものはから国人の心なりけり]

② 일어서라면 그저 발을 구르며 울기만 한다 가엽게 여겨야 할 한국의 아이로다.

[立てといへは唯足すりて泣くはかりあはれむへきはから子なりけり]

③ 의로움 위해 죽을 사내 하나도 없구나 그럼 그렇지 한국이니 사람들 말하겠지.

[義に死する男の子ひとりのなかるかもむへから国と人のいふらん]

④ 한국 사람의 심성이 제아무리 비뚤어져도 나의 성심으로써 통하지 못할쏘냐.

[韓人の心はいかにひがむともわが誠心のとほらざらめや]

⑤ 부자가 여는 화려한 연회에서 술 취한 뜰에 물건 팔러온 애들 얼굴도 가엽구나.

[富人か花の宴に醉ふ庭に物賣る子等の面哀れなり][24]

한국인에 관해서는 ①이나 ②③에서 보이는 것처럼 깨끗한 흰색과는 어울리지 않는 "마음씀씀이"를 가졌고, "의로움"에 "심성"이 비뚤어졌다는 식으로 마음가짐, 성정(性情)의 면모를 부정적으로 평가한다. 특히 ③에서는 비뚤어진 한국 사람의 심성에도 불구하고 일본인 자신이 그와는 대조적인 "성심(誠心)"으로 통하게 만들겠다는 의지를 드러

24 ①②③④는 槐園 外(1904) 「和歌」 『韓半島』第1卷第2號, 韓半島社, pp.191~192. ⑤는 東李園主人(1906) 「春十首」 『韓半島』第2卷第2號, p.132.

낸다. 그리고 한국인 아이들에 대해서 ④와 ⑤에서 보듯 우는 것 외에 표현의 길이 없거나 가난한 모습에 모두 "가엽다[あはれ]"라는 형용사를 사용하고 있어서 연민과 동정심을 가지고 바라보는 시선을 알 수 있다.

2. 〈부산시회(釜山詩會)〉의 자의식과 자부심

다음으로 한반도 최초의 일본어 종합잡지의 성격을 갖는『한반도』내의 단카를 살펴보고자 한다.『한반도』에서는「한국살이[韓ぶり]」라는 제목으로 스물여덟 수나 되는 와카를 실은 인물 다카하마 덴가[高浜天我]에 주목하지 않을 수 없다. 그는 사실 부산에서 간행된『조선지실업』에서도 문학결사 〈부산시회〉의 회원으로 시나 단카를 게재했었다. 그는 1884년생으로 메이지 시대 일본에서 기자 생활을 하며 문단에도 모습을 드러낸 적이 있고[25] 한반도로 건너와서도 역시 기자로 활약했다.

덴가가 한반도에서 펼친 문학 활동은 주목할 만한데,『한반도』는 물론『조선지실업』이나 이후 간행된 잡지『조선(朝鮮)』에 이르기까지 1910년 이전에 부산이나 경인 지역에서 간행된 주요 잡지의 문예란에서 시가(詩歌)나 평론에서 활발히 집필 활동을 했다. 덴가의「한국살이」단카에는 모두 경성 내의 지명이 담겨 있다는 점도 주목되는데, 여기에서는 먼저 재조일본인으로서 갖는 그의 자의식에 관해 살펴보자.

---

25 家森長治郎(1971)「三木露風と内海信之 書簡を通して見た友情の一齣」『奈良教育大学紀要 人文社会科学』20巻 1號, 奈良教育大学, p.4.

① 남산에 서서 먼 곳을 내다보는 가슴 불타니 내 웅심 널찍하게 온 경성을 덮으라.

[南山に立ち見遥かす胸もえて, 雄心そそろ京城こそ掩へ]

② 말달리는 자 먼지를 일으키며 지나는구나 왕이 살던 성 옆 눈에 흘려보며.

[馳する者塵を煽りて過くる哉, 王城横に見流しなから]

③ 불타는 피의 사내 노부나가가 여기 있다면 있다면 생각하는 왕성의 저녁 무렵.

[燃ゆる血の男信長ここに在らは在らはと思ふ, 王城の暮]

④ 환영일 뿐인 경성부에 도착한 느낌 밤비에 우산 기울여 쓰고 한국 서울에 드네.

[幻影の府に着く思, 夜の雨を傘かたむけて韓京に入る]

⑤ 봄날 이곳에 회고 노래 백 수를 지어도 굳이 한국 서울로 들어선 회한 쓸쓸하구나.

[春ここに懐古百首を成しも敢て韓京に入る恨さみしき]

⑥ 가다 저무는 황야의 꿈속 같은 봄날은 춥고 경성은 빗줄기에 사라지려 하누나.

[行き暮るる荒野の夢の春寒う, 京城雨に消えんする哉][26]

①②와 같이 웅심을 가지고 경성을 내다보거나 말달리며 왕성을 지나는 사내의 모습은 ③에서 나오는 일본의 전국(戰國)시대 평정의 호걸

26 天我(1906)「韓ぶり」『韓半島』第2卷第3號, pp.132~134.

오다 노부나가[織田信長]로 표상되는 열혈 일본인의 기상으로 이어진다. 그 한편으로 ④⑤⑥처럼 이국땅 경성으로 오게 된 역외자(域外者)로서 초기의 재조일본인이 느끼는 공허함도 노래되는 것을 볼 수 있다. 그저 환영에 불과하다는 느낌에서 오는 일종의 환멸(幻滅)과 회한(悔恨), 쓸쓸함을 "밤비"나 "빗줄기"를 이용하여 형상화했다.

다시 말해 덴가는 『한반도』의 「한국살이」라는 연작 단카에서 웅심과 포부를 안고 한반도로 건너와 왕이 사는 경성을 덮어버릴 기세의 남성적 기상이라는 측면과 동시에, 결국은 빗속에 사라지기라도 할 듯 실체도 없이 "환영"으로만 느껴지는 막연한 환멸이나 '중심' 일본에서 '외지' 의 서울로 오게 되었다는 회한과 외로움이라는 모순된 측면을 그리고 있다. 이처럼 초기 단카에서는 재조일본인의 대륙지배의 웅대한 남성적 기상과 본토를 떠난 불안과 소외감이 이중적인 자화상처럼 그려졌다.

덴가는 『조선지실업』에서도 「한국살이」라는 같은 제목의 단카를 발표했다. 특히 제10호에 『한반도』에 발표한 것과는 다른 여러 수의 단카가 수록되어 있는데, 일본 문단에서도 활동했던 경험이 있는 문필가였던 까닭인지 재조일본인으로서의 자의식을 드러내는 독특한 단카도 눈에 띈다.

① 한국에 살며 십년이 지났으니 고향 마을에 아는 사람도 없는
늙은이가 되겠지.
[韓ぶりて十年過ぎなば故里に知る人も無き翁とならむ]

② 한국에 살며 허무한 나날들을 보내는 사이 아아 한층 더 도읍

그리워지는구나.

[韓ぶりて傍き日々を過しつつ嗚呼一人に都恋ふるを]

③ 한국에 살아 기쁘다고 묻는가 울고 싶다고 눈물 흘릴 수 있는 사내가 아니기에.

[韓ぶりて嬉しと問ふや泣けばとて涙溢るる男にあらず]

④ 한국에 살다 아아 묻어진다면 꽃 피지 않고 열매도 못 맺는 풀 그냥 묻어지겠지.

[韓ぶりて嗚呼埋ればや花さかず実らぬ草の唯埋れむか][27]

여기에서 덴가는 공통적으로 '한국에 살며[韓ぶりて]'라는 초구(初句)를 반복적으로 사용함으로써 '한국살이'의 소회를 리듬감 있게 연작으로 살려내고 있다. 또한 내용적으로 한반도로 건너온 재조일본인의 불안과 허무감, '내지'인 일본으로부터 소외된 주변부적 인생을 산다는 의식, 고향을 떠났다는 회한과 그 한편으로는 고국에 대한 그리움과 소원함을 동시에 인상적으로 그려내고 있다.

재조일본인에게 비친 조선의 풍토와 풍습은 어떻게 드러나는지, 그리고 '외지'에 놓인 자신들의 처지를 어떻게 의미 부여하는지, 〈부산시회〉라는 단체에 조금 더 주목해 보자. 『조선지실업』에는 「〈부산시회〉 영초(咏草)」로 소개된 단카가 열다섯 수 있는데, 앞서 말한 덴가 외에 고칸[孤丸], 시야(詩耶)라는 이름이 보이므로 최소한 이들이 회원으로서 활동한 시가(詩歌)모임이었다고 볼 수 있다. 고칸과 시야도 다음과 같

27 釜山詩會(1906)「韓ぶり」『朝鮮之実業』第10號, 3권의 p.229.

은 단카를 게재했다.

① 휘휘 불어온 대륙풍을 맞으며 시대 제대로 못 만난 어리석음 벗어내려는 사람.

[ありやありや大陸風を吹き煽り時代逢える愚を剝かう者]

② 가는 팔이라 여순(旅順) 땅을 개척한 자의 끊이지 않는 힘이야말로 과연 부러울밖에.

[細腕さすが旅順を抜きし人の絶えぬ力を羨まれぬる]

③ 깃발을 들고 너른 들판에 서서 히데요시(秀吉)가 웃으며 승리 얻은 그 마음 알겠구나.

[麾あげて大野に立てば秀吉が笑んで勝得し心偲ばる]

④ 늙은이 손에 한국 자손 이끌고 노니는구나 이토(伊藤) 후작 아무렴 죽을 땅 없겠는가.

[老ひがてに韓の子率てや遊ぶらん藤侯何ぞ死地無かるべき][28]

①②가 고칸의 단카인데, 시대를 잘못 만난 탓에 변방에서 고생해야 하는 '외지'로 나선 사람의 통한이나 후회를 "어리석음"으로 나타내고 있으며, 또한 여순이라는 지명에서도 알 수 있듯 '만주' 대륙을 개척하러 간 진취적 기상과 힘에 대해서는 부러움을 드러낸다.

그리고 ③④는 시야의 단카로, 과거 임진왜란 당시 도요토미 히데요시[豊臣秀吉]의 한반도 침략과 동시대 일본인의 한반도와 대륙 진출의

28 釜山詩會(1906) 「韓ぶり」 『朝鮮之実業』第10號, 3권의 p.229.

승리감을 동일선상에 놓고 느끼는 자부심, 또한 통감의 지위로 한국을 경영하는 대표자 이토 히로부미[伊藤博文] 후작에게 말을 거는 듯한 어투로, 그의 한국 사람들을 이끄는 기상이 나이 들어서도 꺾이지 않았음을 드러내고 있으므로 남성적 포부와 죽음을 각오한 의식 등을 노래에 응축시켰다.

이러한 덴가, 고칸, 시야 등의 〈부산시회〉 회원들의 단카에서는 중심인 '내지'에서 주변인 '외지'로 이주할 수밖에 없었던 재조일본인들의 불안감과 소외의식, 더불어 당시 식민지주의에 적극 편승하는 가인들의 자기 표현이 착종되어 있는 것을 확인할 수 있다. 그것은 이들이 대륙 경영을 꿈꾸고 그에 종사하는 입장이었기 때문이기도 한데, 이를 남성적 기상, 희망과 포부라는 말로 수렴시킬 수 있을 것이다.

당시 문학에서 남성적 기상을 이해하는 데에는 『조선지실업』 제10호에 수록된 「조선의 일본 문학[朝鮮に於ける日本文学]」이라는 글의 다음 구절이 도움이 된다. "부디 일본어로 그들(=조선과 지나 사람들)에게 임하라고 했는데 이것은 만대의 진리이다. 제비꽃에 울고 별을 동경하라고는 않겠다."[29]라는 구절인데, 여기에서 말하는 제비꽃[菫]과 별[星]은 요사노 아키코[与謝野晶子]로 대표되는 묘조파[明星派]의 별칭 세이킨파[星菫派]의 중심개념인 여성적 낭만성을 지칭한다. 조선과 지나[支那, 중국]에는 이러한 문학을 결코 기대할 수 없다는 반영이다. 그리고 희망과 포부란, 『조선지실업』의 주간(主幹)인 우치다 다케사부로[内田竹三郎]가 말하는 "창립한 지 아직 2년 반에도 이르지 않았으니 희망은 산더미처

29 美人之助(1906) 「朝鮮に於ける日本文学」 『朝鮮之實業』第10號, 3권의 p.231.

럼 크고 포부는 바다 같다"[30]고 한 이 잡지의 기대감과 상통하는 바다.

다른 한편으로 고칸과 시야의 단카 중에 다음과 같은 노래들도 있다.

① 가구쓰치의 크나큰 노여움을 더러워지고 부정(不淨)한 현대에 가해야 할 것이리.

[かぐ土の大き怒をよごれたる穢の現代に加ふべうなり]

② 막을 거두고 구교가 노려보는 눈 내린 달밤 의관을 갖춘 이의 가마가 흔들렸다.

[幕あけて公曉が睨ふ雪月夜衣冠の人の駕たゆたひぬ][31]

①의 '가구쓰치[かぐ土]'란 일본 고대의 기키[記紀, 『고지키(古事記)』와 『일본서기(日本書紀)』를 아우르는 호칭] 신화에 등장하는 신으로, 태어나면서 어머니를 죽게 하고 아버지 신에게 살해당하여 그 피와 사체에서 열여섯 신을 탄생시킨 불의 신이다. '가구[かぐ]'는 타는 냄새와 관련이 있어서 오늘날에도 '냄새를 맡다'는 뜻으로 사용되는데, 이미지 상으로는 불에 탄 듯 척박하고 황폐한 한반도의 땅으로 이어지며, 더러운 현대의 '조선' 땅에 일본 고대의 신이 노여움을 가하여 부정에서 벗어나야 한다는 취지로 해석할 수 있다. ②의 구교[公曉]는 가마쿠라[鎌倉] 막부의 제2대 장군이던 아버지 미나모토노 요리이에[源頼家]의 원수를 갚기 위해, 한겨울 가마쿠라의 쓰루가오카하치만구[鶴ヶ岡八幡宮]에서 예복과 의관을 다 차려입고 참배를 온 삼촌이자 막부의 제3대 장군 미나모토

30 内田竹三郎(1907) 「丸三年」『朝鮮之實業』 第24號, 5권의 p.41.

31 釜山詩會(1906) 「韓ぶり」『朝鮮之実業』第10號, 3권의 p.229.

노 사네토모[源実朝]의 목을 베고 자신도 결국 살해당하고 마는 기구한 운명의 20살 젊은 승려다.

이러한 단카는 일본의 신화와 역사적 일화, 고전 문학을 인용하는 수법을 취하고 있는데, 이러한 내용을 한 수의 단카만으로 그에 배경을 다 알고 일정한 연상 이미지를 공유할 수 있는 층은 상당히 제한적이었을 것이다. 창작이나 향수층이 제한적인 이러한 성격의 단카는 재조일본인 문화인들 간의 유대와 문화적 자긍심을 고취하며 결과적으로 공동체의 우월감을 지향한 것이라고도 해석할 수 있을 것이다.

3. 한반도의 지명(地名)과 우타마쿠라〔歌枕〕

이번에는 단카를 중심으로 한반도 내의 일정 지명(地名)들이 반복적으로 노래된 이유와 기능에 관해 생각해 보자. 이 시기 재조일본인들이 간행한 일본어잡지 내의 문예란, 혹은 문예적 내용은 하이쿠, 단카와 같은 시가와 기행문으로 주도되었다. 기행문의 경우는 『한국교통회지』에 수록된 「기러기 울음 문경에서 경성으로[雁金 聞慶より京城へ]」나 「등북한산기(登北漢山記)」와 같은 대표적 사례에서 보듯 경성을 위시한 조선의 여러 지명과 공간에서 느끼는 재조일본인으로서의 감회가 주된 내용이다. 그런데 기행문에서 흔히 보이는 한반도의 지명 언급이 사실상 단카에서도 두드러지게 반복되는 경우를 많이 보게 된다.

이제 경성의 여러 지명 중에서도 특히 목멱산(木覓山)이라는 이름의 남산(南山)과 왜성대[和城臺]라는 지명을 중심으로 이들 장소가 갖는 의

미와 단카와의 관련성 및 그 기능을 살펴보기로 한다.

먼저, 가장 이른 시기의 잡지인 『한국교통회지』의 경우는 따로 문원란을 두고 있지 않으나 코너 사이의 공백에 주로 한시나 고전의 한 구절이나 단카 등을 배치하고 있다. 예를 들자면 2호에서는 소노키 시안[園木柴庵]이 「입추경(立秋景)」이나 「신추야좌(新秋夜坐)」, 「우성(偶成)」이라는 제목의 한시 사언절구(四言絶句)를 수록하거나, 3호에서는 영문으로 된 유명 구절, 혹은 셰익스피어나 안데르센이 남긴 격언이나 『열자(列子)』의 한 구절을 아문체(雅文體)로 소개하거나 4호에서는 13세기의 일본 불교설화집 『짓쿤쇼[十訓抄]』의 한 구절을 소개하는 식이다. 이것은 문예란을 따로 마련하지 않은 초기의 일본어잡지에서도 장르 구분 및 기준이 분명치 않았음에도 불구하고 어떻게든 문예적 내용을 잡지에 담아내고자 한 노력의 형태라 할 수 있다.

특히 3호에는 1월부터 5월까지의 남산의 모습을 읊은 가이도[槐堂]의 단카가 다섯 수 수록되어서 겨울부터 봄을 거쳐 초여름까지의 시기에 이르는 남산에 관해 노래하고 있다. 그 다섯 수의 남산에 관한 단카는 다음과 같다.

1월 남산(一月南山)

① 하늘 문 열린 첫날을 맞이하여 저기 소나무 가지도 새로운 듯
보이는 목멱산.

[天の戸の初日をうけて松か枝もあらたに見ゆる木覔の山]

2월 남산(二月南山)

② 간밤에 폭풍 소나무에 남기고 남산 골짜기 사이에만 남은 눈 녹기 시작하누나.

[小夜嵐松にのこして南山谷間のみ雪とけそめにけり]

3월 남산(三月南山)

③ 눈이라 여긴 소나무 사이 흰색 잘못 보았네 빨래한 흰옷 널어 말리는 목멱산인데.

[雪と見し松の木の間は空目にてあらひ衣干す木覓の山]

4월 남산(四月南山)

④ 섞여서 지며 차분한 마음 잃은 벚꽃을 보다 저무는 줄도 몰라 목면산의 봄.

[散交えは静心なき花を外処に暮るるともなし木覓の春]

5월 남산(五月南山)

⑤ 남산 소나무 그 그늘 아래에서 한국 사람들 뒹굴면서 잠을 잘 여름이 되었구나.

[南山松の木蔭に韓人の転寝すへき夏となりけり][32]

대체적으로 각 달의 특성을 느낄 수 있는 남산의 정경을 노래하고 있는데, 특히 ③이나 ⑤와 같이 눈[雪]으로 착각된 '흰옷' 및 나무그늘

---

32 槐堂(1903)『韓國交通會誌』第3號, ①은 p.7, ②는 p.13, ③은 p.22, ④는 p.24, ⑤는 p.41.

에 아무렇게나 누워 자는 '한국 사람'을 소재로 사용하고 있어 재조일본인의 시선을 드러낸다. 남산이 경성의 대표적 경물이자 중심적 장소로서 주목되었으며, 1903년 시점에 조선의 대표적 우타마쿠라[歌枕]로 자리매김했다.

우타마쿠라란 전통적으로 일본 와카에서 지명(地名)을 말하여 그 장소와 얽힌 어떤 의미의 '장(場)'을 환기시키는 기능을 갖는다. 다른 말로 노래의 명소(名所)를 의미하는 우타마쿠라는, 해당 지역의 실경(實景)을 개념화시키기도 하고 지명이 갖는 인상이나 통념, 연상, 공간의 파악에서 생기는 유형적 미의식까지도 표현하는 기능을 갖는다.[33] 우타마쿠라라는 기법은 와카 표현의 전제가 되었으며 와카 한 수 전체를 통괄하는 중요한 가어(歌語)[34]가 되기에 이르렀다. 이러한 연상과 환기 기능으로 와카는 다채로운 표현성을 발휘할 수 있었으며, 한편으로는 그 축적이 지명의 고정된 이미지를 생산하는 이중적 결과를 초래했다.

다시 경성의 우타마쿠라로 돌아오면, 러일전쟁 이전 시기에 재조일본인들의 눈에 비친 조선의 경물 중 가장 일찍, 그리고 시대가 내려오면서도 계속하여 반복적으로 읊어진 남산의 우타마쿠라로서의 기능은 어떠했을까?

이것은 남산 기슭의 왜성대(倭城臺, 와조다이)라는 지명으로 더 구체화되기도 하는데, 왜성대는 왜장대(倭将臺, 와쇼다이)라고 불리기도 했고, '왜(倭)'라는 한자를 기피하는 경향에서 일본어 독음이 '와'로 똑같은 '和'자를 사용하여 화성대(和城臺, 와조다이)라고도 일컬어진 남산 중턱의

33 大曾根章介・久保田淳 外編(1998)『日本古典文学大事典』明治書院, p.103.

34 片桐洋一(1993)『歌枕歌ことば辞典』角川書店, p.6.

한 지점을 가리키는 지명이다. 앞서 언급한 덴가가 잡지 『한반도』에 수록한 「한국살이」 내의 일련의 단카에서 그 해석의 실마리를 찾을 수 있다.

① 저 왜장대에 내가 서게 된 때는 봄의 햇살에 금빛으로 물들은 도읍 그림 같았지.

[倭將臺に我か立つ時よ, 春の日の金色に染む, 都繪に似し]

② 저물어간 해 다시 돌이켰으면 해서 석상인 양 내가 우두커니 서 있는 왜장대 위.

[落つる日を呼返さはや, 石像の如我か佇める倭將臺の上]

③ 나의 노래를 새길 나무 많구나 왜장대에는 할 수 있는 한 실컷 노래를 생각하리.

[我か歌を彫らむ樹多し倭將臺, 心ゆくまて歌をおもはむ]

④ 여기 섰노라 왜장대 위에 봄은 지더니 도읍은 눈앞을 가로질러 길게 누워 있구나.

[立つや此倭將臺上春おちて都は眼路に臥しぬ, 横たはる][35]

위의 사례에서는 '왜성대', '화성대'가 아닌 '왜장(倭將)', 즉 과거의 일본 인물을 환기시키는 '왜장대'라는 표현을 관철하고 있는 점을 먼저 지적해 두자. ①은 왜장, 즉 일본 장수가 경성을 내려다보는 기상과 눈 아래 펼쳐진 도읍의 아름다움을 표현하고 있는데, "금빛"이라는 표

35 天我(1906) 「韓ぶり」 『韓半島』第2巻第3號, p.133.

현에서 황금색을 좋아한 도요토미 히데요시를 연상케 하는 측면도 있어 왜장들이 한반도에서 맹위를 떨친 역사적 경험 임진왜란을 환기시킨다. ②에서 "저물어간 해"를 "다시 돌이켰으면" 한다

조선통감부가 들어서게 되는 남산 왜성대 자리

는 표현은 해로 상징되는 일본의 부흥에 대한 염원이 드러나며, ③에서는 나무에 새겨 넣고자 한 노래의 내용이 구체적이지 않지만 일종의 포부가 담긴 느낌이다. 그리고 ④에서는 도읍 경성이 눈앞에 펼쳐진 것을 내려다보는 곳에 마치 왜장처럼 선 기백을 읊고 있다.

그렇다면 단카에서 반복적으로 표현하는 '왜장대 위에 서다'라는 표현이 과연 무엇을 의미하며, 그 반복에서 의도한 바는 무엇일까? 단카가 발표된 즈음 러일전쟁에서 승리한 일본이 조선을 장악하고 경성에 통감부를 설치하고 초대 통감 이토 히로부미가 부임했다. 초기 통감부 시대에는 단일 청사가 없었기 때문에 대한제국의 한옥 청사들을 이용하다 1905년 결국 신식 서양풍의 통감부 청사가 바로 남산 왜성대 자리에 세워지게 되었다.[36] 이후 통감부가 1910년에 조선총독부로 바뀌고, 협소한 공간 탓에 1926년 총독부가 경복궁 앞쪽으로 이전하게 될 때까지 약 20년 동안 남산 왜성대 통치 시대가 이어졌다.

그런데 왜성대 통치 시대 이전의 문예물에서도 왜성대(=왜장대, 화성대)가 줄곧 다루어지고 있다는 점이 주목된다. 앞서 본 단카는 물론이

36 이순우(2010) 『통감관저, 잊혀진 경술국치의 현장』, 하늘재. pp.38~43.

려니와 『한반도』의 편집인 겸 발행인 하세가와 지테키[長谷川自適]가 쓴 소설잡조(小説雜俎) 「여름의 화성대(和城臺)」에서도 한성(漢城)이 내려다 보이는 화성대에 오른 재조일본인의 감회가 아래와 같이 서술되었다.

> 곧 대오를 정렬하고 화성대로 투입된 발소리가 손에 잡힐 듯 들리기에 나도 그대로 침상을 벗어나 바삐 얼굴을 닦고 그 뒤를 따라 화성대에 올라……대신궁(大神宮)에 참배하여 손을 모아 치고…… 이 곳이 역사상 큰 관계가 있는 만큼……당년 정한(征韓)의 날 비로소 욱일기를 이 화성대 위에 펄럭이게 하고 왜장대라는 명칭을 받은 곳이 오늘날 이렇게까지 우리 동포(=재조일본인)들의 낙원지가 된 것을 지켜보았다면 오니 장군(鬼将軍)도 미소를 흘렸을 것이라는 등등 여러 가지를 상기(想起)하며 이후 달을 밟고 산을 내려왔던 것이다.[37]

이 글이 실린 1903년 당시는 러일전쟁 전이었지만 경성의 재조일본인들은 청일전쟁 이후인 1897년부터 1903년 무렵까지 러시아의 남하를 의식 및 견제[38]하고 있었는데, 남산의 왜성대는 일본 군인들의 훈련이 이루어지는 곳이기도 했고, 재조일본인들이 건립한 남산대신궁(南山大神宮)이 위치했다. 남산대신궁은 1898년 건립된 신궁인데 왜성대에 있어서 왜성대대신궁으로도 통칭되었고, 1913년에는 경성신사(京

---

37 自適軒主人(1903)「夏の和城臺」『韓半島』第1巻第1號, p.101.

38 京城府篇(1934)「第3章 日清役後より日露役後までの京城」『京城府史』京城府, pp.663~703. 여기에서 1897년부터 1903년까지 '러시아의 남하[露國の南下]'라는 내용을 3회에 걸쳐 수록.

城神社)로 호칭이 바뀌었다. 왜성대를 중심으로 한 남산 일대는 일찍부터 재조일본인들의 "낙원지"라 할 정도의 일본식 공원 등이 잘 조성된 곳이었다. 또 중요한 것은 앞서도 잠시 나온 '호랑이 사냥'으로 유명한 왜장 가토 기요마사의 별명이 "오니 장군(鬼将軍)"인데, 그 오니 장군도 흐뭇하게 여길 만큼 과거 "정한(征韓)"의 기억을 "상기(想起)"하고 "욱일기"를 펄럭이게 하는 재조일본인의 성지(聖地)와도 같이 인식된 상징적 장소로 왜성대가 기능한 점이다.

러일전쟁 이후 재조일본인들에게 왜성대의 '장소성'[39]은 더욱 확고해진다. 예를 들어 『한반도』 문예잡조의 「경성 남산에 오르다」에서는 임진왜란—일본인들은 분로쿠[文禄]의 역(役)이라는 용어를 사용—때 왜장 마시타 나가모리[增田長盛]가 성을 지은 곳이기에 왜성대 혹은 왜장대라는 이름이 되었다[40]는 당시 왜성대의 유서로 통용된 이야기를 전한다. 또한 「저물어가는 봄」이라는 신체시에는 다음과 같은 내용이 있다.

하지만 초록빛의 목멱산이여
왜성대에 세워진 기념의 비석
천대에 변함없는 야마토[大和] 무사
지금도 그의 자취 명예로우며……[41]

---

39 오미일·조정민(2014), 「제국의 주변·조선의 중심, 경성 일본인의 心像—교육시스템과 진로문제를 중심으로—」 『선망과 질시의 로컬리티』, 소명출판, p.53.

40 幽芳生(1906) 「京城の南山に上る」『韓半島』第2巻第1號, p.183.

41 福井畝蔭(1906) 「新體詩 暮行く春」『韓半島』第2巻第3號, p.666.

여기에서도 왜성대에 관한 언급이 보이는데 "야마토 무사", 말 그대로 왜장으로서의 명예로움을 왜성대에 세워진 비석으로 표상하고 있다. 왜성대 지명 유래에 관해서는 일본 측이 임진왜란 관련으로 왜장이 축조한 성이 있었다는 근거를 제시하고 있는 것에 비해, 한국 측 사료에서는 옛날 문예를 연마하던 예장(禮場)터라는 발음이 변화하여 왜장터가 되었다는 설[42]도 있어서 주장이 갈린다. 그러나 이 시기의 문예작품에서 임진왜란 당시 경성으로 들어와 기세를 떨쳤던 왜장과 20세기 초 남산에 오른 재조일본인 자신을 오버랩시킬 수 있는 환기력을 가진 지명이었다는 것을 알 수 있다.

남산과 왜성대는 임진왜란과 도요토미 히데요시, 가토 기요마사, 마시타 나가모리 등 과거 왜장의 활약을 배경으로 하여, 한반도 지배 정당성을 뒷받침하며 뒷받침한다. 그렇기 때문에 통감부와 총독부가 들어서는 위치로 당연시되는 정서가 형성되었고 이 점에서 남산과 왜성대라는 장소의 기능, 즉 이데올로기성을 지적할 수 있다. 특히 단카에서 중시된 우타마쿠라, 남산과 왜성대는 재조일본인들의 선험적 인물로서 중첩되는 임진왜란 당시의 왜장 이미지를 수반하고 역사성 부여의 역할까지 함으로써 정치성마저 담아냈다.

그 밖에 『한국교통회지』, 『한반도』, 『조선지실업』 등에서 '한경=경성=왕성', '장충단', '남대문', '대안문', '주흘산', '수안보', '북한산' 등 조선의 명소를 소재로 삼아 조선적 우타마쿠라를 단카에 넣는 시도를 볼 수 있다. 남대문, 장충단, 북한산 등의 경우는 그런 용례가 매우 많

42 이순우(2010), 앞의 책(『통감관저, 잊혀진 경술국치의 현장』), p.57.

았다. 예를 들어 문경의 주산(主山) '주흘산'은 "지금에 보니 단풍 곱게 든 비단 바친 듯 보여 즐거워 하시겠네 주흘산 지키는 신[今こそは紅葉の錦幣と見て楽しかるぐむ主屹山神]", '수안보'는 "평안하게도 병마를 치유하는 온천물에서 수안보라는 이름 처음 붙였겠구나[やすらけく病の愈ゆる出湯より水安保とは名付初めけん]"[43]와 같이 조선의 역사 속의 신화적, 혹은 종교적 내용이 약간 접목되는 것이 주목된다.

본격적 식민지배가 이루어지기 이전이고, '장충단'이나 '대안문'처럼 조선의 일본화 과정이 순조롭지 못했던 경험을 담은 단카도 있다. 장충단 비석의 민영환(1861~1905)은 조선백성들의 신임이 두터운 고관이었으나 대한제국이 맺게 된 굴욕적인 을사조약에 분개하여 국운이 기운 것에 죽음으로 항거하고자 자결한 인물이었고, 1904년 고종이 머물던 경운궁(=덕수궁)에 원인을 알 수 없는 화재가 발생하여 복구와 수리를 하면서 1906년 대안문을 정문으로 삼고 대한문으로 이름을 바꾸게 된 경위 등이 있기 때문이다.[44]

이처럼 단카에 반복적으로 읊어지는 지명들은 그 장소와 관련된 스토리나 이미지를 내포하며 일본의 한 지도로 편입해 가는 조선의 상징적 제재가 되었다. 그리고 이후 일본 식민지배가 강화되어 가면서 재조일본인들에게 한일 간의 유구한 역사적 관계를 환기시키는 '장(場)'으로 자리매김한 모색 단계의 우타마쿠라였다고 할 수 있다.

일본에 의한 한국의 강제병합이 있던 1910년 이후에는 식민지 조선에 기반한 식민지 문예의 출현을 촉구하는 다음과 같은 글들이 빈번히

43 두 단카 모두 槐堂(1903)「雁金(日記の一節)」『韓國交通會誌』第3號, pp.163～164.

44 한국학중앙연구원 『한국 민족문화대백과』, 2010. 「민영환」과 「덕수궁」 항목 참조.

등장했다.

> ① 그리고 사회적 흥미를 중심으로 한 작품의 출현을 바람과 더불어 나는 취재의 범위를 좀 더 지리적으로 넓혔으면 한다고 생각한다. …특히 타이완이라든가 사할린[樺太]이라든가 조선과 같은 신영토에서 제재를 취하면 매우 재미있는 작품이 만들어질 것이라고 생각한다. 문예와 신영토라는 문제는 작가에게도 또한 그 토지 사람들에게도 아주 흥미로운 문제라고 생각한다. 나는 사회적 흥미 중심의 작품과 신영토를 무대로 한 작품을 금후의 작가들에게 기대하며 그 출현을 간절히 희망하는 자다.
>
> ② 다이쇼[大正]의 하이쿠는 다이쇼의 머리로 만들어야 한다. 고인의 주형(鑄型)에 들어가 고인의 술지게미를 핥는 일은 우리가 취하지 말아야 할 바다. ……조선은 다이쇼의 사람에 의해 개척되며 조선의 하이쿠 또한 새로운 머리로 개척하지 않으면 안 된다.[45]

①에서는 1913년 무렵의 일본 문단 경향을 비판하면서, 타이완이나 사할린, 조선과 같이 새로이 식민지로 편입된 영토에서 제재를 취한 작품이 등장하기를 강하게 촉구한다. 그리고 ②에서는 1914년경 과거 취향을 그대로 모방만 하는 하이쿠 창작을 비판하며 "조선의 하이쿠"는 "다이쇼(大正)의 새로운 머리"로 개척되어야 하고 조선적 풍토에 입각해야 한다고 적극 주장한다.

---

45 ①은 文学史 生田長江(1913)「文芸と新領土」『朝鮮及滿洲』第70號, 朝鮮及滿洲社, p.13. ②는 俳句 黒柳木耳識(1914)「我等の旗幟」『朝鮮及滿洲』第89號, 朝鮮及滿洲社, p.86.

그런데 1910년대 이후의 이 모든 주장들에 앞서 이미 러일전쟁을 전후한 상당히 이른 단계에 조선적 소재를 모색하고 단카나 하이쿠와 같은 시가 문학 창작에 도입을 시도하고 있었다는 것을 확인할 수 있었다. 이는 이후에 전개될 한반도 일본어 문학의 다양한 담론과 논점, 그리고 작품의 테마성을 집약적으로 보여주며, 초기에 이른바 한반도 현지화를 통해 '식민지 문학'이 갈 하나의 길을 제시한 것이라 하겠다.

2강 키워드

『한국교통회지(韓国交通会誌)』, 『한반도(韓半島)』, 『조선지실업(朝鮮之実業)』, 다카하마 덴가[高浜天我], 〈부산시회(釜山詩会)〉, 재조일본인의 자의식, 지명, 우타마쿠라[歌枕], 남산, 왜성대(倭城臺), 러일전쟁

3강
혼종되는 식민지 일본어와 시가

1. 하이쿠와 단카를 짓기 시작하는 조선인

일본의 전통적인 단시형 시가 문학 장르에 조선인 작가가 존재했고 많은 창작을 남기고 있다는 것은 그리 널리 알려지지 않은 사실이다. 그것은 이러한 시가 장르가 음수율을 지키는 정형시이며, 그 내부에서 고어(古語) 사용은 물론 기레지[切字], 계어, 우타마쿠라, 마쿠라코토바[枕詞] 등 특정한 창작요건이 예로부터 있었기 때문에 일본어를 모어(母語)로 하지 않는 사람이 창작하기에 난점이 있는 것으로 여겨졌기 때문일 것이다.

그런데 뜻밖에도 일제강점기에 조선인의 이름을 명시하고 단카나 하이쿠를 창작한 사람은 상당히 많고[46], 그 시작 시기도 1910년 이전으로 상당히 이른 편이다. 1908년 우스다 잔운[薄田斬雲]의 저서 『암흑의 조선[暗黒の朝鮮]』에 실린 45구의 조선인 하이쿠가 이른 시기에 창작된 조선인 작품의 사례라 할 수 있다.

『암흑의 조선』의 목차 중 마지막 항목 「조선인의 하이쿠」에 실린 다음 예를 보자.

① 하이쿠 짓는 내가 바로 문학의 박사로구나.

[俳句作る吾は文学博士かな]

---

46 엄인경 편역(2016), 『조선인의 단카와 하이쿠』, 역락.

② 기합을 넣고 지으려 해도 못할 하이쿠구나.

[気を入れて作れどできぬ俳句哉]

③ 한인 순경에 총을 못 들게 하니 이상하구나.

[スンゴンにチョンを持たせぬ不思議哉]

④ 일본식 옷을 입고 남산공원을 산책하누나.

[和服着て南山公園散歩哉]

⑤ 기생과 함께 하이칼라가 가는 종로로구나.

[キイサンとハイカラと行く鐘路哉][47]

저자 우스다 잔운은 "열일곱 글자의 형식을 가르쳐주니 조선인이 활발히 하이쿠를 지어냈다. 기상천외, 상식으로는 상상도 못할 듯한 포복절도할 명구(名句)가 속속 지어졌다"며 이를 "웃음 거리"[48]로 제공한다고 밝히고 있다. 일반적으로 하이쿠에 기대되는 스타일과는 거리가 있고 사건이나 행위를 중심으로 표현하고 있으며, 지은이의 이름은 드러나 있지 않다. 위에 인용한 네 구 외에 나머지도 하이쿠의 기본 규칙인 열일곱 자라는 정형률에 얽매인 나머지, 구를 매듭짓는 기레지는 천편일률적으로 '-구나[哉, かな]' 외에 사용하지 않으며, 하이쿠 작법의 기본규칙인 계어나 화조풍영(花鳥諷詠), 사생 기법 등은 찾아볼 수 없어 "포복절도할 명구(名句)"는 미숙한 하이쿠에 대한 반어 표현임을 알 수 있다.

그러나 우스다가 우습다고 여기는 이러한 하이쿠를 초기 센류[川柳]

47 薄田斬雲(1908), 『暗黒なる朝鮮』, 日韓書房, pp.263~267.

48 薄田斬雲(1908), 위의 책(『暗黒なる朝鮮』), p.263.

로 볼 수는 없는 것일까? 특히 ③에 대해서 우스다는 "일본 순사만이 피스톨을 휴대하는 것을 탓하는 뜻"이라고 부연설명을 스스로 하고 있는 것처럼, 자연의 화조풍영과 계절변천이 아닌 세태(世態)에 대한 불만과 야유, 특유의 골계와 해학, 경묘한 풍자 등[49] 인간백태에 골자를 두는 장르가 바로 센류이다. 그렇다면 작품 수준은 논외로 치더라도 센류 범주에 넣는 것이 합당하다고 여겨진다.

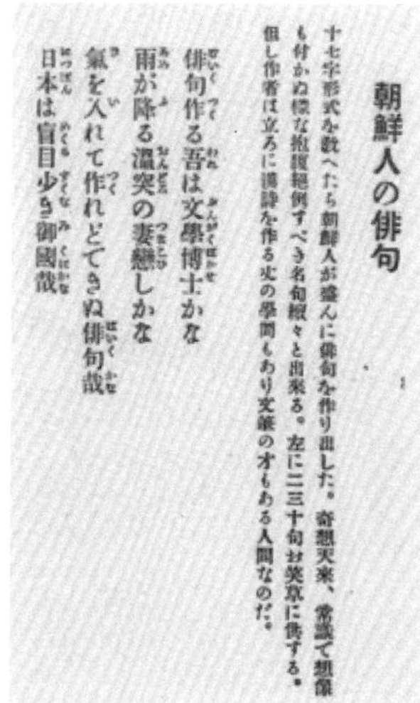
朝鮮人の俳句

十七字形式を數へたら朝鮮人が盛んに俳句を作り出した。奇想天來、常識で想像も付かぬ樣な抱腹絶倒すべき名句續々と出來る。左に二三十句お笑草に供する。但し作者は立ろに漢詩を作る丈の學問もあり文藻の才もある人間なのだ。

俳句作る吾は文學博士かな
雨が降る溫突の妻戀しかな
氣を入れて作れどできぬ俳句哉
日本は盲目少き御國哉

우스다 잔운의 1908년 저술『암흑의 조선』중「조선인의 하이쿠」도입부

조선이 일본 식민지가 된 이후인 1913년 무렵만 해도 조선인 중 일본어 해독이 가능한 비율은 0.61%[50] 다시 말해 1%도 되지 않았다. 하물며 1908년에 채록된 이른 시기의 조선인 하이쿠는, 하이쿠의 요건에는 부족함이 있을지언정 일본어 구사가 가능한 극소수의 조선인 식자들에 의해 창작된 것이리라. 우스다 자신도 위의 하이쿠를 지은 조선인들에 대해 "한시를 지을 정도의 학문도 있고 문필 재능도 있는 인간들"이라고 설명했다. 하이쿠 세시기[歲時記]에 기반을 둔 계어의 약속은 이 극소수 조선인들이 하이쿠다운 하이쿠를 창작하는 데에는 아직

---

49 粕谷宏紀(2007),「川柳は不滅です」『国文学 解釈と教材の研究』52巻 9 号, 学灯社, pp.35～36.

50 金奎昌 著; 金奎昌教授遺稿論文刊行委員會 編(1985),『朝鮮語科始末과 日語教育의 歷史的 背景: 金奎昌教授遺稿論文集』, 同刊行委員會, p.10.

난관이었기 때문에, 그들이 시도한 초기 열일곱 자 일본어 단시는 속세 간의 인사(人事)를 그려낸 가벼운 센류풍으로 흐른 것이 어쩌면 자연스러운 귀결이었을 것이다.

위의 하이쿠가 「조선인의 센류」라는 제목하에 제시되었다면 기상천외하거나 포복절도할 언어도단의 작품이 아니었을 터이다. 『암흑의 조선』은 원래 서른여섯 항목에 걸쳐 조선인의 풍속과 생활상을 멸시적, 차별적인 시점에서 서술한 서적이다. 우스다 잔운이 하이쿠와 센류의 구분을 몰라서라기보다 조선이 얼마나 미개한지 차별적 의식을 저변에 깔고 있는 의도에 부합하는 서툴고 조잡한 「조선인의 하이쿠」로서 제시한 것은 아니었을까?

이와 관련된 또 하나의 근거는 1910년대에 조선에서 대규모로 창작된 센류의 작품집 『조선 센류[朝鮮川柳]』(1922)라는 단행본에서 볼 수 있다. 『조선 센류』의 저자는 류켄지 도자에몬[柳建寺土左衛門]인데, 이는 센류 작가로서의 필명이고 본명은 1917년 이전에는 마사키 가오루[正木薫], 이후에는 마사키 준쇼[正木準章]로 통칭된 인물이다.[51] 이 구집에는 조선에서 1912년부터 1922년까지 발표된 센류 중 천 명 이상의 4,662구가 수록되었으며, "조선의 경(輕)문학 중 단행본으로 출판된 것

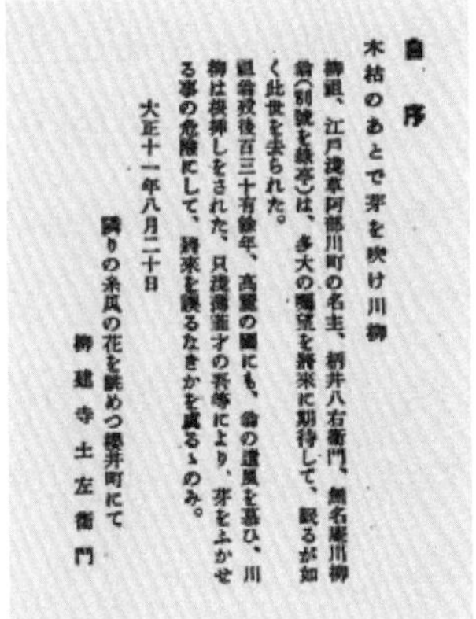
自序

木枯のあとで芽を吹け川柳

柳祖、江戸淺草阿部川町の名主、柄井八右衛門、無名庵川柳翁(別號を緑亭)は、多大の嘱望を將來に期待して、眠るが如く此世を去られた。

祖翁歿後百三十有餘年、高麗の國にも、翁の遺風を慕ひ、川柳は接挿しをされた、只淺學菲才の吾等により、芽をふかせる事の危險にして、將來を誤るなきかを虞るゝのみ。

大正十一年八月二十日

隣りの糸瓜の花を眺めつ櫻井町にて

柳建寺土左衛門

『조선 센류』의 머리말 부분

51 正木準章(1942)『輝く青丘人』, 朝鮮川柳會, p.180.

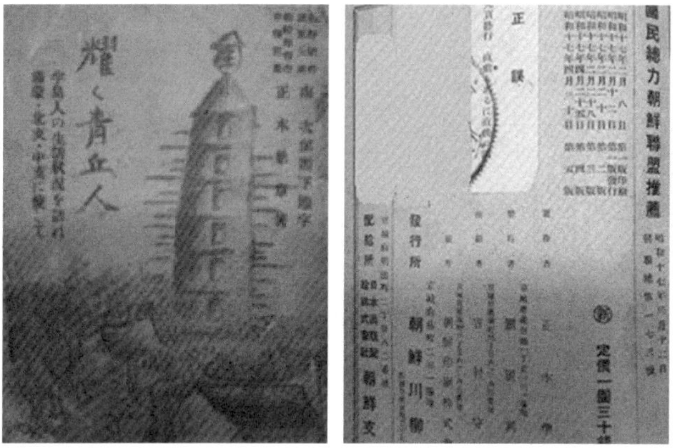

마사키 준쇼가 1942년 〈조선센류회〉 발행으로 간행한 서적 『빛나는 청구인』

은 이 책을 그 효시로 하는 영광을 입는다"고 했으므로 조선에서 간행된 최초의 센류 작품집임을 알 수 있다.

마사키는 1911년 한반도로 건너와 센류 선전과 확산에 진력하여 일찌감치 조선 센류계의 제일인자로 평가받은 인물이었고, "식민지 기풍과 센류풍"이 "활기 있는 인간미에서 합치되고 직접 영합되"[52]는 그 장르적 특성 때문인지 1910년대 전반에 조선 여러 곳에 이미 센류회가 열릴 정도로 순조로운 발전을 이루었다. 그에 따르면 『조선신문(朝鮮新聞)』, 『조선시보(朝鮮時報)』, 『조선민보(朝鮮民報)』, 『원산매일신문(元山每日新聞)』 등의 일간지에 센류란이 마련되었으며, 『대륙상공(大陸工商)』, 『남대문(南大門)』, 『무쓰미[むつみ]』, 『꽈리[酸漿]』, 『신선로(神仙爐)』와 같이 센류 작품이 게재되거나 센류를 전문으로 하는 잡지 등이 있었다.

이러한 매체의 해당 시기 현존본은 대부분 확인할 길이 없어 상세

52 柳建寺土左衛門(1922) 「はしがき」『朝鮮川柳』, 川柳柳建寺, p.3.

사항은 알기 어렵지만, 마사키 슌조는 『조선 센류』를 간행하기 이전의 1910년대부터 1940년대에 이르기까지 〈조선센류회〉라는 단체와 오랜 기간 밀접한 관계를 가진 인물로 추측된다. 그 가장 큰 근거는 일제 말기에 해당하는 1942년에 당시의 총독인 미나미 지로[南次郎]에게서 제자(題字)를 받은 『빛나는 청구인[輝く靑丘人]』이라는 단행본을 〈조선센류회〉 발행으로 간행한 것을 확인할 수 있기 때문이다.

다시 『조선 센류』로 돌아와서, 이 책에는 재조일본인뿐 아니라 상당수 조선인들도 참여했을 것으로 보이는데, 대부분은 아호(雅號)만으로 제시되어 있어 작자를 특정하기란 상당히 어렵다. 그럼에도 불구하고 다음과 같은 예는 앞의 「조선인의 하이쿠」와 상통하는 바가 있어 흥미롭다.

① 왜놈을 보면 토담집 안으로 사라져버려.

[ワイノムを見ると土塀の内に消え]

② 왜놈이라는 말 시장에서 들으면 쩨쩨한 인간.

[ワイノムを市場で聞けばけちな奴]

③ 빈대 잡기는 부동명왕이 검을 찾는 것처럼.

[ビンデ狩不動が剣を捜す様]

④ 총각이라고 하는 그 적적함에 피리를 불고.

[チョウガーと云ふ淋しさに笛を吹き][53]

---

53 柳建寺土左衛門(1922)『朝鮮川柳』①은 千流의 구로 p.220, ②는 可敷의 구로 p.238, ③은 厄介坊의 구로 p.245, ④는 鴬団子의 구로 p.339.

조선의 일상적 인간사나 일화를 다루고 있다는 점, ①과 ②의 '왜놈〔ワイノム〕'이라는 말과 표기로 대변되듯 식민지 '조선'에서 종주국 일본인에 대한 반감을 드러낸다는 점, 현지 언어이자 외래어인 조선어를 가타카나〔片仮名〕 표기로 적극 담아내는 점 등에서 앞서 본 우스다 잔운이 거론한 「조선인의 하이쿠」와 사뭇 닮았다.

2. 『조선 센류〔朝鮮川柳〕』로 보는 1910년대 조선 풍속

『조선 센류』를 통해 1910년대에 한반도에서 전개된 일본어 시가 문학의 일단을 조금 더 살펴보기로 하자. 『조선 센류』의 「머릿말〔はしがき〕」에는 센류의 글자수와 같은 열일곱 항목의 내용이 적혀 있는데, 조선에서 센류가 어떻게 확산되고 『조선 센류』가 간행된 배경이 어떠했는지를 알려준다.

우선 일본에 의한 강제병합이 이루어진 1910년대 초반에 조선에서는 단카와 하이쿠가 왕성히 창작되었지만 센류의 지반은 거의 없었던 듯, 저자 류켄지 도자에몬은 혼자 힘으로 조선에서 센류를 선전 및 확산하고자 혼신의 노력을 다했음을 어필하고 있다. 1911년 조선으로 건너 온 그는 3년째를 1기, 5년째를 2기, 10년째를 3기로 구분하여 조선에서 센류를 정착시키려는 계획을 세웠고, 그 계획에 따라 마침내 11년이 되는 1922년에 천 명 이상의 센류를 실은 『조선 센류』를 선(選)하기에 이르렀다는 것이다. 류켄지는 〈경성센류회〉, 이후 〈조선센류회〉라는 센류모임을 주재했고 1910년대에 이미 조선 센류계의 제일인자로 평가받았고, 회화에도 조예가 있어 미술대전 등에서 수상한 경력도 있는 관리문인이었다.

5 · 7 · 5라는 세 구 열일곱 글자의 단시형 장르라는 점에서는 하이쿠와 같지만, 저자가 말하듯 "식민지 기풍과 센류풍이란, 활기 있는 인간미에서 합치되고 직접 영합되"는 센류의 특질 때문에, 류켄지가 말한 1기에 이미 센류 모임이 조선 여러 곳에 개설될 정도로 양적인 발전을 이루었다.

류켄지는 『조선 센류』에 선정, 수록한 센류는 이러한 많은 매체의 센류 중에서도 특히 『조선신문』에서 90%의 구를 가져왔고, 나머지 매체와 미발표 구가 10%를 차지한다고 밝히고 있다. 『조선신문』이라는 일간지와 류켄지의 관계성을 짐작케 하는 내용이다. 그러면서 류켄지는 선별 대상으로 삼은 센류의 총 구수가 27~8만 구, 대상이 되지 않은 센류까지 포함한다면 30만 구가 된다고 했는데, 이를 신뢰한다면 1920년대 초입 단계에 조선에서 센류 창작이 상당히 성황했다고 볼 수 있을 것이다.

또한 류켄지는 『조선 센류』가 성립되기까지 5년간 조선의 센류 선전을 후원한 공로자라는 이름으로 스물두 명의 센류인들을 열거하고 있는데, 특히 조선의 센류계를 위해 노력한 인물로 이노우에 겐카보[井上剣花坊, 1870~1934]를 들며 그에게 깊은 감사의 인사를 전하고 있다.

이노우에 겐카보는 야마구치 현[山口県] 출신으로 겐카보 외에도 류손지[柳樽寺], 대화상(大和尚), 슈켄[秋剣] 등의 별호를 사용하여 활동했던 당대의 대표적 센류 작가다. 그는 신문 『일본(日本)』에 센류란을 마련하고 류손지 센류회[柳樽寺川柳会]를 결성했으며 1905년에 그 기관잡지인 『센류[川柳]』를 탄생하게 한 일본 류손지 파의 수장이다. 메이지[明治] 시대 골계와 낙관주의, 유머라는 작풍을 통해 일본 센류계에서 가장 눈부신 활약을 한 인물이라고 할 수 있다.[54] 1910년대에는 신(新)센류를 역설하며 전국을 돌며 센류 행각(行脚)을 지속하고 센류집과 센류 관련 서적을 출판했는데, 그 행각의 발길이 1919년에는 8월부터 9월에 걸쳐 '내지' 교토[京都]와 오사카[大阪]를 넘어 '외지' 조선에까지 이르렀다[55]고 한다.

메이지 신센류의 중흥을 이끈 이노우에 겐카보

이때 겐카보는 조선에서 센류 선전과 확산을 위해 진력하던 류켄지 등과 만나 센류 구회를 열고 조선에서 창작된 뛰어난 센류를 선발하여 『조선 센류』 간행의 직접적 동기를 부여했다고 추측된다. 또한 이후로도 한반도의 주요 매체의 센류란에서 선자(選者)를 역임하는 등 겐카보의 영향력은 지속되었다.

---

54 東野大八著, 田辺聖子監修·編(2004) 『川柳の群像—明治·大正·昭和の川柳作家100人—』, 集英社, pp.45~48.

55 川村湊, 「植民地と川柳①—朝鮮川柳の巻—」 『川柳学』創刊号, 新葉館出版, p.59.

3. 시가에 혼재되는 조선어와 일본어

『조선 센류』는 「자서(自序)」와 「머릿말[はしがき]」에 이어 38항목의 목차에 따른 도합 4,662구의 센류가 선발되어 나열돼 있다. 그 목차와 해당 구수는 다음과 같다.

목 차	구수	목 차	구수
1. 이세도 야마토도[伊勢も大和も]	121	20. 한강 신사(漢江神社)	127
2. 월급날[月給日]	129	21. 보기만 하는 눈[素見の目]	102
3. 공맹의 가르침[孔孟の教]	101	22. 한시치의 말투[半七の口調]	127
4. 은반지[銀指輪]	130	23. 빨간 문 옷집[赤門の服屋]	128
5. 조선메밀[朝鮮蕎麥]	128	24. 두부가게[豆腐屋]	98
6. 서툰 글자[字が下手]	101	25. 바보[馬鹿野郎]	129
7. 엿장수 가위[飴売の鋏]	129	26. 토용 뜸[土用灸]	128
8. 녹천정(綠泉亭)	106	27. 메밀 베개[坊主枕]	102
9. 고 이태왕전하 국장(故李太王殿下國葬)	121	28. 옷깃 마디[裄の寸]	121
10. 석가의 손가락[釋迦の指]	128	29. 폭렬탄(爆彈裂)	127
11. 파리 무진장[蠅の無盡藏]	128	30. 미인 찻집[美人茶屋]	102
12. 복숭아 나무의 까치[桃の木の鵲]	97	31. 조계사(曹溪寺)	123
13. 봉납 센류[奉納川柳]	109	32. 애매하지 않다[曖昧でない]	128
14. 고려의 조공[高麗の貢]	128	33. 권총[ピストル]	102
15. 투망의 신[投網の神]	101	34. 장옷[長衣]	127
16. 한강의 고래[漢江の鯨]	125	35. 아버지 입[父親の口]	128
17. 소작농의 죽음[小作の死]	129	36. 배꼽 아래[臍から下]	103
18. 평화가 와서[平和來]	102	37. 두 아이[二人の小供]	102
19. 천안의 효자[天安の孝子]	124	38. 빚은 없다[借金はない]	95

이 중 '한시치의 말투'에서 한시치[半七]란 오카모토 기도[岡本綺堂]가 1917~1937년에 단속적으로 연재한 시대소설 『한시치 포획장[半七捕物帳]』의 주인공으로, 에도 말기에 수많은 기괴하고 이상한 사건과 연관이 있던 한시치 노인을 메이지 시대의 신문기자가 방문하여 차를 마시며 이야기한다는 구성으로 막부 말기의 풍속을 회고하면서 탐정소설로서 수수께끼를 풀어가는 재미를 추구하는 취향을 보인 작품이다. '한시치'나 월급날', 혹은 '봉납 센류', '빚은 없다'와 같은 제목은 일본의 센류라 보아도 무방한 보편적 소재를 내건 경우라 하겠다. 이에 비해 '공맹의 가르침', '조선 메밀', '고 이태왕전하 국장'이나 '한강 신사', '조계사'와 같이 조선적인 것을 드러낸 제목도 다수 보인다.

또한 『조선 센류』 권말에는 「주해(註解)」라는 내용이 상당 분량 부기되어 있다. 여기에는 "선어(鮮語)", 즉 센류 안에 외래어로 사용된 한국어 발음과 그 의미를 일본어로 상세히 설명해 둔 170여 개의 항목이 들어 있다. 예를 들자면 "이것 봐라[イゴッパラ]", "이랴[イロ]", "하나 먹어[ハナモコ]", "지게[チゲ]", "왜놈[ワイノム]", "좋은 날[チョフンナリ]", "아라랑[アララン][56]" 등이다. 요컨대 이 항목들은 1910년대에 재조일본인들의 눈에 비친 조선 말, 조선인, 조선 풍속을 알 수 있는 사전적 자료이자 식민지 학지(學知)의 축적이라고 하겠다.

이러한 사실을 통해서 보면 1910년대까지는 조선인 작가가 일본 고전시가 장르에서 두드러진 활약을 보였다고는 할 수 없지만, 재조일본

---

56 아리랑을 '아라랑(アララン)'이라 표기한 예는 당시 일본어 문헌에 많은데, 1910년대에 '아라랑, 아라랑'이라는 후렴구를 갖는 별도의 곡이 있었다고 한다. 2013년 3월 1일자 KBS뉴스 단독보도.

인과 조선인들이 서로의 언어와 문화를 학습하고 탐색하며 습작을 시도한 조선인의 '이중 언어 문학'의 관점에서는 '미성년의 연대'[57]였다고 할 수 있을 것이다. 요컨대 초기 조선인이 창작한 일본 고전시가는 아(雅)의 문학이라기보다는 속(俗)의 문학에 가까웠고, 작품에서는 조선어의 흔적, 조선 문화, 식민지화와 이에 대한 반감, 멸시와 저항감 등이 일본어 문학 속에 착종하고 있어서 식민지 문학의 혼종성을 적나라하게 보여주고 있다고 할 수 있다.

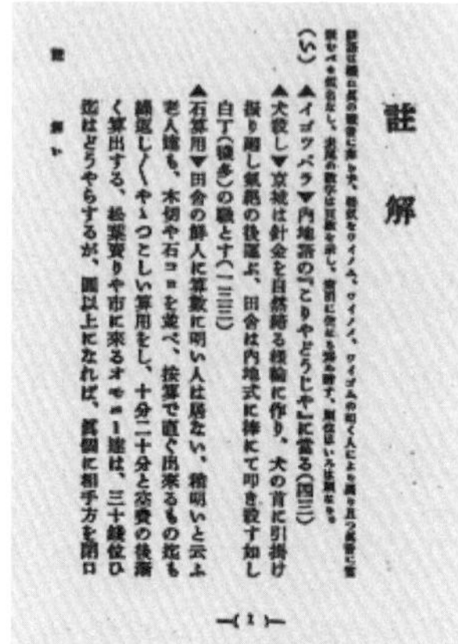
註解

(5) ▲イゴッパラ▼内地語の「とりやどうじや」に當る(四三)

▲犬殺し▼京城は針金を自然縛る緩輪に作り、犬の首に引掛け振り廻し氣絶の後運ぶ、田舍は内地式に棒にて叩き殺す如し白丁(發多)の職とす(一三三)

▲石算用▼田舍の鮮人に算數に明い人は居ない、稍明いと云ふ老人達も、木切や石コロを並べ、接算で直ぐ出來るもの迄も繰返しくやゝつとしい算用をし、十分二十分と徒費の後漸く算出する、松葉賣りや市に來るオモニー達は、三十錢位ひ迄はどうやらするが、圓以上になれば、其個に相手方を閉口

『조선 센류』 중 조선어 해설적 내용인 「주해」

3강 키워드

『암흑의 조선[暗黒なる朝鮮]』, 「조선인의 하이쿠[朝鮮人の俳句]」, 하이쿠와 센류, 『조선 센류[朝鮮川柳]』, 마사키 준쇼[正木準章] 이노우에 겐카보[井上剣花坊], 식민지 언어의 혼종성

57 권보드래(2010) 「1910년대의 이중어 상황과 문학 언어」 『한국어문학연구』 제54집, 한국어문학연구학회, pp.5-43.

4강
하이쿠 문단의 성립과 확산

1. 신흥 하이쿠의 이른 대두와 『가메[甕]』

1910년대의 무단통치에 이어 1919년 3·1독립운동이 일어난 이후 1920년대에는 이른바 문화정치하에 수많은 문예잡지들이 창간되었다. 화조풍월(花鳥風月)과 계절감을 바탕으로 재조일본인들의 정서를 표현한 하이쿠[俳句]는 이미 1910년대부터 문단을 형성하며 전문 잡지를 창간했는데, 1910년대에 가장 먼저 그리고 가장 빨리 확산된 문학 결사는 역시 하이쿠의 『호토토기스[ホトトギス]』 파였다. 『호토토기스』는 1897년 마쓰야마[松山]에서 창간되어 현재까지 속간되고 있는 하이쿠 잡지로 근대 하이쿠의 아버지라 할 수 있는 마사오카 시키[正岡子規]가 주재했고, 1898년부터는 도쿄[東京]에서 제자 다카하마 교시[高浜虛子]가 책임편집자가 된 근대 일본 하이단[俳壇]에서 가장 강력한 영향력을 가진 유파다. 이 『호토토기스』 파가 지향하는 정통 하이쿠가 일찍부터 조선 각지에서도 활발히 창작되었으며, 일제강점기 일본어 문헌들을 통해 이미 1910년대부터 전문 잡지를 간행했던 것으로 확인된다. 1920년대에 들어서면 호토토기스 계열은 조선 전역에서 결사를 이루어 활동하고 경성은 물론이고 부산, 대구, 대전, 광주, 평양, 신의주 등의 주요 도시에서는 10종 이상의 전문 잡지를 간행했다. 다만 1910년대의 경우는 전문잡지가 곳곳에서 창간된 이름만 확인이 되고 현존본을 보기 어렵다.

1920년대에 들어서면 이윽고 조선의 하이쿠 문단, 즉 하이단에는 호토토기스를 중심으로 한 하이쿠 잡지와 하이진[俳人]의 비약적 증가를 맞이한다. 그런데 여기서 주목해야 할 점은 한반도의 하이쿠가 호토토기스 파 일색이었는가 하면 그렇지 않았다는 점이다. 흥미롭게도 호토토기스 파와 대립하는 성향의 신경향(新傾向) 하이쿠, 다시 말해 계어도 필요 없다는 무계(無季) 하이쿠의 주장이나 5·7·5 세 구의 열일곱 음절이라는 정형률마저 무시하는 자유률 하이쿠가 1920년대 전반기에 이미 경성에서 전문 잡지를 간행하고 있었다는 것이다. 이것은 경성의 하이쿠 문단에 이미 다양화된 창작 기반이 마련되었다는 것을 보여준다.

경성에서 간행된 신경향 하이쿠 전문 잡지는 『가메[甕]』로 현존본이 남아 있는 한반도의 하이쿠 잡지 중에 가장 이른 시기의 것으로 보인다. 제명인 『가메』는 여인들이 머리에 이고 물을 길어 나르는 조선의 독특한 모습을 연상시키는 '물독', 혹은 '옹이'를 의미한다.

경성에서 간행된 신경향 하이쿠 잡지 『가메』 1924년 6호

1924년 〈경성 하이쿠회[京城俳句会]〉가 발행한 두 호(3호, 6호)를 확인할 수 있는데, 그 내용은 마사오카 시키의 또 다른 수제자로 호토토기스 파의 수구(守舊)주의와 대립한 가와히가시 헤키고토[河東碧梧桐]의 신경향 하이쿠에 동조하는 자유율 작품이 대부분이다.

① 전차가 푸른 보리밭을 달린다 외톨이인 내지인이 되었다.

[電車青麦を走るひとりきりの内地人となった]

② 새벽녘 까치가 와서 머무르더니 그 꽁지 움직이네.

[あけがたカチの来てとまる尾がうごく][58]

①은 가토 간[加藤閑]이라는 사람의 하이쿠로 세 구의 음수는 일본어로는 8·9·9의 스물여섯 음절이다. 푸른 보리밭을 달리는 전차 안에서 홀로 일본인이라는 각성을 하는 내용이다. ②는 야마시타 아키히로[山下暁洋]의 작품으로 역시 7·5·5라는 음수율로 정형적이지 않으며, 더구나 까치는 텃새이므로 계절감조차 드러나지 않는 무계 하이쿠인 것을 알 수 있다.

2. 한반도 전역의 호토토기스 파와 조선인 하이진의 대두

일찌감치 문단을 형성하며 한반도의 일본어 문학을 주도한 하이쿠 장르에는 조선인들도 대거 참여하는 양상을 보인다. 1920년대를 대표하는 조선인 하이진은 단연 '조선의 시키(=마사오카 시키)'라 일컬어진 목포 〈가리타고 음사[かりたご吟社]〉의 박노식(朴魯植)이다. 그는 기관지 『가리타고[かりたご]』를 주도했으며 호토토기스 계열 하이쿠의 영향 하에 일본으로의 유학 경험 한 번 없이 조선에서 하이쿠 작가가 되어 일

58 ①은 加藤閑(1924) 『甕』三号, 京城俳句会, p.2. ②는 山下暁洋(1924) 『甕』六号, p.2.

조선인 대표 하이진 박노식과 그가 주재한 하이쿠 잡지 『가리타고』

본에서까지 크게 인정을 받았다.

평생 한복 차림을 관철하며 한편으로는 동시대 사람들로부터 일본 문학을 창작하는 것에 대해 친일행위라 비난 받고, 목포에서 일본인에게 오히려 하이쿠를 가르치기에 이른 박노식의 행적에 관한 연구는 상세히 이루어진 바 있으므로[59] 간략히 다루며, 여기에서는 박노식 외의 한반도 호토토기스 계열의 조선인 하이진에 대해 살펴보기로 한다.

우선 1920년대부터 1930년대 중반까지 한반도에서 간행된 하이쿠 작품집에서 보이는 조선인 작가들이다. 그중 최초의 경우는 도다 사다요시[戸田定喜]가 경성에서 펴낸 『조선하이쿠일만집[朝鮮俳句一萬集]』(1926)인데, 여기에는 박노식은 물론이고 1920년대에 하이쿠 창작 활동을 한 이우자(李雨子), 이기교(李崎敎), 김귀성(金龜城), 김정차(金正瑳), 백영기(白英琦) 등의 조선인 하이진 이름을 확인할 수 있다.

---

59 中根隆行(2011), 「조선 시가(朝鮮詠)의 하이쿠 권역(俳域) : 박노식(朴魯植)에서 무라카미 교시[村上杏史]로」 『일본연구』 제15집, 고려대학교 일본연구센터, pp.27~42.

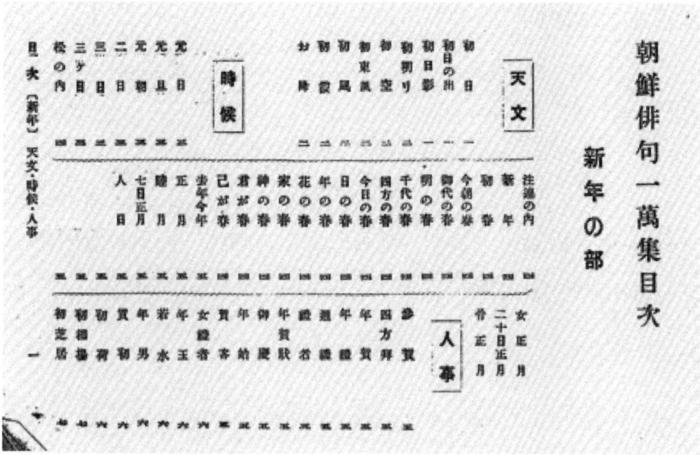

朝鮮俳句一萬集目次

新年の部

天文

初日　初日の出　初日影　初明り　初空　初東風　初凪　初霞　お降

時候

元日　元旦　元朝　二日　三日　三ケ日　松の内

往還の内　新年　初春　今朝の春　御代の春　明の春　千代の春　四方の春　今日の春　日の春　年の春　花の春　家の春　神の春　君が春　己が春　去年今年　正月　睦月　七日正月　人日

女正月　二十日正月　骨正月

人事

参賀　四方拝　年賀　年禮　廻禮　禮者　年賀状　御慶　年始　賀客　女禮者　年玉　若水　年男　買初　初荷　初相撲　初芝居

目次（新年）天文・時候・人事

1926년 간행된 『조선하이쿠일만집』 목차 일부

1930년 간행된 『구집 조선』

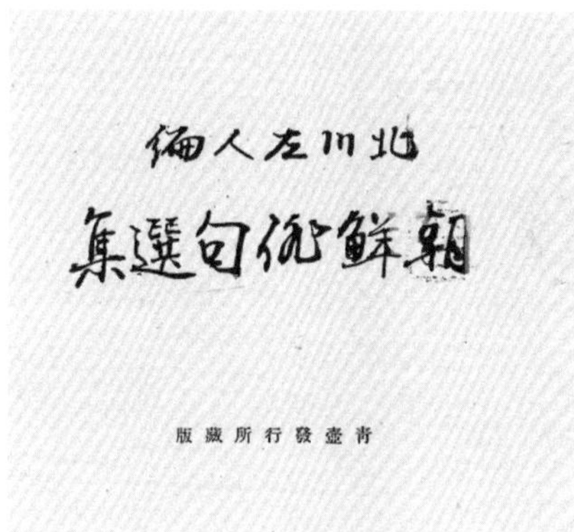

1930년 간행된 『조선하이쿠선집』

다음은 1930년에 간행된 『구집 조선(句集朝鮮)』으로 이 구집은 가사가미 시즈노부[笠神志都延]가 편집하고 경성일보사 학예부가 발행한 것이다. 『구집 조선』은 당시 하이쿠 유파간의 갈등을 지적하고, "각파의 융화·양해 촉진"을 위해 1929년 '전조선하이쿠대회'를 개최했으며 그때 모집된 하이쿠를 집록(輯錄)하여 간행한 것이다. 조선의 향토를 담아낸 '조선의 하이쿠'를 제시하고자 한 것이며, 여기에도 박노식은 물론이고 초산(楚山)의 김최명(金最命) 등 조선인의 하이쿠 역시 수록되어 있다.

이처럼 한반도는 호토토기스 계열의 주도하에 전국적으로 하이쿠가 활발히 창작되었다. 단행본 구집으로서 하이쿠 창작에 참여한 조선인의 이름이 가장 많이 확인되는 것은 『조선하이쿠선집[朝鮮俳句選集]』[60]이다. 이 선집에는 조선인으로 보이는 인명이 45명 정도에 이르며 그 구수는 150구에 육박한다. 그중 『조선하이쿠선집』에 게재된 박노식의 하이쿠 중 몇 수를 보면 다음과 같다.

① 돌계단에서 울며 멈추어서는 새끼고양이.

[きざはしに鳴き止まりたる子猫かな]

② 술에 취하신 아버지 힘쓰시는 야학이로다.

[酔中の父が勵ます夜學かな]

③ 이 부근 일대 콜레라 지난 뒤의 감 익는 날씨.

[界隈やコレラのあとの柿日和]

④ 대한이구나 말라서 하얗게 된 나무 사잇길.

[大寒や乾き白める木の間途][61]

①②③④는 각각 봄, 여름, 가을, 겨울의 구로, 자연 사생과 계절감을 골자로 하는 호토토기스 파 하이쿠로서의 특질을 잘 보여준다. 이 외에

60 北川左人(1930) 『朝鮮俳句選集』, 青壷発行所.

61 北川左人(1930) 『朝鮮俳句選集』, 각각 p.51, p.234, p.281, p.296.

도 특히 박노식은 도합 38구의 하이쿠를 수록하고 있어 조선인 하이진으로서 그 존재감이 가장 두드러진다. 『조선하이쿠선집』은 그 외에도 수십 명의 조선인의 하이쿠 창작이 이루어진 것을 확인할 수 있는 자료다.

한편 한반도 하이쿠 계열의 범주와 영역은 하이쿠 전문 잡지로 알 수 있는데, 이 중 호토토기스 계열의 잡지만 하더라도 경성, 부산, 목포, 평양, 광주, 신의주, 대전, 대구 등에서 잇따라 간행되었다. 그중 경성의 『풀씨[草の実]』는 1940년까지 간행된 한반도 최장수 하이쿠 잡지였다. 『풀씨』를 이끈 것은 구스메 도코시[楠目橙黄子, 1889~1940]로 고치현[高知県] 출신의 그는 다카하마 교시[高浜虚子]에게 사사하고 큰 신뢰를 얻은 인물이었다. 하자마쿠미[間組]의 대표이사이기도 했으며 일제강점기 한반도 최대의 일간지이자 총독부 기관지였던 『경성일보(京城日報)』 하이쿠 문단의 선자를 역임했다.[62] 『풀씨』의 주재자이자 『경성일보』 하이쿠란의 선자였다는 것은 구스메 도코시가 한반도의 호토토기스 파의 하이쿠를 리드한 인물이었음을 단적으로 보여준다.

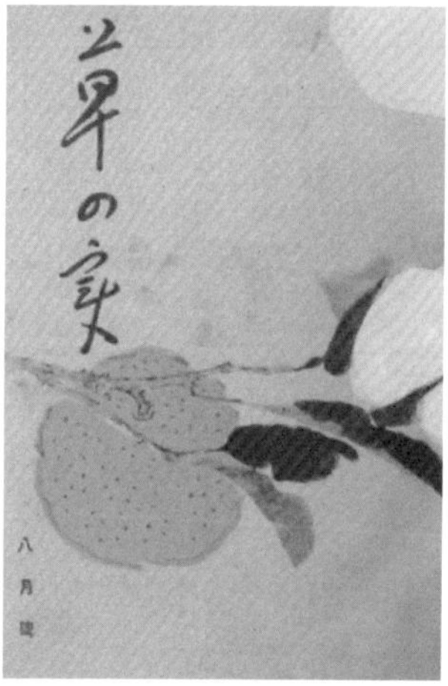

경성에서 간행된 호토토기스 계열 잡지 하이쿠 잡지 『풀씨』

『풀씨』는 1933년 10월호부터의 현존본을 확인할 수 있는데 이를 통해 1930년대, 즉 1933년 박노식 사후의 조선인 하이진의 존재와 활약상을 알 수 있다.

62 稲畑汀子他編(2008) 『現代俳句大事典』, 三省堂, p.201.

1933년부터 1936년까지 『풀씨』에서는 문혜련(文惠蓮), 이순철(李淳哲), 김윤석(金尹錫), 허담(許談), 곽연자(郭燕子) 등의 하이쿠 창작이 눈에 띈다.

① 이슬 맺힌 풀 사이 지름길 막은 산속 집이네.

[露草の徑をふさげる山家かな]

② 둑방 안쪽에 빨래터가 있구나 겨울 강들판.

[堰のうち濯ぎ場のあり冬川原]

③ 온돌이라도 벽 사이에서 부는 바람 차구나.

[温突や壁装からの風寒し]

④ 한강 수면이 얼어버린 그 위에 노을이 지네.

[漢江の面の氷夕焼けぬ]

⑤ 해님이 나와 색이 바뀌었구나, 눈 내린 들판.

[日出でて色の変りし雪の原]

⑥ 첫 인쇄로다, 하이카이의 경력 짧은 내 한 구.

[初刷や俳諧あさき我が一句]

⑦ 깎아지른 듯 절벽 살구나무 밑은 영명사.

[断崖の杏の下は永明寺]

⑧ 꽃이 피는가 발 디디고 설 곳도 없는 부벽루.

[花咲くや足場かけたる浮碧樓][63]

---

63 ①은 文惠蓮(1933) 『草の実』11月號, 草の実吟社, p.16. ②는 李淳哲(1934) 『草の実』2月號, p.31. ③은 金尹錫(1934)『草の実』 5月號, p.41. ④⑤는 郭燕子(1934) 『草の実』5月號, pp.32~33, ⑥은 許談(1934) 『草の実』3月號 p.31. ⑦⑧은 許談(1934) 『草の実』7月號, p.40.

①은 문혜련의 구인데, 그녀는 평양을 근거지로 한 여류 작가로 「부인잡영(婦人雜詠)」과 「초심자 연구란」등에 투고를 했으며 1933년 11월에 선발된 이 구에 대해서는 "작자는 이름으로 보아 조선인으로 여겨지는데, 만약 그렇다면 여성 박노식이라고 말하고 싶을 정도로 훌륭한 하이진이다"[64]라고 평가받아 '여성 박노식'으로 비견되는 호평을 얻는다. ②와 같은 사생적 구를 발표한 이순철은 개성을 근거로 한 하이진으로 「초심자 연구란」이나 별도의 구제에도 응모하여 선발되는 등 비교적 꾸준히 하이쿠 창작을 했다. 김윤석은 ③처럼 온돌과 벽으로 드는 찬바람 등 조선인 가옥에서의 겨울 생활을 실감나게 표현했으며 〈체신하이쿠회[逓信俳句会]〉의 회보란에 등장하는 것으로 보아 경성 체신국 종사자였던 것으로 추측된다. 또한 그는 하이쿠에 관련된 산문을 게재하기도 하며 조선인으로서는 상당한 일본어, 영어 구사능력을 보이고 있고 마사오카 시키의 기일에 행해지는 하이쿠 모임에도 참여한 기록이 있다. ④⑤의 곽연자는 청주를 근거지로 1934년 5월호부터 2년 이상 거의 빠지지 않고 매호 하이쿠를 게재했다. 예에서 보듯 대단히 사생적이고 마치 인상파 계열의 그림을 보는 듯한 하이쿠를 창작했다. 마지막 ⑥⑦⑧의 허담은 평양 사람으로 1934년 3월에 신년 신문에 자신의 구가 실린 감격을 ⑥과 같이 표현했는데, 『풀씨』 주재자 구스메 도코시로부터 "'하이카이 경력 짧다'고 기술한 부분이 도리어 하이카이 경력이 일천한 범재(凡才)가 아니"[65]라며 비범함을 높이 평가받았다. 위의 사례처럼 부벽루, 영명사, 모란대, 기린굴 등 평양의 명소를

64 安達綠童(1933)「婦人雜詠短評」『草の実』11月號, p.17.

65 楠目登黄子(1934)「選評」『草の実』3月號, p.36.

소재로 한 하이쿠가 많았다.

이외에도 1930년대 중반의 『풀씨』에는 평양의 허석천(許石泉), 전갑인(田甲寅), 경성의 김용태(金容泰), 청진의 박영국(朴榮國), 추풍령의 곽한동(郭閑童)의 하이쿠도 보이지만 한두 구의 단편적 투고에 그치고 있다. 또한 장봉환(張鳳煥), 이영학(李永鶴)이 둘 다 목포를 근거로 박노식의 후예 하이진으로서 일본 내지의 잡지 『호토토기스』에 1934년부터 하이쿠를 투고하고 선발되어 게재되며 대표적 조선인 하이진으로 인식되었다.[66]

또한 경성에서는 『풀씨』 외에도 육군촌(陸軍村)을 중심으로 하여 간행된 호토토기스 계열의 잡지 『오치쓰보[落壷]』가 1926년부터 10년간의 모집구를 집대성하여 1936년 발간한 단행본 『오치쓰보 구집[落壷句集]』에도 임영보(林映普), 임노고(林魯考), 김용준(金龍俊) 등의 조선인 하이진이 확인된다. 이들의 활동상을 통해 조선인 하이진의 지상과제는 『호토토기스』로 상징되는 '내지' 일본의 인정을 받는 것임을 알 수 있다. 그 수단으로 조선색을 드러내고자 하는 노력은 재조일본인 하이진들과 공통되는 점이라 향후로도 정밀한 고찰이 요구되는 지점이다.

3. 원산의 『산포도(山葡萄)』와 경성의 『장승[長栍]』

『가메』와 같은 하이쿠 잡지가 이채를 띠기는 하지만, 1920년대 한

66 阿部誠文(2001)『朝鮮俳壇 下巻』, 花書院, pp.235~257.

반도의 하이쿠 문단은 호토토기스 계열에 의해 주도되었다. 1920년대 전반에는 경성에서 『황조(黄鳥)』라는 하이쿠 잡지가 발간되었고 이 잡지는 나중에 『장고(長鼓)』로 제목을 바꾸었고, 『장고』가 다시 『아오쓰보(青壷)』로 바뀌었으며, 앞서 본 『풀씨[草の実]』나 『관(冠)』 등이 창간되며 경성에서는 호토토기스 파 하이진들의 수가 많이 증가했다. 경성뿐 아니라 신의주에서는 『아리나레(アリナレ)』, 평양에서는 『유한(有閑)』, 부산에서는 『까치[鵲]』, 대전에서는 『호남음사구집(湖南吟社句集)』, 광주에서는 『딸기[いちご]』, 목포에서는 『가리타고[カリタゴ]』, 대구에서는 『가쓰기[かつぎ]』 등, 전국적으로 발행되던 호토토기스 계열의 하이쿠 잡지는 10종을 넘었던 것으로 보인다.

그런데 한반도의 하이쿠 전성 시대라 일컬을 수 있는 것은 1930년대가 되어서이다. 호토토기스 파뿐 아니라 호토토기스 파의 하이쿠를 배격한 신흥(新興)하이쿠 계열의 하이쿠잡지 『산포도(山葡萄)』, 또 다른 계열인 샤쿠나게[石楠] 파의 『장승[長栍]』이 있어서, 한반도의 하이쿠 문단은 실로 정립(鼎立) 상태를 보였다는 점에서 그러하다. 지금부터 『풀씨』, 『산포도』, 『장승』의 현존본을 토대로 각파의 1930년대의 움직임을 검토해 보기로 한다.

앞서 언급한 『풀씨』는 1930년대에 한반도 호토토기스 계열 하이쿠를 이끈 하이쿠잡지라 할 수 있다. 현존본은 1933년 10월호부터 1940년 8월호까지 확인되며 발행처는 〈풀씨음사[草の実吟社]〉, 경성의 요시오카[吉岡] 인쇄소에서 인쇄를 했고 편집인 겸 발행인은 요코이 도키하루[横井時春]였다. 당시 경성의 호토토기스 파를 리드한 구스메 도코시가 「잡영(雑詠)」의 난을 선(選)했고 선평도 썼다. 구스메는 1940년 5월

타계하는데 그때 성대한 추도특집호가 편성되었고, 음사의「잡영」은 요코이 가난[横井迦南], 즉 앞서 편집인 겸 발행인이었던 요코이 도키하루가 뒤를 이어 선자를 맡았다. 이때 편집인 겸 발행인은 기쿠치 다케오[菊池武夫]로 변경되고 판매소 역시 일한서방(日韓書房)이 되었다. 이미 1933년 10월호가 통권 제100호였으므로, 역산하면 1920년대 전반에 창간되었던 것으로 추찰된다. 마지막 간행된 1940년 8월호가 통권 제181호이므로 한반도에서 간행된 하이쿠잡지 중에서는 20년 가까이 간행된 장수 잡지였던 셈이다.

다음으로 주목할 점은 하이쿠의 혁신을 실천한 신흥하이쿠 계열도 한반도에서 활발한 활동을 보여주었다는 사실이다. 특히 무계(無季) 하이쿠를 실천한 강원도 원산(元山)의 『산포도(山葡萄)』는 '외지'의 신흥하이쿠 잡지 중에서는 내용적으로도, 형식적으로도 가장 충실한 것으로 평가된다. 1926년 12월에 창간되었고 1941년 8월 신흥하이쿠 탄압사건이 일어나기에 이르러 폐간되었으며, 에구치 한에이로[江口帆影郎, 1890~1952]가 창간, 주재했다.[67] 에구치는 오카야마 현[岡山県] 출신으로 강원도 원산 근처에서 과수원을 운영하며 하이쿠 잡지를 간행했다. 처음에는 다카하마 교시에게 사사했으나 1925년 무렵부터 신흥하이쿠운동에 참가하게 되었으며, 종전 후에는 사세보(佐世保)에 정착하여서도 하이쿠 창작을 지속하지만 실생활에서는 상당한 어려움을 겪었다고 한다.[68] 호토토기스 파와의 격한 대립 및 신흥하이쿠에 대한 탄압에도 불구하고 주재자 에구치가 『산포도』 발간에 들인 노력은 여간 아

67 安住敦他編(1980)『現代俳句大辞典』明治書院, p.547.

68 安住敦他編(1980) 위의 책(『現代俳句大辞典』), p.67.

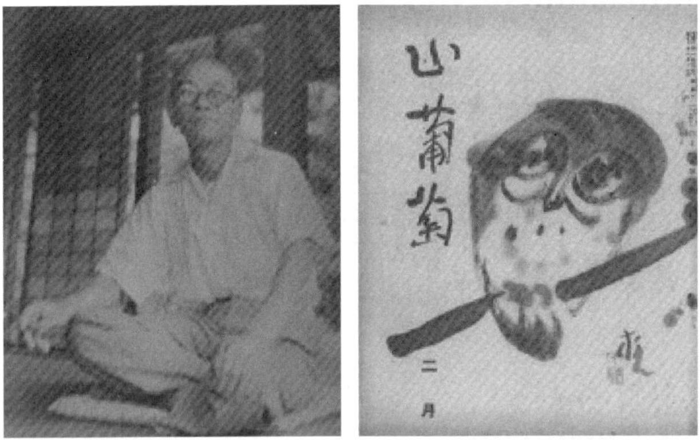

원산의 하이진 에구치 한에이로와 그가 주재한 하이쿠 잡지 『산포도』

닌 것이었다.

『산포도』는 1937년 2월호가 통권 123호이므로 1920년대 후반에 창간된 것이라 추측된다. 123호의 정보를 따르면 에구치 한에이로를 비롯하여 여덟 명 정도의 주요한 하이진들이 이 잡지를 주도하고 스물네 명 정도의 고정회원들이 하이쿠를 투고하며, 조선인 작가 다섯 명을 포함해 120명이 넘는 회원의 하이쿠 작품이 수록되어 있어, 상당한 세가 형성되어 있었다는 것을 알 수 있다.

또한 「신인 상호비판(新人相互批判)」이라는 코너가 있어서 신인 하이진이 서로의 하이쿠를 철저히 비판할 수 있도록 했으며, 무엇보다 구어(口語)하이쿠나 무계(無季)하이쿠, 올림픽이나 크리스마스와 같은 소재를 하이쿠에 자재로 사용하고 있다는 점에서 신흥하이쿠의 양상을 잘 파악할 수 있다.

특기할 만한 것은 『산포도』의 「신흥하이단 비판[新興俳壇批判]」이라는 좌담회 난(欄)인데, 여기에서는 도쿄의 신흥하이쿠 작가들의 이론에 기초한 하이쿠 잡지 전반에 대한 검토가 이루어졌다. 『교다이 하이쿠[京大俳句]』를 비롯한 다양한 일본의 신흥하이쿠 잡지가 하나하나 세밀하게 분석되고 있으며, 또한 가장 유력한 잡지 『호토토기스』도 검토하여 "호토토기스의 하이쿠는 우리와 다른 세계의 인간들이 20년 쯤 뒤처져 따라오는 사람들이라고 해야 할까?"라는 식으로 신랄하게 비판하고, 호토토기스 파에서 가장 새롭다고 일컬어진 나카무라 구사타오[中村草田男, 1901~1983]의 하이쿠에 대해서도 일동이 비웃는 장면도 연출된다.

그에 비해 자신들의 잡지 『산포도』에 대해서는 "도쿄의 투고가들을 늘려 조선색 외에 중앙의 공기를 주입하고 싶다. 이것은 조선과 도쿄를 서로 연계하여 상호를 계발하기 위해 도움이 될 것이다"라고 한 것처럼 조선을 대표하는 신흥하이쿠 잡지로서의 자부심 및 당시의 로컬 컬러 담론의 일면과 신흥하이쿠의 입장을 엿볼 수 있다. 원산을 근거지로 하는 만큼 작품 투고는 북선(北鮮) 지역에서 많이 이루어졌지만 투고자는 한반도 전역에 걸쳐 있으며 일본의 신흥하이쿠파 작가들도 적잖이 참가한 것으로 확인된다.

이와 더불어 1930년대에는 호토토기스 계열과 신흥하이쿠 계열 외에도 샤쿠나게[石楠] 계열까지 한반도에서 두각을 드러낸다. 샤쿠나게 유파는 호토토기스 파와 신흥하이쿠의 중간적 입장을 견지했고 독자 노선으로 상당한 인적 기반도 구축하고 있었던 것은 많은 하부 구회와 회원들에 대한 기록이 남아 있어서 잘 알 수 있다. 〈조선샤쿠나게연맹[朝鮮石楠連盟]〉은 "조선색 농후한 하이쿠"를 주창하면서 1935년 1월 경성에서 기관지 『장승[長栍]』을 창간했다.

『장승』은 1940년 12월까지 꼬박 6년간 경성에서 간행된 하이쿠 전문 잡지다. 천하대장군과 지하여장군으로 대표되는 '장승'이란 조선의 풍토색을 짙게 드러내는 특이한 예술품임과 동시에 길을 알려주는 이정표로서의 의미를 갖는 상징물이다. 일본 샤쿠나게연맹의 맹주 우스다 아로[臼田亜浪, 1879~1951]는 이러한 성격을 살려 『장승』이라고 명명하고 창간호에 장승의 표지화도 그렸다. 『장승』의 표지화는 1936년부터 해마다 화가가 달라졌는데, 이는 점차 전쟁이 격화됨에 따라 물자절약이라는 국책과 우스다 아로의 권고에 의해 일본 『샤쿠나게』의 표지화가 남은 경우 그것을 한반도 쪽에 양보[69]하는 식의 경위가 있었다고 한다.

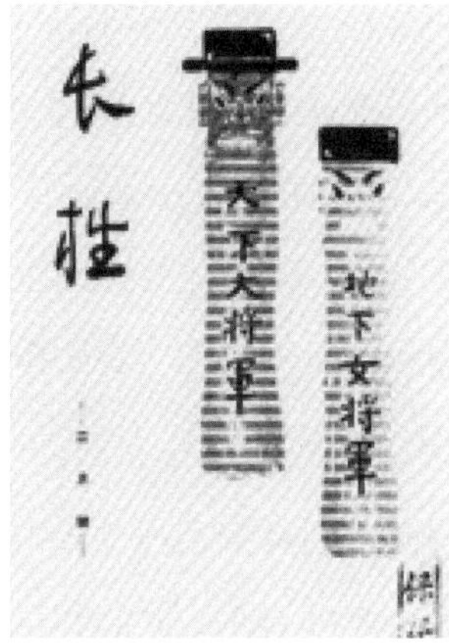

〈조선샤쿠나게연맹〉의 기관지 『장승』

우스다 아로는 나가노현[長野県] 출신으로 초기에는 요사노 뎃칸[与謝野鉄幹]과 다카하마 교시[高浜虚子]로부터 하이쿠를 배웠다. 후에 『샤쿠나게[石楠]』를 주재하면서 종횡으로 일본 하이쿠 문단을 비판하고 호토토기스 파와 신경향 하이쿠의 중간적 역할을 담당했다.[70] 또한 우스다는 조선총독부 경무국 내의 소방협회에서 활동한 「조선소방 하이쿠 문단[朝鮮消防俳壇]」과 「국방 하이쿠 문단[国防俳壇]」의 선자도 겸한 것이 확인되므로 조선 하이쿠에 끼친 영향력도 상당했다.

69 安田翠甫(1940)「編輯回顧抄録」『長栍』第6巻第8号, 朝鮮石楠連盟, p.18.

70 稲畑汀子他編(2008) 앞의 책(『現代俳句大事典』), pp.77~78.

그가 1915년 3월에 창간, 주재한 『샤쿠나게』는 현실의 진정한 생명을 추구하고 계어와 열일곱 글자의 시형(詩型)을 긍정하면서도 호토토기스 파, 신경향 하이쿠와는 다른 특색을 띤다.[71] 1928년 우스다가 조선을 순회 방문한 것을 계기로 조선에서도 샤쿠나게 파의 영향력이 점차 확대되어 1931년에는 〈조선샤쿠나게연맹〉이 조직되었으며 여러 소규모 구회를 기반으로 한반도 하이쿠 문단에서 상당 세력을 갖게 된 것이다. 이윽고 1935년 『샤쿠나게』 20주년에 맞추어 〈조선샤쿠나게연맹〉 창립기념 하이쿠대회가 열렸는데, 이 대회에는 약 70명이 참석하고 아울러 각지에서 스무 명 남짓의 하이쿠 투고가 이루어져 성황을 이루었다.

샤쿠나게 파의 수장 우스다 아로

『장승』 창간호의 권두언(卷頭言)인 「철저하라, 초절아에[徹底せよ, 超絶我に]」라는 글에서 우스다 아로는 유파별로 갈린 하이쿠 문단의 분규를 개탄하는 한편 한반도에서 『장승』이 탄생한 것에 감개를 표현하면서 '진정[まこと]'을 중시할 것을 〈조선샤쿠나게연맹〉에 바랐다. 이처럼 〈조선샤쿠나게연맹〉은 '순정 하이쿠'를 표방한 『샤쿠나게』와 우스다 아로의 강력한 영향하에서 "조선 풍물 자연의 진실경(真実境)과 향토색, 지방색을 개척"[72]한다는 사명감을 바탕으로 성립했다.

---

71 稲畑汀子他編(2008) 위의 책(『現代俳句大事典』), pp.276~277.

72 西村公鳳(1935) 「鶴丘漫筆」 『長栍』創刊号, pp.28~29.

그러면서도 "조선의 하이쿠와 내지의 하이쿠를 동일 궤도를 밟게 하려는 것은 무리"라고 직시하고, "특성을 신장시키는 것이 조선 하이쿠의 성장"이며 동시에 "내지와의 유일한 참된 연계"[73]라고 판단했다. 이러한 방침은 『장승』 내의 제1과 제2 두 「잡영」란에도 반영되었는데, 특히 「제2잡영」에서는 가능한 한 조선색을 드러내는 구를 선별한다는 의도를 명시[74]했고, 1930년대 중반 조선의 로컬 컬러에 관한 시대적 관심과 샤쿠나게 파의 예술적 지향점을 합치[75]시키고자 한 의도 역시 잘 드러난다.

『장승』을 이끈 〈조선샤쿠나게연맹〉의 수장 역할은 니시무라 고호[西村公鳳, 1895~1989][76]가 맡았는데, 그의 본명은 니시무라 쇼고[省吾]로 이시카와 현[石川県] 출신이며, 종전 후에는 가나자와[金沢]로 돌아가 하이쿠 창작활동에 힘썼다. 조선에 있는 동안 그는 조선흥농사(朝鮮興農社) 간부[77]였으며 『조선일일신문(朝鮮日々新聞)』의 신년 모집 하이쿠 선자를 역임하는 등 1930년대 중후반 한반도 하이쿠 문단에서 상당한 발언력이 있었다.

또한 회보(會報)의 성격을 갖는 「둘러앉기[まどゐ]」란에는 〈조선샤쿠나게연맹〉 산하의 많은 구회와 거기에서 읊어진 창작 하이쿠가 수없이 열거되어 있다. 이 난을 통해 경인 지역에 〈경성샤쿠나게회〉, 〈이화동(梨花洞)샤쿠나게회〉, 〈와카바[若葉]샤쿠나게회〉, 〈경성고공(高工)샤

73 大野林火(1937)「風土的特質その他」『長性』第3巻第1号, pp.22~24.
74 (1935)「編輯後記」 앞의 책(『長性』創刊号), p.44.
75 福島小蕾(1935)「いはゆる郷土色」『長性』第1巻第3号, pp.2~4.
76 稲畑汀子他編(2008) 앞의 책(『現代俳句大事典』), pp.408~409.
77 豊田康(2007)『韓国の俳人 李桃丘子』, J & C, p.49.

쿠나게회〉, 〈경성치전(京城歯專)샤쿠나게회〉, 〈경성부인샤쿠나게회〉, 〈경전(京電)샤쿠나게회〉 등의 구회가 있었고, 그 밖에도 〈부산샤쿠나게회〉, 〈장진강(長津江)샤쿠나게회〉, 〈진해(鎮海)샤쿠나게회〉, 〈신막(新幕)샤쿠나게회〉, 〈하기천(下岐川)샤쿠나게회〉, 〈겸이포(兼二浦)샤쿠나게회〉, 〈창원(晶苑)샤쿠나게회〉, 〈감천(甘泉)샤쿠나게회〉 등 한반도 전역에 걸친 샤쿠나게 계열의 세력권과 활동을 추적해 볼 수 있다.

이처럼 1930년대 중반에 초점을 맞추어 한반도에서 정립 상태를 이룬 하이쿠 문단을 전문 잡지를 중심으로 대조해 보았다. 1930년대 조선의 하이쿠 문단은 한반도 전역의 많은 하이쿠 작가들에 의해 지지되었고, 양적으로는 주요 지역별 하이쿠 잡지도 간행하며 전통 하이쿠를 고수한 호토토기스 파가 리드하는 형국이었다고 하겠다. 하지만 하이쿠 이론의 대립이나 사상적 탄압, 경제적인 곤경 등의 악조건 속에서도 원산에서 약 15년간 간행되었던 신흥하이쿠 잡지 『산포도』의 존재와 그 내용은 대단히 흥미롭다. 게다가 중간적 입장으로서의 샤쿠나게 파가 조선색을 표면화한 『장승』을 통해 보여준 활약상을 고려하면, 한반도 하이쿠 문단 내의 경합 상황이 어느 정도 파악된다. 이들의 주의와 내용, 그 작품의 지향성은 제각기 차이가 있었다. 그러면서 『풀씨』, 『산포도』, 『장승』과 같은 충실한 하이쿠 잡지를 무대로 삼아 '내지'의 하이쿠 문단 유파와 상호 연계해 있던 점, 그리고 '조선색'을 각 잡지의 특성과 어떻게 결부시킬 것인가를 고민하며 한반도 하이쿠 문단의 대표가 되고자 노력했던 점은 이들의 공통적 면모였다.

4강 키워드

문화정치, 호토토기스 파(ホトトギス派), 신흥하이쿠[新興俳句], 샤쿠나게 파[石楠派], 하이단[俳壇], 『가메[甕]』, 『가리타고(かりたご)』, 박노식(朴魯植), 조선인 하이진[俳人], 『풀씨[草の実]』, 『산포도(山葡萄)』, 에구치 한에이로[江口帆影郎], 『장승(長栍)』

5강

한반도를 대표한 단카 잡지 『진인(眞人)』

1.『버드나무(ポトナム)』에서『진인』으로

이번 강에서는 1920년대 한반도의 단카 문단에 관하여 살펴보기로 한다. 앞서 말했듯 1920년 이후 총독부의 문화정치 표방은 많은 문예 잡지의 간행을 이끌었고, 단카 전문 잡지도 1920년대 초에 경성에서 창간된다. 한반도에서 간행된 최초의 단카 잡지는 1922년 4월 버드나무사[ポトナム社]의『버드나무[ポトナム]』이며, 고이즈미 도조[小泉苳三]와 모모세 지히로[百瀨千尋] 등이 중심인물이었다. 2012년에 창간 90주년 기념호가 도쿄에서 간행되는 등 최근까지도 일본의 주요 단카 잡지의 하나로 꼽히는『버드나무』가 1922년 경성에서 창간되었다는 점은 의미가 깊다. '백양(白楊)' 즉 '양버드나무'를 잡지의 제명으로 한 것에서도 이 잡지가 조선의 단카 잡지를 천명한 것임을 알 수 있다. 고이즈미

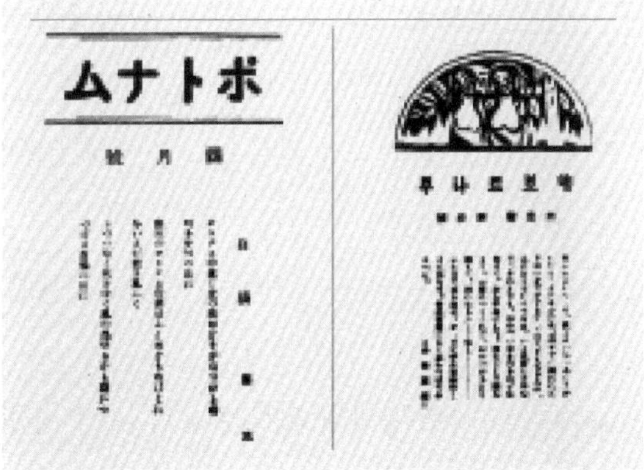

경성에서 간행된 한반도 최초의 단카 잡지『버드나무』

미 도조는 오노에 사이슈[尾上柴舟]가 주재한 『미즈가메[水甕]』의 주요 동인이었는데 『버드나무』 창간 이후에는 여기에 진력했고, 초기 『버드나무』에서는 두 단카 잡지 사이에 긴밀한 교류와 교섭을 엿볼 수 있다. 1922년 9월에는 창간 반년 만에 특집호를 기획하는 등 1922년부터 1923년 전반까지 약 1년간, 다시 말해 『진인(眞人)』이라는 유력한 단카 잡지가 등장하기 전까지는 한반도 유일의 단카 잡지로서 재조일본인 가인들이 근거하는 초기의 활동무대였다.

후에 리쓰메이칸 대학(立命館大学)의 교수를 역임한 고이즈미 도조

그러다가 1923년 7월 『진인』이 창간되면서 『버드나무』와 고이즈미 도조는 한반도에서 입지를 잃고 크게 동요한 듯하다. 『버드나무』의 동인들이 『진인』으로 대거 이탈하고, 『미즈가메』가 후발주자 『진인』을 전폭적으로 지지, 응원하며 한반도의 대표 단카 결사로 인정해 버린 것과 관련이 깊은 것으로 보인다. 고이즈미는 이를 "버드나무사에 불유쾌한 동요를 초래"한 사건이라 받아들이고 『미즈가메』, 『진인』 과 갈등을 빚으며 개인 사정까지 겹쳐 일본으로 귀국하게 되며, 『버드나무』는 근거지를 경성에서 도쿄로 옮기게 되었다.

그런데 곧 1923년 9월 1일, 일본 전체를 공포로 몰아넣은 간토[関東] 대지진이 일어나게 되자 『버드나무』 9월호는 원고가 모두 화재로 소실되는 등 도쿄에서 어려운 상황에 놓이게 된다. 일본 출판과 인쇄가 여의치 않게 되자 『버드나무』 11월호는 모모세 지히로 중심의 경성 버드나무사의 힘을 빌려 한동안 경성에서 인쇄되며 반년 정도 도쿄 버드나무사와 경성 버드나무사의 협력 시기를 갖는다. 그리고 1924년 2월 이후에는 다시 도쿄, 오사카, 교토, 다시 도쿄 등지로 발행처가 옮겨지면서 일본의 단카 잡지로 성장했다.

교원이던 고이즈미 도조는 경성, 도쿄, 니가타[新潟], 나가노[長野] 등으로 근무학교를 전전하며 그 이동과 삭막한 심정을 단카로 표현했고, 1933년 『버드나무』에 「현실적 신서정주의 단카의 제창[現実的新抒情主義の短歌の提唱]」을 발표하여 단카 창작의 지침으로 삼았다. 그는 서정적 가인이었던 것과 동시에 근대 단카의 연구자이기도 했다. 많은 단카 작품과 일본 근대 단카의 중요한 자료들을 남긴 고이즈미는 리쓰메이칸[立命館]대학 교수를 역임했고, 『버드나무』 원본을 비롯하여 그와 관련된 근대의 단카 관련 자료들은 리쓰메이칸대학 도서관에 '양버드나무'를 의미하는 '백양장 문고(白楊荘文庫)'로 보존되어 있다.

한편 1923년 7월 『미즈가메』, 『버드나무』와 일정 관련을 갖던 가인들이 한반도 전역의 가인들을 섭렵하여 〈진인사(眞人社)〉를 결성하고 『진인』을 창간했다. 1921년 조선에 오게 된 호소이 교타이[細井魚袋]가 조선 가단의 개척자 이치야마 모리오[市山盛雄]와 협력하여 경성에서 발간한 것이다. 『진인』은 종전 이후에도 지속적으로 발간되었으며 1962년 8월 제40권 제8호(통권 389집)로 종간을 맞을 때까지 수많은 동인들에 의해 유지되었고, 1964년 1월 창간된 『채광(彩光)』으로 이어진다.

1923년 간토대지진으로 타격을 받은 도쿄의 인쇄계가 부진에 빠져 있을 때, 조선에서 발간된 잡지 『진인』은 내용과 인쇄의 면에서 일본의 가단을 놀라게 할 형식과 내실을 갖춘 것으로 평가받는다. 1924년 4월 호소이는 어쩔 수 없이 도쿄로 돌아가면서 도쿄 〈진인사〉를 만들었는데, 1920년 말까지는 이치야마 모리오를 중심으로 한 경성 〈진인사〉가 『진인』의 발행을 담당하면서 한반도의 단카와 조선의 노래 연구에 획기적인 특집호를 내놓으며 한반도 가단(歌壇)의 중심적 역할을 하게 된다.[78]

1923년 경성에서 『진인』을 창간한 이치야마 모리오와 호소이 교타이

〈진인사〉가 1920년대의 한반도 가단을 석권하게 된 데에는 몇 가지 요인이 있는데, 지금부터 〈진인사〉가 기획한 특집호 세 편에 특히 주목하고자 한다. 경성 〈진인사〉가 어떠한 연유에서 자신들이 '반도의 가단'을 대표한다는 자부심을 갖게 되었는지 확연히 드러나기 때문이다. 다음은 세 번째 특집호를 냈을 때의 「편집후기」 중 일부다.

> 〈진인사〉에서는 지금까지 특집호로서 제1회로는 「제가(諸家)들의 지방 가단(歌壇)에 대한 고찰」을 내놓았고, 제2회로 「조선 민요의 연구」를 발표했다. 모두 아무도 시도하지 않은 새로운 연구로서 호평을 받

---

78 1920년대 초기 한반도 가단의 태동과 동향에 관해서는 엄인경(2015) 『문학잡지 國民詩歌와 한반도의 일본어 시가 문학』, 역락, pp.39~48 참조.

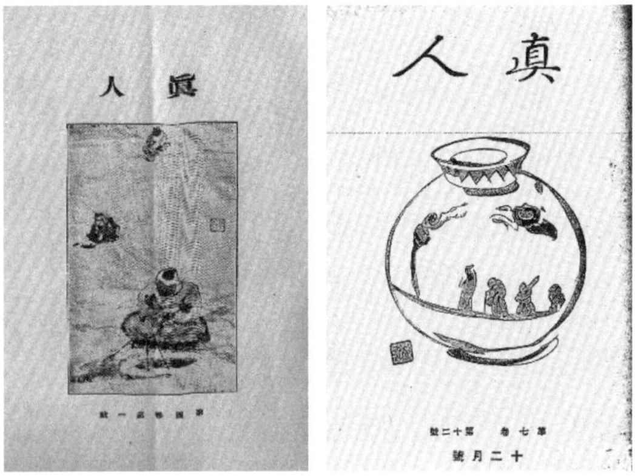

1920년대 한반도의 대표 단카 잡지 『진인』

> 왔다. 특히 「조선 민요의 연구」 특집호는 재판(再版)까지 내게 되었다. 그리고 이번에 다시 보시는 바와 같이 당당하게 「조선의 자연」을 제3회 특집호로서 내놓을 수 있게 된 것을 제군들과 함께 기뻐하는 바다.[79]

세 특집호는 각각 1926년 1월, 1927년 1월, 1929년 7월에 간행 4주년, 5주년, 7주년을 기념하여 기획되었다. 첫 번째 「제가들의 지방 가단에 대한 고찰」은 요사노 히로시[与謝野寛=요사노 뎃칸], 와카야마 보쿠스이[若山牧水]를 비롯한 유명 가인, 미술가, 조원가 등 일본 문화인 38명에게 '지방 가단'이란 무엇이고 어떠해야 하는가에 대한 견해를 묻고 그에 대한 답변을 수합하여 수록한 것이다.[80] '지방 가단'으로서의 조선 단카 문단이 무엇을 요청받고 무엇을 지향해야 하는가를 고민한

79 市山盛雄(1929)「編輯後記」『眞人』第七卷第七號, 眞人社, p.108.
80 市山盛雄(1926)「諸家の地方歌壇に対する考察」『眞人』第四卷第一号, pp.8~20.

시도였다.

이듬해 창간 5년째의 해를 맞으면서 〈진인사〉는 본격적인 두 번째 특집호를 준비했다. 그것이 바로 「조선 민요의 연구」로 당시 조선의 내로라하는 문인인 최남선과 이광수, 이은상과 합작하는 형태로 하마구치 요시미쓰[浜口良光], 이노우에 오사무[井上收], 아사카와 노리타카[浅川伯教], 오카다 미쓰구[岡田貢], 난바 센타로[難波専太郎], 이마무라 라엔[今村螺炎] 등의 대표적 재조일본인 문인들, 이치야마 모리오와 미치히사 료[道久良] 등 경성 〈진인사〉의 주요 가인들이 함께 조선 민요에 관해 쓴 글을 수록한 것이다. 「조선 민요의 연구」 특집호의 호평과 반향은 상당히 좋았고, 곧바로 나가타 다쓰오[永田龍雄], 시미즈 효조[清水兵三], 다나카 하쓰오[田中初夫]의 원고가 더해져 1927년 10월에는 도쿄 사카모토서점[坂本書店]에서 단행본 『조선 민요의 연구』가 출간되기에 이른 것이다.

그리고 세 번째 특집이 「조선 민요의 연구」 속편을 의도한 것으로 보이는 1929년 7월, 간행 7주년 기념특집호 「조선의 자연」이다. 앞 달에 전면광고로 특집호의 목차까지 예고하고 있어서 이전 특집호를 능가할 만큼의 성공을 기대하고 〈진인사〉가 기획한 것이었던 듯 더 많은 집필자들에게 의뢰를 했던 것으로 보이지만, 농림학교 교수 우에키 호미키[植木秀幹], 도자기 연구자 아사카와 노리타카, 조선인 최고 학자 최남선, 〈진인사〉의 수장 호소이 교타이 등의 글은 결국 수록되지 않았다.

그 결과 단행본으로 된 『조선 민요의 연구』를 포함하여 「조선 민요의 연구」와 「조선의 자연」에 모두 기고를 한 사람들은 이노우에 오사무, 난바 센타로, 다나카 하쓰오, 하마구치 료코, 미치히사 료, 이치야마 모리오 여섯 명이다. 그리고 「조선의 자연」에는 여덟 명이 새롭게 집필에 가세했는데, 경성제국대학 문학부의 다카기 이치노스케[高木市之助] 교수, 유명한 조원가(造園家) 다쓰이 마쓰노스케[龍居松之助], 재조일본인 화가 가토 쇼린[加藤松林], 조선의 호토토기스 파 대표적 하이진 아다치 료쿠토[安達緑童], 시인 겸 화가 이노우에 이진[井上位人] 등 당시의 미술이나 시가 분야의 권위자들이었다. 또 조선인으로서는 유일하게 민속학자 송석하(宋錫夏)가 참여했으며, 〈진인사〉 동인이 두 명 더 합세하여 신앙, 전설, 속전, 수수께끼와 같은 조선의 언어문화에 관한 글을 게재했다. 결과적으로 〈진인사〉 가인들이 가세됨으로써 다양한 관점에서의 조선 문화관이 전개되었다.

이처럼 1920년대 중후반에 〈진인사〉가 기획한 세 가지 특집호는 『진인』이 한반도의 단카 문단을 대표하게 되는 데에 결정적인 역할을 했다. 일본의 한 '지방'으로서의 조선 가단이기는 할지언정, 조선 가단에 기대되는 요청과 그에 부응하기 위한 노력이 차츰 확실해진 것이며 그 때문에 「조선 민요의 연구」와 「조선의 자연」과 같은 조선의 문화적 특질을 본격적으로 연구해야 한다는 의식을 분명히 보여주고 있다.

2. '조선 민요'와 이치야마 모리오[市山盛雄]

이렇게 『진인』은 조선의 단카 문단, 조선의 민요, 조선의 자연에 관하여 순차적으로 특집을 기획하여 조선의 고(古)가요나 민요에 대해 지대한 관심을 가지게 되었다. 그리고 더 주목되는 사실은 이러한 관심이 특집호의 평론성의 글들에만 한정되는 것이 아니라 이 시기를 전후한 재조일본인 문학자 및 조선인 문학자들에게도 공통으로 보이는 현상인 점이다.

이와 관련된 『진인』의 내용을 더 살펴보면, 1927년 「조선 민요의 연구」와 1929년 「조선의 자연」 중간에 간행된 1928년 3월의 『진인』(제6권 제3호)에는 편집후기와 비슷한 성격의 「니시스가모[西巣鴨]에서」라는 난(欄)을 통해 다음과 같이 보고하고 있다.

> 노구치 우조[野口雨情], 최남선, 하마구치 요시미쓰, 이치야마 모리오 여러분의 기획에 따라 〈조선민요집 간행회〉가 경성 아사히초[旭町]에서 탄생했습니다. 더 일찍 이루어져야 했는데 방임된 사업이던 까닭에 사업 완성을 위해 상당한 노력이 필요할 것으로 보고 있습니다.[81]

지금까지 한국문학계에서도 알려지지 않은 〈조선민요집 간행회〉라는 단체가 일본의 민요 작가와 재조일본인 문학자, 조선인 문학자를 중심으로 하여 탄생했다는 내용이다. 1920년대 일본 민요계의 태두(泰斗)라 칭할 만한 노구치 우조[野口雨情], 당시 조선의 대표 문인 최남선, 동요나 동화 등 조선 아동문학계의 일인자라 일컬어진 하마구치 요시미쓰와 더불어 『진인』의 대표 편자 이치야마 모리오가 그동안 이루어져야 했으나 방임했던 사업으로 '조선민요집'을 기획한 것을 알 수 있다.

아쉬운 것은 〈조선민요집 간행회〉가 이후 어떠한 활동을 하고 결과

81 細井魚袋(1928)「西巣鴨より」『眞人』第六巻第三号, p.67.

물을 냈는지 상세히 알려주는 자료가 없고, 『조선민요집』이라는 제명의 단행본은 김소운(金素雲)이 1929년 일본에서 낸 것이 알려져 있으므로,[82] 위의 네 사람에 의한 『조선민요집』 출간은 무산되었을 가능성이 높다. 한국 구비문학에 관한 중요 개론서 중 하나인 『구비문학개설』에서도 "민요를 전면적으로 수집해서 정확히 기술하자는 노력은 1930년대부터 시작"되었고 그 수집 결과로서 중요한 단행본은 1933년 역시 김소운의 『조선구전민요집(朝鮮口傳民謠集)』(東京 第一書房, 1933)을 "최초의 본격적인 민요집"이라 설명하기 때문이다.[83] 다만, 위의 인용 기사는 조선 민요라는 키워드로 모인 네 사람의 대표성과 영역, 1928년 시점에서 『진인』의 조선 민요에 대해 얼마나 큰 관심을 기울이고 조선 민요 정리와 수집에 대해 사명감을 가지고 있었는지 알려준다는 점에서 중요하다.

또한 〈조선민요집 간행회〉의 활동이 이후 여의치 않았다 하더라도 조선 민요와 자연 특집호 등을 주도한 이치야마 모리오의 다음 작업들은 주목할 만한 가치가 있다. 첫 번째 작업은 역시 1928년 무렵의 간행으로 보이는 『균여전(均如傳)』이라는 편저다. 『진인』 안에서 전면광고로 「조선가요연구자료 제1편」이라 적혀 있는 이 책은 "이 귀중한 문헌을 이대로 방임해 두는 것은 실로 유감"이기 때문에 이치야마가 일역(日譯)하여 간행했다는 경위가 적혀 있다. 두 번째 작업은 그가 『진인』 지상에 1930년 신년호부터 1년 4개월간 단속적으로 연재한 「조선의 가요[朝鮮の歌謠]」 시리즈인데, 이치야마는 "본고는 조선가요사(朝鮮

82 高晶玉(1998) 『조선민요연구』동문선, pp.92～94.(원전은 1949년 수신사)

83 장덕순·조동일의 외(2006) 『구비문학개설』, 일조각, pp.117～118.

歌謠史)를 정리할 심산에서 착수한 것"[84] 이라 했다. 조선의 귀중한 고문헌들이 산일(散逸)된 현황에 대해 안타까워하며 "조선 고대문화 연구자"로서 이치야마가 이 시기 조선 가요를 수집하고 연구한 활동상을 볼 수 있다.

이치야마 모리오의 「균여전」편저 광고

이와 더불어 비슷한 시기 일본 와세다[早稲田] 대학의 조선인 유학생 손진태(孫晉泰)가 『조선고가요집(朝鮮古歌謠集)』을 도쿄에서 간행한 것을 눈여겨 볼 필요가 있다. 손진태는 서문에서 다음과 같이 말한다.

> 조선어로 만들어져서 조선의 사상, 감정을 드러낸 조선의 옛 문학으로서 세상에 자랑할 만한 것이 있는가 할 때 이 시조를 빼고 달리 찾기 어렵다.……특립(特立)한 국민문학의 유무는 그 민족의 선천적 능력에 따를 뿐만 아니라 넓은 의미의 역사적 환경에도 따른다.……
> 조선의 옛 노래를 일괄 시조라고 했지만 조금 전문적으로 말하자면 이는 잘못된 말이다. 조선의 옛 노래를—민요나 속요 이외의—전통적 개념에 따라 아주 대략적으로 분류하면 그것은 시조와 노래[歌]라 할 것이다.[85]

84 市山盛雄(1930)「朝鮮歌謠の展開一」『眞人』第八巻第一号 p.21.

85 孫晉泰(1929)「序説」『朝鮮古歌謠集』, 刀江書院, pp.1～12.

손진태는 일본의 고전 시가집인 『만요슈[万葉集]』와 『고킨슈[古今集]』의 와카에 상응할 만한 조선의 시가로 시조(時調)를 내세웠다. 물론 그의 『조선고가요집』은 7~8세기 신라의 향가부터 조선의 고가요로 거론하고 있고 하위 분류 안에서 민요, 속요 외에 시조와 노래라는 용어를 사용하고 있어서 고가요란 무엇인가 하는 정의(定義)의 영역이나 일본어 번역의 실천 등에서는 논의의 여지가 많은 문제적 자료집이다.[86]

이상에서 1920년대 후반 시기를 중심으로 조선의 고가요, 민요, 시조 및 문예에 관해 이치야마가 수집하거나 일역하여 소개하는 등의 움직임을 보인 것이 한반도뿐 아니라 일본에서도 '향토(鄕土)' 담론이 대두한 배경 속에서 연동된 것을 몇몇 사례로 살펴보았다. 그렇다면 1920년대 중후반 조선의 민요나 시가가 활발히 채록되고 수집되며 일본어로 번역되거나 연구가 이루어진 이유는 어디에 있었을까?

이것을 고려하기 위해서는 첫째로 일본에서의 조선 고문학 소개, 둘째로 한반도 단카 문단의 움직임, 셋째로 조선인 문단의 동향이라는 측면을 동시에 생각해야 한다.

첫째와 관련하여서는 먼저 바로 앞서 나온 손진태의 경우를 조금 더 살펴볼 필요가 있다. 그는 일본 동양문고(東洋文庫)에 소장된 자료를 같은 유학생 친구 이은상과 함께 전사(轉寫)했으며[87] 이를 바탕으로 『조선고가요집』을 간행할 수 있었다. 그리고 손진태는 바로 이후 작업으로

---

86 權純會(2009)「南滄 孫晉泰의 歌集 轉寫와 『朝鮮古歌謠集』 편찬」『韓民族語文學』 제54집, 한민족어문학회, pp.101~129.

87 權純會(2014)「일본 동양문고 소장 국문시가 자료의 가치」『민족문화연구』65호, 고려대학교 민족문화연구원, pp.561~586.

써『조선신가유편(朝鮮神歌遺編)』과『조선민담집(朝鮮民譚集)』을 간행했다. 이 두 권 모두 일본 향토연구사(鄕土硏究社)를 통해 1930년에 출판되었다. 손진태의 세 권의 작업을 일련의 선상에 놓고 볼 때 그를 일제강점기 민속학과 역사학 분야에서 상당한 업적을 남긴 대표적 국학 연구자라고 평가할 수 있다. 아울러 당시 일본에서 조선의 고가요나 전통시가를 모아서 소개할 필요성, 즉 수요가 있었던 셈인데 손진태나 김소운의 예에서 알 수 있듯 당시 일본에서 공부하던 조선인 유학생들이 이에 부응하여 조선의 전통시가를 수집하고 일역하여 알리고자 하는 사명감을 가졌다고 볼 수 있다.

둘째, 한반도의 단카 문단의 동향은『진인』의 움직임으로 대표되는데, 일찍부터 이치야마 등의 주요 가인들에게 조선의 가단에는 조선색이 충분히 부각되어야 하고 조선 향토색도 적극 구현해야 한다는 인식이 있었다. 그 근거는 1926년 신년호에서 기획된 첫 번째 특집「제가들의 지방 가단에 대한 고찰」중 아래의 기대와 요구 때문이다.

① 단, 지방 가단 사람들에게 고가(古歌), 고문학(古文学)의 연구를 더 진행하기를 바랍니다. 지방에 있으면 연구에는 불편한 점이 많겠지만, ……고가, 고문학을 충분히 맛보는 것은 새로이 생활 단카를 만드는 데에도 크게 쓸모가 있을 것이라 생각합니다.

② 단카나 하이쿠 같은 예술은 특별히 지방적으로 특성 있는 색채를 띠어야 한다. 향토적으로 깊이가 있는 작가가 더 대두해야 한다. ……향토에는 저마다 깊이 묻혀 있는 바람직한 무언가가 있다. 그것을 소개하고 연구할 필요가 있다. ……가인(歌人)들은 더 나고

자라야 한다. 조선과 같은 곳에 특히나 깊고 대한 향토가(鄕土歌)가 있어야 할 것이다.[88]

①은 일본의 가인 우에다 히데오[上田英夫]가, ②는 당시 일본 무용계의 거장 나가타 다쓰오[永田龍夫]가 이치야마의 질문에 회신한 내용이다. '내지'의 유력한 단카 전문가와 일본 무용 전문가와 같이 전통 문예에 관련한 사람들이 조선이라는 '지방' 가단에 무엇을 요청하는지 그 일단을 알 수 있다. 여기에서 눈여겨 볼 부분이 바로 조선의 생활이 묻은 향토에 입각한 새 단카를 만들기 위해 조선의 옛 노래와 옛 문학 연구를 더 진행해야 한다는 요건이다. 다시 말해 조선의 고가요와 고문학을 통해 조선색이 깊이 묻은 단카를 수립하기 위해 이치야마와 같은 『진인』의 가인들은 조선 전통 문예에 접근했던 것이다.

셋째, 이 시기 조선인 문단에서는 「조선 민요의 연구」에 참가한 최남선, 이은상, 이광수는 물론이고 주요한, 김억 등을 중심으로 조선의 '민요시'와 '시조부흥론'이 가장 중요한 담론 중 하나였다. 근대시의 이상에 심취했던 이들이 자유시를 부정하고 정형시형으로 되돌아가거나,[89] 자유시를 거절하고 반(反)자유시의 편에 서게 된 것[90]이라 볼 수 있다. 특히 최남선에 의해 조선의 고민요, 향가, 고려가요가 시조의 기원으로 소급되었고, 시조는 국민문학으로 부상하며 '조선주의'를 실현

---

88 市山盛雄(1926)「諸家の地方歌壇に対する考察」,『眞人』第四巻第一号, pp.8~9.

89 여태천(2011)「조선어 인식과 근대 민족시론의 형성—1920년대 김억의 시와 시론을 중심으로—」『비평문학』41집, 한국비평문학회, pp.177-209.

90 오문석(2003)「한국근대시와 민족담론—1920년대 '시조부흥론'을 중심으로」『한국근대문학연구』 제4권제2호, 한국근대문학회, pp.75-97.

할 수 있는 다대한 가치로서 재발견[91]되었다. 시조의 재발견이라는 배경에는 『만요슈』로 대표되는 일본의 정형시 와카에 대한 상대적 의식이 있었던 것은 말할 나위도 없다. 몇몇 한국문학 연구자들이 조선주의의 미학적 형식으로서 시조의 재발견과 가치화가 『만요슈』와 연동되어 있다고 지적한 바와 같이,[92] 손진태 역시 "일본의 『만요』나 『고킨』에 해당할 만한 조선의 오래된 노래가 조선에서는 속칭 시조라고 일컬어진다"[93]고 그러한 의식을 정확히 드러내고 있다. 앞서 『진인』이 기획한 특집은 최남선, 이은상, 이광수와 같은 시조부흥론자 및 송석하와 같은 초기 민속학자와 손을 잡아 이루어진 것이며, '조선적인 것'을 연구하고 드러내려는 〈진인사〉의 강력한 의지가 그 '조선주의'와도 맞물렸던 셈이다.

이렇듯 1920년대 한반도 가단에서는 조선의 로컬 컬러에 대한 연구와 천착이 일본은 물론이고 조선 내에서도 강력히 요청된 상황이었으며, 창작에서도 조선적 노래의 실천을 모색하던 시기였다고 할 수 있다. 이치야마는 그러한 조선색을 상상하고 체득하기 위한 일환에서 조선의 고가와 고문학에 대한 수집과 채록, 일역, 연구를 기획하고 실행한 인물이었다. 요컨대 『진인』을 중심으로 한반도 가단에서 1920년대 중후반에 활발히 일어난 조선색 관련 논의 및 기획은 조선 민요와 향토에 대한 관심, 조선 민요의 채록, 그에 대한 일역 등의 현상과 연동

---

91 최현식(2012) 「노래하는 민족, 읽는 서정 : 최남선과 이병기의 시조론 재고(再考)」 『한국학연구』 제28집, 인하대학교 한국학연구소, pp.1~35.

92 구인모(2008) 『한국 근대시의 이상과 허상-1920년대 '국민문학'의 논리-』, 소명, pp.133-138. 최현식(2012) 위의 논문(「노래하는 민족, 읽는 서정 : 최남선과 이병기의 시조론 재고(再考)」) p.7

93 孫晋泰(1929)「序説」, 앞의 책(『朝鮮古歌謡集』), p.1.

되었으며, 조선인 문단의 '조선주의'에까지 맥락이 이어진 것이었다.

3. 〈진인사〉 특집호의 조선 문예관

이렇게 이치야마를 비롯한 재조일본인 가인들이 조선 특유의 전통 문화를 이해할 내적인 필요성을 갖게 된 과정을 살펴보았다. 이제부터는 그들이 조선 민요를 채록하거나 일본어로 번역하면서 조선 민요를 어떻게 인식했는지, 또한 조선 민요를 위시한 전통 문예에 대해 어떠한 가치 판단을 했는지를 짚어보고자 한다. 그럼으로써 〈진인사〉의 두 특집호 「조선 민요의 연구」와 「조선의 자연」을 통해 재조일본인의 조선 민요 인식과 조선 문예관을 알 수 있을 것이다.

우선 가장 성공한 기획인 「조선 민요의 연구」에 드러난 조선 민요 인식은 재조일본인 문필가, 〈진인사〉 가인들, 조선인 문인이라는 세 개의 그룹으로 필자를 대별하여 파악해 볼 수 있다. 첫째, 재조일본인 문필가들은 민속, 도자기, 언론 등 각자의 전문 영역에 기반하여 조선 민요에 관한 개성적 논지를 개진하고 있는데, 대체적으로는 일본 민요와 조선 민요를 직접적으로 비교하는 경우가 많다. 필자 성향에 따라서는 우열을 가리려는 논조를 보이기도 한다. 이에 비해 둘째, 이치야마를 비롯한 〈진인사〉 가인들은 조선 민요가 가진 독특한 미감을 조선색으로써 발견하고자 했는데, 미치히사 료[道久良]가 이후 오랫동안 그러하듯 조선의 향토성과 미감에 뿌리를 둔 '조선의 노래'를 수립하려는 태도로 나아가기까지 한다. 셋째, 조선인 문인들은 결과적으로 일

『진인』의 세 가지 특집호를 완역하여 수록한 『조선 민요의 연구』, 『조선의 자연과 민요』, 『『진인』의 조선 문학 조감』 (2016, 역락)

본인들의 오리엔탈리즘과 길항하면서도 동시에 제휴했다는 지적[94]에서 자유로울 수는 없지만 조선 고유의 '향토'와 '민족성'을 매치시키고자 했다.

그리고 2년 뒤인 1929년의 특집호 「조선의 자연」은 「조선 민요의 연구」를 잇는 의도에서 기획되었다. 그중에서 조선 민요를 가장 정면에서 다룬 것은 다나카 하쓰오[田中初夫]의 글이다. 그는 단행본 개정판으로 나온 『조선 민요의 연구』에 「민요의 철학적 고찰에 기초한 조직체계의 구성[民謡の哲学的な考察に基づく組織体系の構成]」[95]이라는 글을 실었고, 그뿐 아니라 이 책의 권두에는 「피마자 노래[蓖麻子の唄]」와 「개타령 노래[犬打令の唄]」라는 조선 민요를 채보(採譜)했다. 다나카는 당시 경기도립 사범학교 국어(=일본어)한문과 교수로 재직하면서 조선 민

94 구인모(2008) 앞의 책(『한국 근대시의 이상과 허상-1920년대 '국민문학'의 논리-』), pp.140~145.
95 田中初夫(1927) 「民謡の哲学的な考察に基づく組織体系の構成」 『朝鮮民謡の研究』, 坂本書店, pp.152~163.

요를 음악적으로 연구하고 조선 가요의 악보를 만드는 일에 진력했으며, 한 때 『황조(黃鳥)』라는 조선 민요 전문 잡지도 간행[96]했다. 일제 말기에는 대표적 시인으로 손꼽히고 국책문학 선전에 앞장서게 되지만, 1920년대에는 조선의 전통 민요와 노래와 음악에 깊은 관심을 가지고 채록에 열심이었던 인물이다.

다나카는 「조선의 자연」특집호에서도 「조선 민요에 드러난 자연의 일면[朝鮮民謠に現れたる自然の一面]」이라는 글을 수록했다. 이 글에서 '민요'의 개념에 대해 정리하면서 동서양 개념 차이를 파악하기를, 서양 민요는 '서정시'를 가리키는 것에 비해 동양은 자연을 노래하는 '서경시' 요소가 부가되었다고 했다. 그리고 일본어로 옮긴 40편 남짓의 조선 민요를 열거하면서 군데군데 자기 나름의 의견을 제시하는 식이어서, 일관된 테마에 따른 조선 민요의 논리적 분석이라 보기는 어렵다. 다만, 그가 가진 조선 민요관에는 요순(堯舜) 시절에 대한 갈망이 담겨 있다는 예로 중국에 대한 사대사상을 논증하거나, 다음의 예와 같이 약자에 대해 학대의 성격을 갖는다고 파악하는 점이 특징적이라고 할 수 있다.

① 기러기야 기러기야, 너 어디로 가는 게냐. 함경도로 가는 게냐, 무엇하러 가는 게냐. 새끼 낳으러 간단다. 몇 마리나 낳았느냐. 두 마리를 낳았단다. 내게 하나 주려무나. 무얼 하려 하는 게냐. 구워 먹고 끓여 먹고 꽁지 꽁지 말아 두마.

---

96 市山盛雄(1929)「本書執筆諸家略歷」, 위의 책(『朝鮮民謠の研究』), p.2.

② 저쪽 콩밭에 황금 잉어가 헤엄친다. 네가 아무리 헤엄을 잘 친들 술안주밖에 더 되겠느냐.[97]

①은 경성, ②는 경기도 강화에서 채록한 것으로, 다나카는 이러한 예를 통해 조선 민요에는 "약한 것에 대한 강자의 뻔뻔한 착취", 혹은 "약자에 대한 박해"[98]적 성격을 갖는 조선인의 특성을 말한다. 또 그는 자연을 통해 조선의 민요로부터 "때로는 약자를 학대하는 변태적 기쁨마저 느낀다"고 정리하고, 자연을 노래한 내용에 대해서는 "소극적이고 강인함을 결여"했고 조선 민요에서는 "쇠퇴하며 거칠어지는 리듬"[99]이 배어나온다고 평가했다. 다시 말해 다나카는 조선의 민요와 자연에서 사대주의와 학대적 성격, 소극적이고 나약한 조선의 마이너스 이미지를 지적했다.

이와 대조되는 것이 민속학자 송석하의 「가요상으로 본 조선의 자연에 관하여[歌謠上より観たる朝鮮の自然に就て]」라는 글이다. 송석하는 조선인 전문가라는 의식을 분명히 가지고 있었으므로, 조선의 '가요'가 얼마나 광범위한 개념인지, 그리고 그 범위 안에서 민요와 시조, 그 밖에도 가사나 잡가 및 속요에 이르기까지 그 구분과 정의가 복잡다단하다는 것을 말한다. 특히 조선 민요의 특수성을 다음과 같이 기술하는 점이 다나카와 매우 대조적이다.

---

97 田中初雄(1929)「朝鮮民謡に現れたる自然の一面」,『眞人』第7巻第7號, 각각 p.30, p.31.

98 田中初雄(1929) 위의 글(「朝鮮民謡に現れたる自然の一面」), pp.30~31.

99 田中初雄(1929) 위의 글(「朝鮮民謡に現れたる自然の一面」), p.33.

> 민요란 그 원생림(原生林) 같이 소박한 형식과 표현을 가지고 온 방면의 사상을 포함하고 그 국민의 기억력에 대해서는 뿌리 깊은 집요함을 가지면서도, 시간적으로 끊임없이 변화하는 것이다. 이렇게 민요가 집요함을 지닌다는 점은 국민 전체의 마음에 울리는 어떤 공명성이 있다는 것으로……
> 소위 연회 자리에서 부르는 노래 외의 민요나 동요에서 자연을 어떻게 보고 있는가 하면, 여기에는 앞서 말한 의식적인 것이 적은 대신 그만큼 우리에게 모래 안에 숨은 보석을 찾은 듯한 느낌을 주는 것이 많다. 예를 들어 복토가(覆土歌, 죽은 사람의 관을 묻을 때 부르는 노래)에서는 뿌리 깊이 마음속에 웅크리고 있는 풍수설의 영향도 알 수 있다.[100]

송석하는 조선 민요가 '뿌리 깊게' 조선인—여기에서는 '국민'이라는 용어를 쓰고 있다는 점도 눈여겨 볼 만하다—의 마음속에 유전된 풍수설의 영향을 받고, 조선인의 '기억력'과 '뿌리 깊은 집요함'이 마음에 울리는 공명성을 지니고 끊임없이 변화해 온 것이라고 본다. 그는 이 글에서 조선의 가요에 속하는 장르와 작가 이름을 수없이 열거하고 있고, 예가 일본어로 많이 번역되어 있지는 않지만, 조선 민요의 뿌리와 조선어에 내재된 기억, 그리고 조선 독자적인 사상의 영향력을 강조하고 있다.

「조선의 자연」에서 조선 민요관은 다나카 하쓰오가 말하는 사대주의와 가학성 같은 부정적 이미지와 송석하가 말하는 조선 가요의 뿌리

---

100 宋錫夏(1929)「歌謡上より観たる朝鮮の自然に就て」, 위의 책(『眞人』第7巻第7號), pp.48-50.

깊은 독자성의 강조에서 대극을 이룬다고 하겠다. 더불어 「조선의 자연」 특집에서 구체적으로 조선의 민요의 사례를 번역하거나 예로 들고 있는 것은 하마구치 요시미쓰와 이치야마 모리오이다. 하마구치는 자연 속에서 장난감을 스스로 구해서 노는 조선 아이들의 놀이와 간식(間食) 문화를 설명하면서 황해도의 민요 「채유가(採萸歌)」 한 편을 소개했다. 이치야마는 조선 여인들의 다듬이질 소리와 관련된 노래와 함께 아리랑의 한 구절을 거론하며 다음과 같이 기술했다.

> 부두에서, 역전에서 몽유병자처럼 힘없이 방황하는 젊은 지게꾼, 아니면 소를 끌고 들길에서 돌아오는 젊은 노동자들의 입에서 노래로 나오는 것이 아라랑 곡조다. 여운도 나긋나긋한 이 얼마나 애조를 띤 선율인가! …… 아라랑 노래는 새 시대의 민요라고 한다. 이조 말기 대원군이 경복궁을 부흥하고자 계획하여 전국에서 부역 인부들을 징발했다. 온 사방에서 모여든 토민들 사이에서 혹사(酷使)와 가역(苛役)에 대한 반감과 원망을 노래하는 신민요가 생겼다. 그중 하나가 아라랑이란다. 이렇게 이 시기에 아라랑이 널리 퍼졌고 조선 민중의 마음에 깊이 파고든 모양이다. 하지만 나는 고려 초기인가 신라 시대의 아라랑이라는 옛 노래를 어느 늙은 기생에게서 듣고 홀딱 반한 적이 있다. 그리고 그 쓸쓸한 음색 저변을 흐르는 느긋한 선이 바로 내가 느끼는 (조선의) 자연이었다.[101]

101 市山盛雄(1929) 「のどかな線である」, 위의 책(『眞人』第七卷第七號), pp.70～71.

이치야마는 조선의 젊은 지게꾼과 노동자들 입에서 나오는 아라랑 곡조의 “애조 띤 선율”과 나긋나긋한 여운에 감복하며, 새로운 시대의 민요로서 아리랑에 담긴 민중성을 지적하고 있다. 아리랑의 기원설은 다양하지만, 이치야마가 전하는 것처럼 조선 말기 대원군의 경복궁 재건 때 유래하게 된 경기 지방 민요라는 것은 공통적이다.[102] 위 인용문에서는 조선을 식민지화하는 데에 있어서 논리적인 근거로 작용한 조선 말기의 지배자가 민중을 착취, 폭압한 것을 “혹사와 가역”으로 나타내고 있다. 그리고 그에 대한 반감과 원망을 아리랑의 애조 띤 선율로 연결시켜 말하는 점에서 조선왕조 말기 사회의 부조리와 그에 대한 슬픈 정서를 노래한 ‘신민요’로서의 아리랑을 이야기해 준다. 하지만 이치야마는 왕조 말기에나 이르른 새 시대의 신민요로서의 아리랑보다 오히려 고려, 신라 시대로 거슬러 올라 ‘옛’ 민요로서 존재했던 아리랑의 역사성에 더욱 매혹되었던 경험을 강조한다.

여기에서 가장 주목하고자 하는 바는 마지막 부분이다. ‘아라랑 노래’로 상징되는 애조와 그 박자, 쓸쓸한 음색으로 재현되는 청각적 세계가 이 글의 제목이기도 한 “느긋한 선[のどかな線]”이라는 회화적 세계로 감각의 변화를 보이기 때문이다. 「조선 민요의 연구」에서 「조선의 자연」으로 가면서 전체적으로 민요의 청각적 세계가 회화적이고 시각적인 자연의 세계로 대체되는 과정이 이치야마의 “느긋한 선”이라는 표현에서 단적으로 드러난다.

한편 경성제대 문학과 교수 다카기 이치노스케는 「조선의 풍경에

102 宮塚利雄(1995)『アリランの誕生』, 創知社, p.58.

관하여[朝鮮の風景に就て]」에서 조선의 자연으로부터 느끼는 기분을 무감정, 무감각, 무판단의 기분이라고 하고, 막막함이나 초조와 비슷한 느낌이 드는 위화감에 대해 "매우 정도가 다른 자연과 대면했을 때 일어나는 심정"이라며 "조선의 자연이나 풍경은 일본의 그것과는 기조를 달리한 별개의 것"이라 말한다. 미술평론가 난바 센타로는「조선 황록 풍경도(朝鮮黄緑風景図)」에서 조선 풍경을 "신선의 나라, 신비한 느낌, 고전 취향"이라 표현했고, 화가 가토 쇼린은「그림 재료로써의 조선 풍경[画材としての朝鮮風景]」에서 "조선의 흙과 깊이 친"해지고 싶은 마음, 조원가(造園家)로 이름 높았던 다쓰이 마쓰노스케는「조선의 풍경과 정원[朝鮮の風景と庭園]」에서 "조선 특유의 색채를 발견"할 수 있다고 말하며 조선의 특수한 자연 풍경이 갖는 매력을 회화적으로 바라보는 경향이 현저하다.

그 밖에 〈진인사〉 가인들은「자연을 대조로 하는 조선의 신앙과 전설[自然を対照とする朝鮮の信仰と伝説]」이라든가「수수께끼와 속전과 자연[謎と俗伝と自然]」 등의 글을 통해 노래뿐 아니라 신앙과 전설, 속신이나 수수께끼까지 자연과 깊은 영향을 주고받는 조선 문화를 다루고 있다. 예를 들면 똑같은 '달리아 꽃'이라도 일본보다 조선의 것이 훨씬 선명한 색이고, 달을 보고 하늘에 뜬 '사발'이라고 비유할 수 있는 것은 조선만이 갖는 특유함이라는 것이 일본과 대조적으로 기술되었다.

화가 겸 시인인 이노우에 이진은「대도 경성(大都京城)」에서 "이 도시의 카페는 도쿄의 지나치게 고상을 떠는 단점과 하얼빈, 상하이의 지나치게 육정적인 장점을 혼합하여 경성의 로컬 컬러를 화려하게" 드러낸다고 보고, 단발머리 모던 걸이 활보하는 근대 도시인 한편으로 사천년 오랜 역사와 전설을 가진 민요의 나라로서의 조선 이미지가 기술되어 있어서 흥미롭다. 물론 여기에서 조선 문화를 중국과 일본의 중간적인 것, 혹은 혼합적인 것으로 파악하는 시선도 감지되므로, 일선동조론의 근거로 이어지거나 대륙 문화의 전달자로 의미를 축소시키는 뉘앙스도 눈여겨 보아야 한다.

특집호 전체를 일관하는 조선 문예관을 포착하기는 쉽지 않다. 다만 실제 조선에 거주한 기간보다는 조선을 향토로서 인식했느냐, 잠정적 체류지나 여행지로 인식했느냐에 따라 필자의 조선 문예관에 온도차가 드러나는 점이 인상적이다. 이 측면에서 가장 이목을 끄는 것은 조선을 자신이 머물 땅으로 의식하고 있던 〈진인사〉 가인 미치히사 료라고 할 수 있다. 미치히사는 〈진인사〉가 거의 모든 중심 기능을 도쿄로 옮겨간 1930년대부터 일제 말기에 이르기까지 한반도에 머물며 '조선의 노래'와 '조선의 가단'을 책임지고자 노력했다. 이치야마 이후 미치히사의 이러한 노력이야말로 〈진인사〉 대표 가인의 모습이자 조선의 민요와 자연이 단카와 연결된 지점이라고 볼 수 있을 것이다.

더불어 눈여겨 보아야 하는 것은 「조선의 자연」 특집호의 평론이나 에세이에 단카, 하이쿠를 포함한 일본 전통시가가 전체적으로 서른 수(혹은 구) 정도 같이 게재되어 있는 점이다. 이것이야말로 〈진인사〉가 섭외한 집필자들이 조선의 민요와 노래, 전설과 수수께끼 등 문예의 배경이 되는 특수한 조선의 자연을 일본어 시가에 구현해 내는 방법에 대해 계속적으로 의식하고 고민했던 여실한 증거가 아닐까?

다나카 하쓰오로 대표되듯 「조선의 자연」의 일부 저자는 「조선 민요의 연구」에서도 지적되는 조선의 원시성, 사대주의, 가학성과 같은 부정적인 민족성을 강조하고 뒷받침했다. 그러나 논의의 관심사가 조선의 '민요'에서 모든 조선 문화와 문예의 근간과 바탕이 되어주는 '자연'으로 이동하면서, 조선의 자연과 예술과 문예는 일본과 확연히 다른 향토를 기저로 한다는 점을 공통적으로 의식하게 된 것으로 보인다. 이처럼 일본과 다른 자연과 풍토를 바탕으로 한 조선의 문예는 송석하가 말하듯 조선인만이 체득하고 이해할 수 있는 전문적이며 독자적인 영역으로 존재하기도 한다. 그러나 대부분의 재조일본인 필자들은 민요나 노래, 전설이나 속신, 수수께끼를 포함한 조선의 문예를 조선이라는 향토에 뿌리를 둔 조선의 특수한 것이라고 인식했다. 다시 말해 일본과 명백히 다른 차이를 품은 다양한 조선의 문예는 상대적인 관점으로 파악해야 하는 특유한 것임을 반증한 셈이다.

〈진인사〉가 기획한 「조선 민요의 연구」와 「조선의 자연」 특집을 통해 기술된 재조일본인의 조선 문예관은 다양한 의견이 착종하지만, 다음과 같은 공통항을 지적할 수 있다. 첫째로 조선 문예를 생장하게 하는 향토에 대해 명백히 일본과 다른 것으로 인식하고 그에 입각한 조선 문예의 고유함을 상대적으로 인정하고 있다. 둘째로 조선 문예의 특수함을 인식하는 방식이 구술 민요와 같이 리듬, 곡조 등 청각이라는 감각에서 시작하여 이윽고 풍경이나 회화, 선(線)과 같이 시각이라는 감각으로 변모했다. 이 과정을 조선 민요의 번역에서 조선 자연의 번역으로의 변모라고도 일컬을 수 있으리라.

이는 하마구치 요시미쓰가 「조선 민요의 맛[朝鮮民謡の味]」에서 "번역을 해 보니 아무리 기교를 부려도 원래 노래와 같은 운(韻)을 밟을 수 없었고, 또한 언어상의 가락이 갖는 재미도 드러낼 수 없었다"고 고백

한 것이나, 미치히사 료가 「화전민의 생활과 가요[火田民の生活と歌謡]」에서 "이것은 그냥 화전민 민요의 뜻만 일본어로 번역한 것이므로 그 진의를 전달할 수는 없지만"이라는 양해를 구한 심경에서도 분명히 드러난다. 즉, 조선 문화의 일본어 번역 과정에서 조선 민요의 운이나 가락, 진의를 완벽하게 전달할 수 없다는 언어적 한계에 대한 각성이라고 할 수 있다. 아울러 이들이 향후 조선 문예를 회화적으로 사생(写生)하는 묘사법을 선택해나갈 수밖에 없게 된 방향성을 보여주는 대목이다.

4. 조선인 가인 김정록, 김석후

하이쿠에 비해 단카는 조선인 작가의 참여가 그렇게 많이 보이지 않는 장르이다. 여기에서는 한반도에서 간행된 단카 단행본과 단카 전문 잡지를 대상으로 하여 조선인 가인들의 단카에 대해 살펴보고자 한다. 버드나무사나 〈진인사〉가 한반도에서 단카 문단을 형성하고 세를 확장한 것은 1920년대이지만, 1920년대에 단카를 창작한 조선인 가인은 찾기 어렵다. 열일곱 글자의 하이쿠에 비해 서른한 글자의 정형 시가인 단카를 창작하고 투고하여 선정을 통과하는 절차가 조선인 작가에게는 하이쿠보다 훨씬 긴 시간을 요했던 것으로 추측된다.

조선인 가인으로 가장 빠른 시기에 확인되는 인물은 김정록(金正祿)이며 그는 〈조선신단카협회[朝鮮新短歌協会]〉가 1934년 12월 제2권 제1호로 발행한 단카 잡지 『가림(歌林)』에서 확인된다. 『가림』은 〈조선신

단카협회〉의 기관지로서 1934년 여름 무렵 창간되었는데,[103] 그들은 「선언」을 통해 "동양예술의 전통을 올바로 계승"하고 "신단카를 수립"하는 것을 목표로 새로운 단카로의 쇄신을 실천하겠다고 했다. 『가림』이 지향하는 신단카란 "새로운 현실파악"과 "객관적 과학적 방법"으로 "자기비판"을 통해 "새로 개념지어진 단카"[104]라 할 수 있는데, 신단카 운동은 일본에서 1927년 신단카협회가 설립되어 가인들이 자유율 구어(口語) 단카를 주창한 모더니즘 단카와 프롤레타리아 단카를 포함한 신흥단카 운동과 관련[105]된 것이다.

〈조선신단카협회〉의 잡지 『가림』

『가림』에 수록된 동인 작품과 신인 작품의 단카는 외재율에 파격이 상당히 심하고, 구어를 사용하여 내재적 음율을 구사하며, 사어(死語)나 마찬가지인 고어 사용을 배격하고 현대구어를 사용해야 하는 당위성을 강력히 표명[106]하고 있다. 20명의 기존 동인과 신인 22명의 작품을 게재하고 있어 그리 미약하지 않은 세력을 형성하고 있었던 것으로 보여 인상적이다. 『가림』의 「신인 작품」난에 게재된 김정록의 단카 열

103 小西善三 編(1934) 『歌林』第2卷第1號, 朝鮮新短歌協會. 표지의 「선언(宣言)」에 "『가림』을 결성하고 진지한 정진에 반년을 보냈다", 「작품 검토(作品檢討)」(pp.18~19)에 가림2,3,4집(輯)이라는 표기 등이 있는 것으로 미루어 복호가 간행된 것으로 추측할 수 있다.

104 岡崎靖雄(1934) 「毒つれづれ」, 위의 책(『歌林』第2卷第1號), pp.2~5.

105 大島史洋等編(2000) 『現代短歌大事典』, 三省堂, p.228, pp.320~321, p.323.

106 岩下青史(1934) 「短歌用語の問題」, 위의 책(『歌林』第2卷第1號), pp.8~10.

수도 정형을 따른 서른한 글자의 단카가 아니라 구어자유율 단카인 점이 특징적이다.

① 그대가 있는 것이 내가 살아갈 투지를 불질러주는 것이라오.

[貴女のをることが私が生きる闘志を燃やしてくれるのだ]

② 십 년 만에 대면한 병든 어머니와 딸, 입을 꾹 다문 채 눈동자에 가득 찬 눈물.

[十年振りの対面病の母と娘, だまったまま瞳一ぱいの涙]

③ 변변치 않은 생활의 위로 첩첩이 쌓이는 중압의 습성, 나를 벙어리로 만들어.

[細い生活の上に折りたたまれる重圧の習性, 私を啞にする]

④ 수확기인데 좁쌀조차 못 먹는 농부들 기아부대가 되어 만주로 만주로 흘러가네.

[収穫期に粟も食へない農夫ら飢餓隊となり滿洲へ滿洲へ流れる][107]

김정록의 단카에서는 ①과 같은 연인에 대한 사랑의 감정, ②와 같은 어머니나 누이에 대한 절절한 가족애, ③에서 보이는 현실생활의 고충과 중압감, ④처럼 굶주림을 못 이기고 만주로 갈 수밖에 없는 조선 거류민들에 대한 감상이 고스란히 쉬운 언어로 표현되어 있다. 김정록의 단카는 "현대인들은 현대인의 용어를 가지고 현대 사회를, 생활을, 감각을, 감정을 노래해야 한다"[108]는 신흥 단카의 기치를 잇고 있

107 朝鮮新短歌協会(1934) 「新人作品」, 위의 책(『歌林』第2卷第1號), p.11.

108 岩下青史(1934) 앞의 글(「短歌用語の問題」), p.8.

다. 조선인으로서는 외국어인 일본어를 구사함에 있어서 정형율 단카를 규정에 따라 짓고 고어를 적절히 살려서 쓰는 전통적 단카보다는, 내재적인 음률이나 구어 일본어, 현대인의 현실과 생활이 드러나는 것을 권장하는 신단카가 덜 제약적이었을 것은 당연하다. 김정록의 사례도 이미 1930년대이므로, 하이쿠나 심지어 센류에 비해서도 조선인의 단카는 아주 늦게 출현한 것이라 하겠다. 게다가 그 첫 사례인 김정록이 구어자유율 신단카에 몸담았다는 것은 일본 정형시가 중에서는 단카가 조선인 입장에서 가장 구사하기 어려운 장르였다는 것을 입증해 준다.

그에 이어서 보이는 조선인의 단카는 1935년에 간행된 『조선풍토가집(朝鮮風土歌集)』[109]에 수록된 20여 수다. 삼천 수를 넘는 『조선풍토가집』 전체 단카 수에 비하면 조선인의 단카 비율은 매우 적지만, 1935년 이전에 단카 창작 활동을 한 조선인 가인이 윤고운(尹孤雲)과 강석신(姜錫信)을 비롯해 최소 15명 이상 있었다는 것이 여기에서 알 수 있는 정보다.

① 항간의 길에 남 개의치도 않고 시비 따지는 고려의 여인네가
살풍경하기도 해.
[巷路に人憚らずあげつらふ高麗の女はさびしきそかも]

② 아리나레의 강변에 씨 뿌렸던 수수는 붉게 곡식을 맺게 되어
이삭끝 나란하네.

---

109 『조선풍토가집(朝鮮風土歌集)』은 이치야마 모리오가 1934년에 〈진인사〉 창립 12주년 기념 출판물로 간행한 것으로 8강에서 상세히 다룬다.

[ありなれの岸辺に蒔きし高粱は赤く実りて穂先揃へる]

③ 빈자리 많은 야간기차에 몸을 흔들리면서 고향 병들어 있는 어머니 생각한다.

[空席の多き夜汽車にゆられつつ国に病みゐる母をおもふも][110]

모두 조선인의 단카인데 정형에 잘 맞추고 있으며 ①처럼 조선의 여인이 남의 시선에도 상관없이 큰소리를 내는 모습을 객관화하거나 ②처럼 압록강을 '아리나레'라는 일본어로 표현하는 등 어휘 구사력이나 선택도 일본인 가인들과 비슷하다. 내용적으로는 조선 부락과 풍경이나 자연, 조선의 풍속이나 ③과 같이 어머니를 비롯한 고향으로 향하는 인정을 표현하고 있다. 『조선풍토가집』의 조선인 가인들은 까치[カチ]나 온돌[溫突], 계집애[キジベ], 아이고[哀号]와 같은 조선 고유어를 단카에 넣어 표현하거나 가족에 대한 걱정과 연인에 대한 기다림을 노래하는 등 보편적 인간애도 엿보인다. 조선인 가인들 단카에서는 『조선풍토가집』이 추구하는 '조선색'이라는 로컬 컬러가 조선인 시선에서도 포착되었다는 공통점도 보인다.

하이쿠의 박노식과 비교하면 시기가 상당히 늦지만, 관견(管見)한 바에 따르면 식민지 조선인으로 단카에서 가장 두드러지는 창작을 보인 사람은 김석후(金錫厚)가 아니었을까 한다. 왜냐하면 김석후는 한반도에서 간행된 가장 유력한 단카 잡지 『진인』에 창작 단카를 지속적으로 게재한 유일한 조선인 가인이기 때문이다. 김석후는 『진인』의 1936년

110 市山盛雄(1936), 『朝鮮風土歌集』, 朝鮮公論社, 각각 p.31, p.311, p.373.

14권 7호부터 1939년 17권 12호까지 단속적으로 도합 84수나 되는 단카를 수록했고, 그의 단카 중 1936년에 게재한 것들은 이듬해 1937년에 〈진인사〉 창립 15주년 기념으로 간행한 단행본『가집 조선(歌集朝鮮)』에 열세 수가 약간 손질되어 다시 게재되었다. 그는『가집 조선』이 조선 및 '만주' 재주의 〈진인사〉 동인 약 90명 중에 유일한 조선인 가인이며, 그의 단카는「소와 아동[牛と童児]」이라는 제목하에 열세 수가 수록되어 있다.

김석후라는 인물의 상세 정보는 인물 정보 데이터 베이스 등에서는 찾기가 어렵다. 다만 다음과 같은 그가 창작한 단카를 통해 그의 신상과 조선인 가인으로서의 술회를 추측할 뿐이다.

① 관중들 사이 소리 하나 안 나네 스크린에서 죽은 사람을 안는
장면이 나오니까.
[観衆に声一つ無しスクリンに死人を抱く場面となりしに]

② 오래간만에 평양으로 와서는 세 해나 전에 내가 근무했던
도서관을 찾았네.
[久々に平壌へ来て三歳前己が勤めし図書館を訪ふ]

③ 찾아갔지만 너무도 쓸쓸하군 있는 직원들 대부분의 사람이
모르는 얼굴이라.
[訪ひしかどあまりにさみし職員のそのおほかたは知らぬ顔にて]

④ 더할 수 없이 쓸쓸한 느낌 들어 나는 떠나니 이럴 줄 알았다면
찾아오지 말 것을.
[限り無き淋しき覚え我は去るも斯くと知りなば訪はざりにしを]

⑤ 아이들 모두 말하며 집에 가네 그럼 안녕히 평소와는 다르게 여름방학 들어가.

[児童等皆が言ひて帰りぬサヨーナラ何時もと違ひて夏休みかな]

⑥ 저녁 알리며 길게 우는 닭소리 공허해 단카 원고에 고심하네 이 날 하루 동안을.

[夕告げの長鳴き鶏もうつろにて歌稿に苦しむこの一日を]

⑦ 직원록을 들여다보며 나는 떠올리노라 헤어진 지 삼 년에 스승이 된 친구를.

[職員録見入りつつ我は憶ひけり別れて三歳師となりし友を]

⑧ 늦가을 비가 우박으로 내리자 아이들 모두 신나 펄쩍대면서 젖은 채 줍는구나.

[秋時雨雹になりしを児等は皆喜びはしやぎて濡れつ拾ふも]

⑨ 몇 번씩이나 되풀이 가르쳐도 모르는 아이 야단쳐서 풀죽은 모습 보며 후회해.

[幾度を教へ返すも解せぬ児を叱りてしをるる姿見て悔ゆ]

⑩ 밤이 새도록 램프를 둘러싸고 내 이야기를 귀 기울여 들으며 노력하는 아이들.

[終夜をランプ囲みて我言葉に聞き入りにつつ勵むよ児等は]

⑪ 출발한 버스 쫓아 달려오면서 눈물 머금은 어머니 보노라니 내 눈물 떨어지네.

[発つバスを追ひ駈け来つつ涙ぐむ母を見やれば涙落ち来し]

⑫ 아주 느리게 기선이 지금 부산항 출발했네, 갑판에 일어선 채 고국을 바라보네.

[緩やかに汽船今発ちぬ釜山港デッキに立ちて故国眺めぬ]

⑬ 스크류 도는 소리 들으며 보네 갑판 위에서 붉은 저녁 햇살이 바다에 떨어짐을.

[スクリユウの音ききつ見る甲板に赤き夕日の海に落つるを]

⑭ 여덟 해 만에 마주하게 된 형은 나의 모습을 유심히 들여다보고 고개를 끄덕이네.

[八歳振り相見る兄は己が姿をつくづく見入りつ肯きにけり]

⑮ 고국 사람이 나쁜 짓을 했다고 쓰여져 있는 석간을 보고 마음이 답답하다.

[故国の者悪事をせしと書かれたる夕刊を見て心淋しも]

⑯ 삼형제 모두 손에서 떠나보낸 나의 어머니 밤마다 걱정되어 마음이 괴롭구나.

[三兄弟皆離せし己が母夜毎慮はれ心苦しも]

⑰ 고향에서는 오늘밤도 쓸쓸히 어머니께서 나를 걱정하시며 잠 깨어 계시겠지.

[故郷に今夜も淋しく母人は我を慮ひつめざめゐまさむ]

⑱ 혼자 잠이 든 방에서 한밤중에 퍼뜩 깨어나 밤의 쓸쓸한 모습 떠올려 번민했네.

[獨り寝の部屋に眞夜を目覚めゐて宵の姿を思ひ悩みし]

⑲ 고민의 끝에 취직을 하겠노라 결정한 밤에 마음 편안도 했고 마음 쓸쓸도 했다.

[悶えぬき就職せんと定めし夜は心安けく心淋しかり]

⑳ 생활을 가장 근본으로 하려던 나는 마침내 마음 정했노라

망설임의 끝에서.

[生活を一義にせんとわれ遂に心を定めぬ迷ひのあげく][111]

김석후는 영화를 보며 느낀 관객석의 분위기를 전하는 ①처럼 스크린과 영화관을 출입한 경험도 가진 인물이었고, ②③④의 연작(連作)에서 알 수 있듯 삼년 만에 전에 근무하던 평양의 도서관을 방문했지만 아는 사람이 없어서 그 서운함과 후회를 느낀 심정을 노래하기도 했다. 그리고 ⑤나 ⑦⑧⑨⑩에서 아이들을 가르치는 입장임을 드러내는데 선생님으로서 아이들(아마도 야학의 어린아이들)을 대하는 애정 어린 시선과 마음이 고스란히 드러난다. 그러한 생활 속에서도 ⑥과 같이 단카 창작에 늘 고심한 문학청년의 면모를 띠는 노래도 여러 수 선보였다. ⑪⑫⑬은 1937년의 작품인데 이를 통해서는 어머니를 뒤로 하고 부산항을 떠나 일본으로 가는 배의 갑판 위에서 한반도를 돌아보는 김석후가 드러난다. 형과의 8년 만의 만남을 담담히 그려낸 ⑭의 노래 이후는 일본에서의 창작으로 보이는데, ⑮처럼 고국의 나쁜 기사를 일본에서 보게 된 때의 위축되는 심정에서도 그것을 알 수 있다. 또한 ⑯⑰⑱은 삼형제를 모두 떠나보낸 어머니에 대한 그리움과 걱정, 그리고 향수적 감성을 토로한다. 김석후는 1937년 중일전쟁 이후 전쟁이 점차 확대되어 상황 속에서 일본에서 조선인 교사로 지내게 되었던 듯한데, ⑲와 같이 1939년의 그의 노래에서는 생활에 대한 고민과 흉흉한 현실에 대한 어두운 어조의 단카가 많아진다.

---

111 金錫厚(1936~1939)『眞人』第14卷第8號~第17卷第11號에서 발췌.

김석후의 단카에 대해 〈진인사〉는 "심경을 이해하기 어렵지 않다"거나 "'회향(懷鄕)' 은 늘 좋은 소재이다. 고향에 대한 생각, 그것은 다양한 음영(陰影)을 가지고 사람들 마음에 둥지를 튼다. 그 음영을 당신 가슴에서 선명히 포착해 꺼내 주십시오", "매우 좋은 노래와 아직 잘 정리되지 않은 노래가 섞여 있다", "이 작가는 자신의 시경(詩境)을 상당히 깊이 노래로 드러내는 데에 성공했[112]다"고 평가했다. ⑳과 같이 망설임의 끝에서 김석후가 결심한 바가 무엇인지, 그리고 1940년대 이후에는 더 이상 그의 단카를 볼 수 없게 되는데, 1930년대 후반 4년간 창작, 발표된 김석후의 여러 단카를 통해 에세이나 소설 못지 않게 한 조선인이 일본어로 표현한 문학적 고민과 일신상의 변화, 감정의 질곡을 읽어낼 수 있다는 점에서 감상의 가치가 있다.

조선인이 창작한 단카와 하이쿠를 모아 편역한 『조선인의 단카와 하이쿠』(2016, 역락)

1930년대의 한반도 단카 문단은 『버드나무』가 모모세 지히로에 의해 경성 〈버드나무사〉를 유지하면서 명맥을 유지하고 있었고, 『진인』이 도쿄 〈진인사〉로 중심축을 옮기기는 했지만 여전히 한반도의 단카에 가장 큰 영향력을 발휘하고 있었다. 이 시점의 한반도 가단 형국을 이해하는 데에는 1932년 7월의 『진인』 10주년 기념호 내용이 유용한데, 「반도 가

112 각 평가는 1937년 『眞人』第15巻第8號, p.47. 第15巻第10號, p.54. 1939년 第17巻第1號 p.55. 第17巻第11號(1939), p.45.

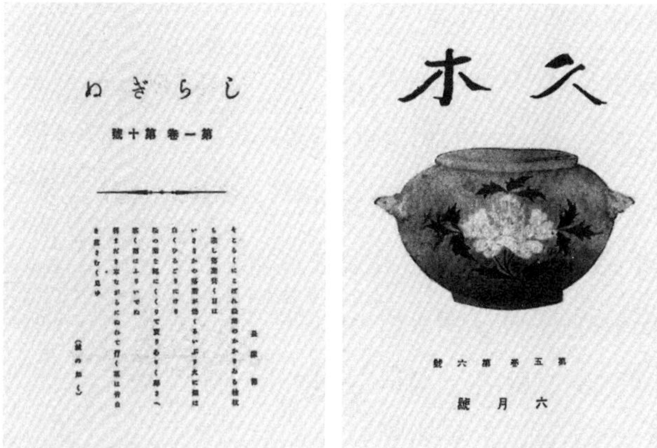

경성의 단카 잡지 『시라기누』와 『히사기』

단과 진인의 전망[半島歌壇と真人の展望]」에서 『버드나무』, 『진인』과 더불어 『시라기누[新羅野]』와 『히사기[久木]』 계통까지 보여주고 있어서 이상의 네 잡지가 한반도 단카 문단을 구성한 것을 보여준다.

『히사기』는 1927년 창간으로 추측되며 잡지의 제자(題字)가 당대 최고의 명성을 떨친 가인 사이토 모키치[斎藤茂吉]였고, 잡지 이름 '히사기[久木, 예덕나무]'도 『만요슈』에 나온 단카에서 유명해진 가어(歌語)이므로 『만요슈』를 존중하는 경향이 강한 계통이었던 것으로 보인다. 경성제국대학 예과 출신의 예과 도서관 사서 스에다 아키라[末田晃]가 주재했으며, 경성제대 예과 교수인 나고시 나카지로[名越那珂次郎]가 기고한 글도 있어서 두 사람이 가까운 교류권이었던 것을 알 수 있다. 확인 할 수 있는 『히사기』 현존본이 많지 않아 전체적인 단카 경향을 단언하기는 어렵지만 『만요슈』의 가인과 단카를 높이 평가하는 평론이 많이 수록된 경향을 지적할 수 있다.

『시라기누』는 한자가 '신라야(新羅野)'로 향가로 유명한 한반도의 옛

국명 신라를 선택하고 있다. 신라는 일본식으로 읽으면 '시라기'이며, '野'는 일반적으로 '노(の)'라고 읽지만 이를 '누(ぬ)'로 바꾸어 '시라기누' 즉 조선인의 흰옷 '白衣'라는 발음과 겹치게 하는 효과를 노렸다. 잡지의 이름이 신라와 조선의 흰옷을 드러낸 것이니 조선의 고유색을 드러내고자 한 의도는 명백히 드러나는 셈이다. 『시라기누』 역시 현존본이 많이 남아있지 않은 것이 아쉬운데, 회원들의 소식지와 같은 성격의 난을 온돌방에 둘러앉아 같이 먹는 조선 고유의 음식 「신선로(神仙爐)」라고 명명하고, 현존본을 보는 한 조선의 지명을 곳곳에 읊으며 그 방문의 감흥 등을 읊은 서경적 단카가 많은 것으로 보아 한반도의 단카를 표방하려는 의식을 가졌던 것으로 보인다.

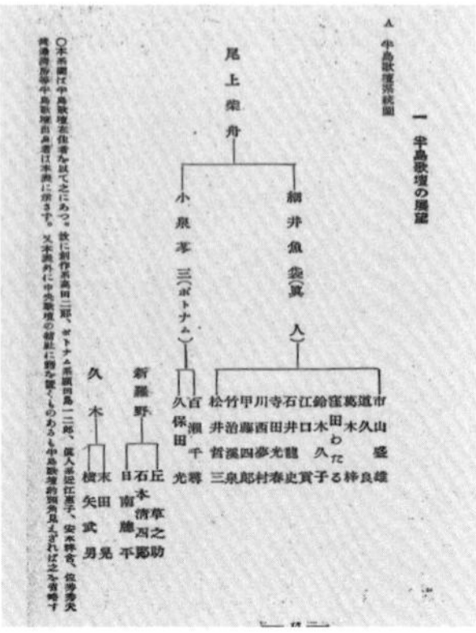
『진인』10주년 기념호에서 보여주는 한반도의 단카 계통도

이 네 계통 외에도 또한 앞서 잠시 살펴본 『가림』처럼 신단카라는 구어 자유율의 유파도 존재하고 있었으므로 1930년대에는 상당히 다양한 한반도의 단카 문단 상황이 전개되었다고 할 수 있다. 각 단카 잡지에 기반을 둔 재조일본인, 그리고 조선인 가인들의 단카 특색을 면밀하게 분석하여 그 개성을 찾아내는 것도 향후 기대되는 성과라 하겠다.

5강 키워드

『버드나무[ボトナム]』, 고이즈미 도조[小泉苳三], 『진인(眞人)』, 호소이 교타이[細井魚袋], 이치야마 모리오[市山盛雄], 「조선 민요의 연구[朝鮮民謠の研究]」, 「조선의 자연[朝鮮の自然]」, 손진태, 향토, 김정록, 김석후

6강

경성의 잡지 『센류 삼매〔川柳三昧〕』의 세계

1. 『센류 삼매』란 어떠한 잡지인가

센류[川柳]는 18세기 중반부터 성행한 일본의 단시형 장르로, 하이쿠와 같은 5·7·5 세 구의 열일곱 글자 정형을 기본으로 하는 것이 공통점이고, 계절감을 담은 계어가 있어야 할 필요는 없으며, 기본적으로 통속적 구어나 언어유희를 기반으로 인사(人事)를 노래하는 시가 문학이다. 근대의 센류에 대해 간략히 정리하면 20세기에 들어서 앞서 언급했던 이노우에 겐카보와 사카이 구라키[阪井久良伎, 1869~1945][113]에 의해 일본 근대 센류는 중흥을 이루게 되었다. 사카이 구라키는 센류 혁신 운동을 전개하며 10개 이상의 필명을 사용하여 센류뿐 아니라 한시나 와카, 수필 등에서 전방위 활약을 했으며, 1910년대까지 『사자머리[獅子頭]』, 『센류문학[川柳文学]』 등의 센류 전문 잡지를 주재하며 센류 연구와 신인 작가 배출에 크게 공헌했다. 이들의 노력으로 센류는 취미나 오락성으로 기울었던 성격에서 비약적인 발전과 변화를 거쳐 신(新)센류로 거듭나게 되었다. 이처럼 메이지 후반에 일본에서 일어난 신센류 유행은 1910년 이후 조선을 비롯한 '외지'로 파급되었고, 주지하듯 조선에서는 1922년 『조선 센류』가 집대성되기에 이르렀다.

일제강점기 한반도에서 향유된 일본 전통시가와 관련하여 단카와 하이쿠 분야는 연구가 진행되어 그 전체상이 어느 정도 드러났지만,

---

113 東野大八(2004), 『川柳の群像—明治·大正·昭和の川柳作家100人』, 集英社, pp.169~171.

그에 비해 조선의 센류에 대해서는 한국에서도 일본에서도 별로 연구가 진척되지 않았다. 일본에서는 센류 연구의 경향은 센류의 세계화에 맞추어 센류가 영어로 번역된 것에 관한 접근이 있었고,[114] 통속성과 대중성에 묻힌 센류의 문학성을 재발견하고자 하는 특집이 몇 차례 시도된 것이 특기할 만하다.[115]

센류라고 하면 「서」에서도 잠시 언급한 '샐러리맨 센류[サラリーマン川柳]'를 빼놓을 수 없는데, '샐러리맨 센류'는 헤이세이[平成]에 들어선 이후 큰 인기를 구가한 일종의 일반인 센류 콩쿠르 대회를 일컫는다. 경기가 좋은가 나쁜가, 혹은 시대의 유행어 등이 적절히 사용된 현실 장면 등을 샐러리맨, 즉 일반 월급쟁이의 시선을 통해 유머와 풍자를 어울러 읊어낸 어마어마한 수의 센류가 매년 모집과 선고를 통해 선발된다. '샐러리맨 센류' 붐에서 알 수 있는 것처럼 센류가 가진 문학적 개성, 요컨대 현실반영과 세계적 보편성, 그리고 대중문학으로서의 공과(功過)가 주목되는 바다. 그러나 바로 그 현실성과 대중성이라는 성격 때문에 문학 연구 방면에서는 적극적으로 논해진 경우가 매우 드물다.

이러한 경향은 한국에서도 마찬가지라 2000년 이후 일부 논고를 통

---

114 速川和男(1971),「英訳川柳」『現代英米研究』6輯, 現代英米研究会, pp.34～39. 撫尾清明(1972)「短歌と川柳-英訳に関する一短編」『佐賀龍谷短期大学紀要』22輯, 佐賀龍谷短期大学, pp.65～71.撫尾清明・藤能成・牧山敏浩(1996)「川柳の国際化」『佐賀龍谷短期大学紀要』42輯, 九州龍谷学会, pp.61～77.

115 대표적 특집호로서 學燈社編(2007),『国文学解釈と教材の研究』9号(特集川柳ー狂歌・狂句・雑俳), 學燈社, pp.1～143. 川柳学会事務局編(2007),『川柳学』Vol.3(川柳の国際化), 新葉館出版, pp.2～18. 등을 들 수 있다.

해 센류가 다루어졌지만,[116] 한국 사설시조에 초점이 맞추어져 있거나 하이쿠를 중심에 놓고 상대적으로 비교하는 대상으로만 센류를 취급하고 있는 정도이다.

이번 장에서는 시정(市井)문학, 혹은 대중시를 표방한 센류가 1920년대 후반 식민지 '조선'의 현실을 어떻게 그려내고 특징이 어떠한지, 경성에서 간행된 센류 전문 잡지 『센류 삼매』를 통해 본격적으로 살펴보려 한다.

잘 알려지지 않은 사실이지만 1920년대는 일본은 말할 것도 없고 '외지'인 한반도에서도 전역에 센류 문학결사가 만들어졌고, 센류가 왕성하게 창작되고 향수된 시기였다. 그런데 센류 창작과 향수가 활발했던 것에 비해 센류 전문 잡지는 단카, 하이쿠에 비해 오래 유지된 사례가 극히 드물었다. 그 정황은 '외지' 센류 잡지들에 대해 붙여진 '삼호잡지(三號雜誌)', 즉 세 호 정도 유지되고 마는 잡지라는 불명예스러운 별칭에서 잘 알 수 있다. 예를 들어 1920년 10월 창간된 경성의 센류 잡지 『남대문(南大門)』은 1921년 12월에 8호로 종간되었고, 잡지 『신선로(神仙爐)』는 1922년 9월에 5호를 끝으로 휴간에 들어갔으며, 1922년 10월 창간된 『계림 센류(鷄林川柳)』는 12월의 3호에서 종간되었고, 1923년 4월 창간된 『메야나기[芽やなぎ]』는 1924년 3월 9호로 폐간되는 식이었다.[117]

---

116 신은경(2004) 「18·19세기 한·일 市井文學 비교: 사설시조와 센류(川柳)를 중심으로」『한국언어문학』 제52집, 한국언어문학회, pp.191~219. 박소현(2003) 「하이쿠(俳句)의 본질과 예술성에 대한 고찰—센류(川柳)와 하이쿠의 비교를 통하여—」『일본학보』57집, 한국일본학회, pp.407~419.

117 横山巷頭子(1928), 「南無山房雑筆」『川柳三昧』13号, 南山吟社, pp.15~18.

위의 예는 주로 경인(京仁) 지역의 센류 잡지에 관한 것인데, 1925년 6월에 평양에서 창간된 잡지 『센류쓰즈미[川柳鼓]』를 조금 참고하고자 한다. 『센류쓰즈미』는 창간호만 현존하는데 기록에는 1929년 4월까지 46호나 간행되고 종간[118]한 평양 센류의 중심 잡지였던 모양이다. 그 창간호에도 "반도의 센류 잡지는 수명이 짧다[半島の柳誌の持命が短い]"[119]는 지적이 있으므로 이러한 상황이 바로 1920년대 중반 이전까지 한반도 전역에서 센류 잡지가 처한 현실이었음을 알 수 있다.

川柳 鼓 創刊號

發刊について

祝吟

1925년 평양에서 간행된 『센류쓰즈미』창간호

그것을 감안하면 1927년 4월 경성에서 창간되어 1930년 12월의 통권 제45호까지 확인되는 『센류 삼매』는 한반도 센류를 대표하는 잡지라 해도 과언이 아닐 것이다. 1930년 4월 기념특집호의 「알림」란에는 『센류 삼매』가 너무 발전하여 업무가 증가하는 바람에 편집인 겸 발행인이 한 명이었던 것을 투고, 잡지구독, 편집으로 업무를 분장하여 세 명의 간사를 두게 되었다는 기사를 그대로 신뢰한다면 『센류 삼매』의 투고층 및 독자층이 확대된 것으로 보인다. 또한 현존본 마지막 호로 확인되는 1930년 12월호에도 신년의 센류 모집이 제시되어 있고 특별한 변동사항이 보이지 않으므로 1931년 이후에도 속간되었을지 모른

118 巷頭子(1929), 「南無山房雑記」 『川柳三昧』26号, p.55.

119 大島涛明(1925), 「『鼓』に望む」 『川柳鼓』 平壌:つゞみ川柳社, p.5.

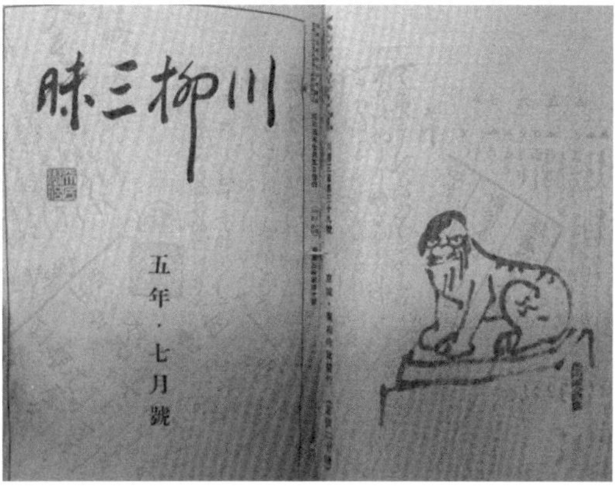

1920년대 후반 유력자 동인 〈남산음사〉가 간행한 잡지 『센류 삼매』

다. 어쨌든 간행 기간은 물론이고 잡지의 내용 구성과 충실도는 일본의 센류 문단에서도 주목할 정도였던 듯 『센류 삼매』는 스스로 "내지에서 간행되는 많은 센류 잡지를 능가한다고 해도 과언이 아니다[内地から刊行される幾多の柳誌を凌駕すると云つても過言でない]"[120]라고 자평했다.

『센류 삼매』의 발행 주체는 경성의 〈남산음사(南山吟社)〉라는 단체였고, 그들은 『센류 삼매』가 월간 센류 연구 잡지임을 표방했다. 편집인 겸 발행인은 요코야마 고토시[横山巷頭子]였는데 그는 이전에 『남대문』부터 『메야나기』까지 경인 지역 센류 잡지에 관여하며 편집 경험을 쌓아왔다.[121] 또 요코야마는 당시 최대의 일본어 종합잡지였던 『조선공론(朝鮮公論)』「류단(柳壇)」 편집자이기도 했으므로, 센류 편집자로서는 일인자로 꼽혔던 듯하며 '다이나곤[大納言]', '고토시', '나무산(=남산)방[南無山房]', '삼매당(三昧堂)' 등의 별호를 사용했다. 『센류 삼매』 표지화는

120 横山巷頭子(1928), 위의 글(「南無山房雑筆」), p.15.

121 横山巷頭子(1930), 「三昧編輯余談」『川柳三昧』36號, p.12.

'조선 도자기의 신'으로 일컬어지는 아사카와 노리타카[浅川伯教, 1884~1964]가 담당했다. 전통시가의 표지나 장정을 담당한 아사카와 노리타카에 관해서는 별도의 단행본 『조선의 미를 찾다—아사카와 노리타카 재조명—』[122]이 있으므로 참조가 될 것이다.

아사카와 노리타카와 그에 관한 단행본 『조선의 미를 찾다』

창간 당시에는 발행부수는 200부였는데 1년 후에는 400부로 증쇄했고, 창간호는 처음에 17쪽이었던 것이 2년 만에 50쪽을 넘게 된 것[123]에서 『센류 삼매』가 양적으로 어떻게 성장했는지 알 수 있다.

잡지의 구성을 보면 역시 센류 잡지였던 만큼 센류 구(句)를 위한 난이 많이 마련되어 있어서 각 호의 「잡영(雜詠)」, 제목이 미리 주어진 센류를 선별하여 실은 「제영(題詠)」, 〈남산음사〉 주요 멤버들의 센류만 따로 모은 「센류삼매초[川柳三昧鈔]」, 〈남산음사〉와 모종의 관계를 갖는 크고 작은 센류회에서 제출된 작품들이 매호 헤아릴 수 없이 많이 실려 있다. 전월호(前月號)에 수록된 센류평(評)은 센류를 뽑은 선자(選者) 이외의 제삼자가 논하고 있어서 보다 객관적 평가를 시도하고 있

---

122 정병호·엄인경(2018), 『조선의 미를 찾다—아사카와 노리타카 재조명—』, 아연출판부. 특히 아사카와 노리타카와 일본 고전시가, 그리고 백자의 관련성은 이 책의 4,5,6장 참조.

123 三昧堂(1928), 「さんまい雑記」 『川柳三昧』11號, p.37. 矢田冷刀(1929), 「二ヶ年を振返る」 『川柳三昧』25號, p.53.

고, 〈남산음사〉 동인들끼리 서로의 작품을 뽑는 호선(互選), 대가(大家)의 평가 등 수록 센류를 향한 다양하고 신랄한 의견을 많이 제시하고 있다. 또 두세 달 정도 앞선 「제영」의 모집 공고에는 구제(句題)와 함께 해당 선자(選者)도 미리 제시되어 있어서, 모집과 선고 및 편집에서 출간 과정이 상당히 체계적이었던 것을 알 수 있다.

『센류 삼매』의 「잡영」난, 「제영」난에 센류를 투고하는 사람들은 경성, 인천만이 아니라 평양, 겸이포와 같은 북서선(北西鮮) 지역, 더 멀리 봉천(奉天) 등의 '만주', 도쿄, 오사카, 마쓰에[松江] 등 일본에까지 광범위에 분포되어 있다. 평양의 『센류쓰즈미』 창간호에도 한반도, 일본, '만주' 지역에서 센류가 투고되고 있고, 『센류 삼매』의 판매처가 한반도와 '만주'의 서적 유통을 매개한 오사카야고[大阪屋号], 경성의 일한서방(日韓書房), 도쿄의 교쿠신도[玉森堂], 오사카의 메이분도[明文堂]인 것에서도 일본, 한반도, '만주' 지역까지 센류 네트워크가 연계되었던 사실을 뒷받침해 준다.

『센류 잡지』의 조선 내 소통 권역에 관해서는 『센류 삼매』의 독후감이나 새로운 센류작품에 관한 내용을 다룬 기고문에서 알 수 있는데, 『조선급만주(朝鮮及滿州)』의 도키오 도호[釋尾東邦]나 『조선신문(朝鮮新聞)』의 마쓰모토 데루카[松本輝華], 『진인』의 이치야마 모리오 등의 감상도 수록되어 있으므로 이 잡지가 경성 재조일본인 지식층에 널리 읽힌 정황이 포착되며, 경성의 문예계뿐 아니라 잡지계, 신문계와도 횡적으로 소통한 것을 증명한다.

센류 작품 외에도 『센류 삼매』에는 동인과 외부 명사들의 센류론, 수필, 기행, 조선 풍속 관련 기사, 짧은 콩트 등이 실려 있어 다채로운

잡지 구성을 보인다. 그 밖에도 가십(Gossip)란이 마련되어 있거나 「회보」, 「촌평」과 더불어 〈남산음사〉의 「예회(例會)」 안내, 〈경성센류사〉, 〈도미차[鯛茶]센류사〉, 〈와카나[若菜]센류회〉, 〈수세미[へちま]센류회〉, 〈춘천(春川)센류회〉, 〈겸이포 하나카쓰라[華かつら]센류회〉, 〈인천센류사〉, 〈마산센류회〉 등 한반도 전역의 다양한 센류 구회의 활동도 상술하고 있다. 아울러 오사카의 『반가사[番傘]』나 도쿄의 『센류인[川柳人]』, 『센류 기야리[川柳きやり]』 등 지금까지도 간행되는 일본의 대표적 센류 잡지에 대해서도 당시 실시간으로 소개했는데, 그것은 『센류 삼매』가 일본과 '만주'의 센류계 동향과 활동도 시야에 넣으면서 조선 센류를 대표하고자 한 노력과 다름없다.

잡지 후반부 「센류왕래[川柳往来]」에는 〈남산음사〉 회원들의 소식과 동정을 싣고 있으며 잡지의 말미에는 편집후기가 「삼매 잡기」, 「삼매 후기」, 「나무산방 잡기(南無山房雜記)」 등으로 이름을 바꾸며 삼매당(三昧堂) 요코야마에 의해 기술되어 있다.

이처럼 충실한 구성과 내실을 갖추었던 경성의 잡지 『센류 삼매』는 곤도 아멘보[近藤飴ン坊, 1877~1933]나 가와카미 산타로[川上三太郎, 1891~1968] 등 일본 센류계 대가들의 글도 꾸준히 수록했고 『센류 삼매』의 센류도 일본의 센류 서적에 상당수 선발되는 등 일본으로부터도 인정을 받았다.[124] 또한 대련을 거점으로 만주 지역 센류계에 군림하며 대련센류회를 이끌고 나중에 동아센류연맹(東亞川柳連盟)의 회장

124 近藤飴ン坊(1928), 「異性への川柳眼」 『川柳三昧』12号, p.26. 巷頭子(1929), 「南無三方雑記」 『川柳三昧』28号, p.61.

이 되는 오시마 도메이[大島濤明, 1890~1970][125] 역시 『센류 삼매』에 빈번히 비평기사를 기고했다. 이처럼 『센류 삼매』는 한반도와 일본, '만주' 지역까지 센류 문단을 연계했고, 〈남산음사〉 동인들은 경박하고 통속적인 센류 장르의 이미지를 불식시키고자 '대중시' 혹은 '시 예술'로서의 센류론을 활발히 강조했다.

2. 〈남산음사(南山吟社)〉의 주요 인물과 센류 경향

이제 『센류 삼매』의 발행주체인 〈남산음사〉의 동인들의 면면을 구체적으로 살펴보자. 「예회와 촌평」에 꾸준히 참가하는 사람들로 와다 덴민시[和田天民子], 이마무라 라엔[今村螺炎], 구보타 덴난[久保田天南], 요코야마 고토시, 쓰무라 효지로[津郁瓢二楼] 다카노 쇼토[高野宵燈], 데라다 신텐시[寺田沈澱子], 아라키 슈치쿠[荒木吹竹], 하시모토 곤야[橋本言也] 등 대략 15명 내외의 인물들을 그 주요 인물로 볼 수 있을 것이다.

〈남산음사〉의 리더는 와다 덴민시였는데, 그의 본명은 와다 이치로[和田一郎]로 1906년 도쿄제국대학 법과를 졸업하고 오쿠라쇼[大藏省]의 관리를 역임하다 1910년 이후 한반도로 오게 되었다. 와다는 탁지부(度支部) 이재과장, 철도과장을 거쳐 1922년 재무국장으로 승진했으며, 1923년에는 법학박사가 되었다. 관료의 지위를 떠나 1924년부터는 조선상업은행의 총재(頭取)가 되었는데,[126] 『센류 삼매』 1929년 8월

125 東野大八(2004), 앞의 책(『川柳の群像』), pp.70～72.

126 藤沢論天(1926), 『半島 管財人物評論』 大陸民友社, p.16.

호의 광고란에 "조선상업은행 총재 와다 이치로, 부총재 박영철(朴榮喆)"이 명시된 것으로 보아 조선상업은행 총재 자리에 있으면서 〈남산음사〉 활동을 이끌었던 것을 알 수 있다.

와다 덴민시의 1920년 저술 『조선의 향기』 중 구보타 덴난의 그림

와다는 1921년 『조선의 향기[朝鮮の匂ひ]』라는 책을 집필한 적이 있는데, 이 책의 그림을 구보타 덴난이 그려주었으므로 두 사람은 일찍부터 문필 교류를 함께 한 사이였음을 알 수 있다. 와다는 센류 창작은 물론이고 센류 선정과 평가뿐 아니라 「조선의 가사[朝鮮の歌詞]」라는 난을 통해 조선의 가사문학 작품을 일본어로 번역하여 여러 번 소개 및 설명을 하고 있던 것으로 보아, 조선의 고전 문학에 대한 관심이 상당했던 것을 알 수 있다. 그는 센류론도 적극적으로 제시하면서 이론과 실작으로 〈남산음사〉를 리드했으며, 1930년대에 일본으로 귀국한 후에도 일본에서 출판 활동을 지속한 것이 확인된다.

다음은 이마무라 라엔인데, 본명은 이마무라 도모[今村鞆]로 조선의 경찰간부였다가 조선민속학 연구자가 되어 수필, 하이쿠, 조선 관련 연구서 등을 여러 권 출간하며 재조일본인의 대표적 문인으로 꼽히게 되는 인물이다. 『센류 삼매』가 간행될 1920년대 후반 당시에는 경성방송국(JODK) 이사이기도 했으며,[127] 『센류 삼매』에서는 선자로서 활동

127 K・T・S(1930),「放送実記」『川柳三昧』5月號, p.22.

하기도 했지만 점차 센류 창작보다는 잡지 내의 산문 기고와 그 내용이 더욱 눈에 띄게 된다. 『센류 잡지』 안에서도 이마무라의 대저(大著) 『역사민속 조선만담(歷史民俗 朝鮮漫談)』이 〈남산음사〉출판부를 통해 간행된 저작임을 수차례 광고하고 있다. 이마무라에 관해서는 다음 절에서 더욱 상세히 다루기로 하고, 이마무라와 「법률 센류[法律川柳]」를 집필한 미야자키 간센시[宮崎寒扇子], 쓰무라 효지로[津郵瓢二樓] 등은 하이쿠도 창작했으므로 1920년대 후반 한반도에서 센류와 하이쿠의 공통항이 되는 인물들로 부기해 둔다.

와다 덴민시는 센류가 "인정의 미묘"한 맛과 "사회의 실상"[128]을 예리하게 드러내는 대중문학이라고 했다.

① 달이 뜬 밤이 잠자기에 아깝네 캠핑이니까.

[月の夜を寐るには惜しいキヤンピング]

② 윈도우에다 이마를 박고서는 혼자서 웃네.

[ウヰンドで額を打つて一人笑み]

③ 에이 비이 씨 정도는 알아보는 웨이트리스.

[ABC位はわかるウエトレス]

④ 마네킹이라 어울리는 거라는 여인들 무리.

[マネキンだから似合ふと女連れ]

⑤ 발을 밟혀도 '아, 실례'로 끝나는 러시아워 때.

[踏まれても失礼ですむラツシユアワー]

128 和田天民子(1928), 「巻頭言」『川柳三昧』10號, p.1.

⑥ 기생에게도 김치를 먹었다는 냄새가 나네.

[妓生もキミチを喰べた匂ひなり]

⑦ 웨이트리스 하카마 입은 손님 상대도 않네.

[ウエトレス袴の客へとり合はず]

⑧ 여급이 이미 돈이 없다는 것을 알고 있구나.

[女給もう金のないのを知つてゐる]

⑨ 대신 써 달라 부탁하는 하녀는 비웃음 사네.

[代筆を頼む女中はからかはれ][129]

『센류 삼매』의 센류는 ①~⑤처럼 가타카나 표기로 외래어를 다용하거나 ⑥~⑨처럼 기생, 여급(女給)이나 웨이트리스, 하녀 등 직업여성에 대한 구가 눈에 많이 띄어, 당시 일본에서 유행한 쇼와[昭和] 초기의 모더니즘 소재나 특징이 거의 동시대적으로 드러난다. 그 때문에 조선에서의 생활감이나 풍토, 풍속 등 조선의 로컬 컬러가 드러나는 구는 상대적으로 부족한 감이 있다. 이러한 문제는 『조선신문』의 마쓰모토 데루카가 『센류 삼매』에 대한 독후감에서 "역시 로컬 컬러는 있었으면 합니다"라고 하거나 "거기에 로컬 컬러가 배어나오는 것은 너무도 당연한 소산이어야 한다. 아니면 조선의 센류는 결국 발달하지 않

129 ①②는 誌友(1928), 「川柳雑詠」 『川柳三昧』11号, p.9, p.10. ③은 誌友(1928) 「川柳雑詠」 『川柳三昧』12号, p.15. ④는 諸家(1930) 「川柳雑詠」 『川柳三昧』35号, p.7. ⑤는 諸家(1930) 「川柳雑詠」 『川柳三昧』37号, p.13. ⑥은 南山吟社(1928) 「会報と寸評」 『川柳三昧』10号, p.26. ⑦⑧은 三昧誌友(1928) 「川柳雑詠」 『川柳三昧』11号, p.9, p.13. ⑨는 諸家(1930) 「川柳雑詠」 『川柳三昧』37号, p.2.

는다"[130]고 한 의견에서도 지적되고 있다.

그런데 그것이 센류 창작의 실천에 잘 반영되지는 못한 듯하다. 『센류 삼매』에서 개진되는 센류 이론에 해당하는 글은 상당히 많지만 '내지'의 센류 명사들의 담론을 다시 수록한 것이고, 〈남산음사〉 동인들은 센류의 문학성에 관해 아래와 같은 일반적 주장을 하는 데에 불과하기 때문이다.

> ① 센류가 대중시라고 해서 시정의 하찮은 농담과 마찬가지라는 의미가 아닙니다. 진보된 시대에는 진보된 인사(人事)와 그 밖의 것을 대상으로 삼는 게 대중적인 것입니다.
>
> ② 센류는 시입니다. 따라서 열일곱 음절 글자를 늘어놓기만 하고 시로서 수긍하기 어려운 것은 센류가 아닙니다. 센류는 시지만, 센류 시로서의 특이한 존재임을 드러내는 특별한 태도가 필요합니다.
>
> ③ 센류를 사랑하는 마음! 그것은 위트와 유머 없이는 안 되는 근대인을 상징하는 스케일 중에서도 손꼽히는 첫째 조건으로 삼고 싶다.
>
> ④ 우리는 대중시로서의 센류를 더욱 더 대중 속으로 밀고 들어가야 한다. 대중과 동화시키고 결합시켜야 한다. 그러기 위해서는 어려운 논의나 센류의 향상을 부르짖기만 해서는 안 된다. 요컨대 그 시대 그 사상과 정확히 화합하는 센류, 대중에게 영합하는 구를 보다 많이 낳는 것이라 믿는다.[131]

130 각각 松本輝華(1928), 「三昧と川柳と」 『川柳三昧』10号, p.19. 竹馬居主人(1928) 「五月号等から」 『川柳三昧』27号, p.28.

131 ①은 和田天民子(1928), 「漫言」 『川柳三昧』20号, p.11. ②는 和田天民子(1929) 「僕の川柳

〈남산음사〉의 리더이면서 가장 센류 이론에 대해 많은 의견을 개전한 와다는 '내지'의 센류계의 동향을 항상 신경 썼고, 센류의 시로서의 가치, 센류 작가의 태도, 센류와 대중성[132] 등에 관해 이야기했다. 하지만 위의 ①②에서 보듯 와다나 ③④의 데라다와 같은 유력 동인의 센류론은 일본에서 주창되는 논리와 크게 다르지 않고, 조선의 재조일본인 대중이나 조선의 특수성, 조선의 현실에 부합하는 특유의 센류론을 만들어내지는 못했다.

① 십년의 지기 그게 마지막으로 퇴사를 했네.

[十年の知己それぎりの退社なり]

② 중역이 가진 공허한 마음속이 그대로 보여.

[重役のうつろな心見へ透いて]

③ 같은 고향의 친했던 친구에게 돈 꾸러 오다.

[同郷のよしみに金の事で来る][133]

그러한 경향이 반영된 듯 「잡영」이나 「삼매초」와 같이 『센류 삼매』의 대표적인 센류를 제시하는 데에서는 위의 예처럼 일본 센류와 크게 구분되지 않는, 다시 말해 어디에서 지어진 센류라고 해도 상관없을

観」『川柳三昧』23号, p.8. ③은 寺田五柳子(1930) 「川柳礼讃」『川柳三昧』34号, p.23. ④는 寺田五柳子(1930) 「雑詠の回顧」『川柳三昧』37号, p.50.

132 和田天民子(1929), 「柳界即事」『川柳三昧』28号, pp.10～12. 和田天民子(1930) 「柳界偶話」『川柳三昧』30号, pp.12～16. 등에서 센류의 특징과 사회적 진출, 당파성 없는 센류 등에 관한 일반적 센류론이 역설된다.

133 諸家(1929), 「川柳雑詠」『川柳三昧』30号, p.8.

구가 대부분이다.

그런데 이러한 전체적인 흐름 속에서도 『센류 삼매』 안에서 조선어를 '외래어'로서 표기하여 적극적으로 구 안에 사용하고, 조선과 조선인, 조선 풍물을 그려내면서 이채를 띤 것이 바로 〈남산음사〉 동인의 월례회 내의 일부 센류다. 월례회에서 지은 일군의 센류가 소재와 내용의 테마로 삼은 '조선적인 것'에 관심이 가는데, 이러한 조선적인 것을 센류로 읊으면서 그들이 조선의 어떠한 측면을 포착하고 있는지 생각해 볼 거리다.

〈남산음사〉 동인들은 월례회에서는 미리 제시된 몇 개의 겸제(兼題)에 맞추어 센류를 제출했다. 월례회의 첫 번째 제목은 조선의 생활상이나 눈에 보이는 현실에서 두드러진 조선적 풍물이 내세워졌으며, 이는 말할 것도 없이 조선색을 드러내기 위함이었다. 구제에 따라 회원들이 창작 센류를 제출했는데, 한 가지 조선적 풍물이나 소재를 둘러싼 회원들 각자의 관찰과 해석이 드러나는 점이 재미있다. 월례회의 조선적 겸제를 정리하면 다음과 같다.

호	제재	표기	호	제재	표기	호	제재	표기
10	김치	キミチ, キムチ, 沈菜	19	성벽	城壁	28	주머니	嚢巾, チユモニー
11	좋은날	チョウンナリ, チョムナリ	20	토시	吐手	29	물장사	水商人, ムルチヤンサア
12	바가지	パカチ	21	안방	內房	30	엿장사	飴売, ヨツチヤンサー
13	방립	喪笠, パンニツツ	22	인삼	人蔘	31	아이고	哀號
14	빈대	ピンデ, 南京蟲	23	투전놀이	投錢戲	32	장날	市日, チヤンナリ

15	갓	イブチヤ, 笠子, カツ	24	복덕방	福德房	33	조선풍물	朝鮮風物雑詠
16	의생	醫生	25	어머니	オモニー	34	월례회 개최되지 않음	
17	장구	長鼓	26	토막	土幕	35	조선명승	朝鮮名所詠込
18	나막신	木鞋, ナムクシン, ナマクシン	27	신선로	神仙爐	36	경성명소	京城名所詠込

표를 통해 알 수 있듯 '갓', '나막신', '토시', '주머니' 등의 조선 특유의 의복과 장신구 등에 관한 소재, '김치', '신선로', '인삼'과 같이 조선 고유의 식문화와 관련된 소재, '안방'이나 '토막'과 같은 조선 독특의 주거 양식과 관련된 소재들이 먼저 눈에 띈다. 다시 말해 사람 생활에서 기본요소가 되는 조선의 의식주(衣食住) 중에서 특이한 제재를 선택하는 경우가 가장 많다. 그 밖에 길일(吉日)을 의미하는 '좋은 날'이나 '방립(方笠=방갓)', 곡을 하는 소리인 '아이고[哀号]'처럼 조선의 관혼상제(冠婚喪祭) 풍습에서 가지고 온 소재도 있고, '어머니'나 '엿장수', '물장수', '복덕방' '의생' 등 조선에만 있는 특별한 사람을 지정한 경우도 보인다. 참고로 의생(醫生)은 민족항일기의 의료인을 일컫는데, 당시 의료시책은 서양의학제를 따랐지만 의사가 크게 부족하고 단기로 양성할 수도 없어서 의사를 확보할 때까지 준의사격으로 만든 것이 의생 제도였다. 1913년 2월 총독부령으로 「의생규칙(醫生規則)」이 공포되었는데, 의생의 자격은 20세 이상의 조선인이었으며 한국에서 2년 이상 의업에 종사한 자에 한했다. 일정 수속을 마치면 의생면허를 교부받았는데,[134]

134 한중연(2013), 『한국민족문화대백과』(http://encykorea.aks.ac.kr/Contents/Index).

의생은 당시 서민 의료에 공헌했다고 볼 수 있다.

이때 눈여겨 볼 것은 이처럼 다양한 조선 특유의 제재를 조선어 고유명사 그대로 표기하여 사용하면서, 조선의 구어(口語)나 고유명사가 센류에 반영되어 일본어와 조선어가 혼효(混淆)되는 현상이다. 조선에서의 일상적인 의식주, 특별한 조선의 풍속, 풍물과 같은 제재를 취한 〈남산음사〉의 월례회는 소재의 숫자상 제한적이었다고는 해도 일본인 독자들에게 조선에 관한 정보를 제공하고 조선 센류만의 특색을 꾀했다는 점에서 아주 중요하다.

그러면 〈남산음사〉의 월례회에서는 이러한 조선적 소재를 사용하여 어떠한 센류를 만들어냈을까? 그리고 조선의 의식주, 인사, 풍물을 소재로 무엇을 어떻게 형상화했을까?

① 김치도 친숙해져 출장도 힘들지 않아.

[キミチにもなれて出張苦にならず]

② 막걸리에도 익숙하고 김치는 일도 아니지.

[マツカリ(濁酒)に馴れてキミチを事とせず]

③ 삼 년간 상이 너무 길기도 하다 두꺼운 방립.

[三年の喪が長すぎる太い笠]

④ 자식의 효심 머리에 씀으로써 보이는 방립.

[孝心を頭に見せてパンニツツ]

⑤ 아라랑 노래 흘러나온 입에서 김치 냄새나.

[アララン(唄)の口からキミチ匂ふなり]

⑥ 빈대로부터 마치 쫓겨나듯 집을 이사해.

[ピンデから追はれる様に家を越し]

⑦ 고무신 옆에 진열되어 팔리지 않는 나막신.

[ゴム靴とならべて売れぬナムクシン]

⑧ 녹초가 되어 토막에 돌아오는 지게꾼 무리.

[草臥れて土幕へ帰るチゲの群れ]

⑨ 내지 말까지 섞어가며 엿장사 아부도 잘해.

[内地語も混ぜて飴売の世辞に長け]

⑩ '사려'라고도 말하지 않고 가위 소리만 내네.

[サリオとも云はず鋏の音を立て]

⑪ 나도 모르게 '아이고'가 나오는 일본어로다.

[うつかりと哀号が出る日本語][135]

조선의 의식주를 다루는 센류에서는 익숙해지거나, 반대로 아무리 지나도 익숙해지지가 않는다는 동화의 과정을 노래하는 경우가 많이 보인다. ①②처럼 조선에 거주하는 일본인이 김치나 막걸리 같은 조선 음식에 친숙해져가는 단면이 드러나는 부분과 또한 관혼상제가 소재인 센류에서는 ③④처럼 조선인에게 두드러져 보이는 효도, 효심의 표출방식을 생소하지만 긍정적으로 바라보는 시선이 특기할 만하다. 한편 ⑤⑥⑦⑧과 같이 조선적인 것의 불결함이나 불편한 측면, 고무신 옆

135 ①②⑤는 南山吟社(1928), 「会報と寸評」『川柳三昧』10号, p.26. ③④는 南山吟社(1928), 「南山吟社三月例會」『川柳三昧』13号, p.62. ⑥은 南山吟社(1928), 「南山吟社四月例會」『川柳三昧』14号, p.40. ⑦은 南山吟社(1928), 「南山吟社八月例會」『川柳三昧』18号, p.31. ⑧은 南山吟社(1929), 「南山吟社四月例會」『川柳三昧』26号, p.43. ⑨⑩은 南山吟社(1929), 「南山吟社八月例會」『川柳三昧』30号, p.49. ⑪은 南山吟社(1929), 「南山吟社九月例會」『川柳三昧』31号, p.42.

의 안 팔리는 나막신 같은 구시대성을 드러내어 낙후된 조선의 측면을 내려다 보는 식의 시선도 느낄 수 있다. 또 ⑨⑩⑪의 예에서 일본말을 할 줄 아는 엿장수나 저도 모르게 '아이고'를 일본어에 섞어 말하는 일본인처럼 조선어, 일본어가 서로 혼용된 조선의 현실적 언어생활의 실감을 표현하는 점에서 식민지의 문화적, 언어적 혼종성이 여실히 드러난다.

비록 제한된 코너에서 일정한 동인들 사이에서만 이루어지기는 했어도, 〈남산음사〉의 월례회가 이처럼 조선적 소재를 일부러 제시한 이유는 다음에서 알 수 있다.

> ① 종래의 센류 잡지는 첫째, 조선이라는 특수한 입장에서 발행되고 있으면서도 조선의 모습이 없다는 것. …… 그것이 오늘날의 『센류 삼매』를 보니, 첫째로 조선의 모습을 드러내고 있다.
> ② 『센류 삼매』는 내지와 조선에 모두 배본되고 있다. 내지의 애독자들에게 다대한 흥미를 줄 수 있는 까닭은 오로지 조선적 냄새를 풍기는 것으로, 아니라면 경성에 발행소를 둘 의미가 없다.[136]

위의 인용문을 통해 『조선 센류』에 강력하게 요구된 것이 "조선이라는 특수한 입장"을 보여줄 "조선의 모습", "내지의 애독자들에게 다대한 흥미"를 줄 수 있는 것은 "조선적 냄새"가 가득한 센류라는 것을 알 수 있다. 일본인들이 조선적인 센류에 요청하는 바에 부합하고자 『센

---

136 각각 矢田冷刀(1929), 앞의 글(「二ヶ年を振返る」), p.58. 蛭子生(1929) 「臍先生の旧著『朝鮮の匂ひ』」『川柳三昧』28号, p.17.

류 삼매』에서 마련된 유일한 코너는 바로 위의 표에서 본 월례회의 구제였다.

하지만 조선의 의식주나 풍속에서 특유한 소재를 찾고 외래어로써 표기할 만한 소재를 끝없이 찾을 수는 없었던 듯하다. 『센류 삼매』 37호 이후부터는 숫자 '삼(三)'이나 '실업'[137], '안심', '표찰', '웃음소리', '절[寺]', '반딧불이', '옛날 돈[古錢]', '겁[臆病]', '국화' 등 조선색을 느낄 수 없는 구제가 제시되면서 이 잡지에서 조선색은 자취를 감추게 된다.

『센류 삼매』로 대표되는 1920년대 조선의 센류를 같은 시기에 한반도에서 창작된 단카, 하이쿠 등과 대조해 보면, 조선적 소재라는 것에 집착하여 새로운 우타마쿠라나 계어를 모색하고 로컬 컬러에 대해 활발히 논의하고 고민한 단카, 하이쿠 장르에 반해, 센류는 조선 현지화 작업에는 오히려 둔감했다고 할 수 있다. 그 이유는 센류가 대중성이 강한 장르이고 전통에 대한 집착이 단카나 하이쿠에 비해 그다지 높지 않아서가 아닐까? 바꿔 말해 '내지' 일본의 것과 '조선'의 것을 구분하려는 재조일본인 대중의 의식이 부족해서 나타난 현상은 아닐까? 이러한 국면이 조선 민속에 정통한 〈남산음사〉의 주요 멤버 이마무라가 월례회에서 점차 소극적으로 활동하는 시점과 맞물린다는 점은 의미심장하다. 이하에서는 이 점에 초점을 맞추어 보자.

137 특히 "실업자된 것 아내에게 큰 마음 먹고 털어놔.(失業者妻には心強く云ひ)" 등 「실업(失業)」을 제목으로 한 28구가 게재되어 당시 센류에서의 '쇼와 불황[昭和不況]'의 표현이 두드러진다. 南山吟社(1930), 「南山吟社五月例會」『川柳三昧』39号, p.42.

3. 이마무라 라엔(今村螺炎)의 역할

〈남산음사〉의 주요 동인들 중에서도 센류가 조선의 시정문학, 대중시가 될 수 있도록 창작 실천의 측면에서 조선인의 생활, 즉 조선의 민속적으로 관찰하여 센류 소재로 제시하는 역할을 한 최대의 공로자는 이마무라 라엔이라고 할 수 있다. 라엔은 그의 필호로 본명은 이마무라 도모(今村鞆)다. 이마무라는 조선의 경찰 관료로 일했으며 경찰을 그만둔 이후로는 조선의 민속을 연구하는 학자이자 조선민속에 관한 여러 저서를 내며 저술가로 활동했다. 특히 이마무라가 1914년에 출판한 저작 『조선풍속집(朝鮮風俗集)』은 그의 조선관과 조선 민속학 연구의 범위, 식민통치와의 관련성 등에서 주목받은 책이다. 그러나 이마무라가 라엔이라는 호로 조선에서 하이쿠와 센류를 창작했거나 관련 문학평론 및 강연활동에도 열심이었다는 것은 널리 알려지지 않았고, 이마무라가 〈남산음사〉의 주요한 멤버로서 센류와 조선민속학을 접목시킨

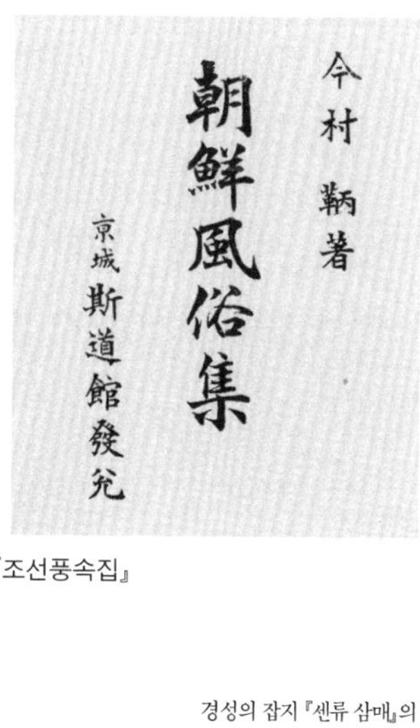

이마무라 도모와 그의 1914년의 저작 『조선풍속집』

三昧内閣の成立（閣報號外發表）

總理大臣 和田天民子……南山吟社の主宰
大藏大臣 天民子兼任……銀行頭取として
文部大臣 丸山對山子……大師の番頭なり
司法大臣 今村螺炎……昔の恐い伯父さん
陸軍大臣 笠神句山……どう見ても兵隊さん
拓務大臣 津郡瓢二樓……昔の[illegible]より
內務大臣 横山苍頭子……川柳三昧の女房役
海軍大臣 高野宵灯……實直な船の兄さん
外務大臣 寺田五柳子……交際上手の口[illegible]
商工大臣 湯淺千流……抜目のない商賣人
農林大臣 久保田天南……役人時代の[illegible]
遞信大臣 橋本言也……[illegible]
鐵道大臣 河原崎美鄕……忙しく[illegible]人

〈남산음사〉의 주요 동인을 다룬「삼매 내각의 성립」

인물이었던 것도 주목된 적이 없다.

『센류 삼매』에는 이 잡지를 하나의 내각(內閣)으로 빗대어 표현하면서 와다 덴민시를 총리대신, 편집자 요코야마 고토시를 안방마님과도 같은 역할의 내무대신에 해당시킨 내용이 있다. 여기에서 이마무라는 "옛날 무서운 아저씨"[138]같은 이미지로 사법대신의 역할을 한다고 되어 있어 〈남산음사〉에서 그의 위치가 어떠했는지 추측하는 데에 도움이 된다.

이마무라는『센류 삼매』에서 다음과 같은 센류론도 제시했다.

> 센류는 예술의 하나다. 교훈의 한 구절도 아니며 금언의 한 조목도 아니며 더구나 장난 문자의 나열도 아니다. 분명히 예술의 하나다. 예술의 내용과 생명은 무엇인가? 그것은 한마디로 감각이다. 감각의 세계를 눈에 보이는 형태로 표현하는 하나다. 센류는 그 예술 중에서도 가

138「三昧内閣の成立」(1930),『川柳三昧』41号, p.55.

> 장 통속적이며 평범한 일상의 비근한 감각을 가장 집약적 문자로 표현하는 예술이다.[139]

센류란 교훈이나 금언, 장난 문자의 나열이 아닌 "통속적이며 평범한 일상의 비근한 감각을 가장 집약적 문자로 표현하는 예술"이라고 정의하고 있다. 『센류 삼매』의 센류론이 거의 그러하듯 다소 일반적인 센류론으로 보이는데, 바로 이전호에서 이 권두론 부분을 와다가 담당했던 것에 비추어 볼 때, 남산동인 안에서 리더 와다를 잇는 이인자로서의 이마무라의 위치를 짐작할 수 있다. 이마무라의 센류를 몇 구 살펴보자.

① 고관대작은 직접 보면 너무도 평범한 얼굴.

[大官に会へば平凡過ぎる顔]

② 속된 일들도 잘 처리한 교장은 오래도 가네.

[俗事にも長けて校長長続き]

③ 직함이 효과 있었는지 연설에 사람들 모여.

[肩書の利きめ演説人がより]

④ 효성의 마음 머리에 쓴 방립에 보이는구나.

[孝心を頭に見せてパンニツツ]

⑤ 아이고 하는 목소리 갈라져서 묘지에 도착.

[哀号の声がカスれて墓地に着き]

---

139 今村螺炎(1928), 「巻頭言」『川柳三昧』11号, p.1.

⑥ 이 나라에 부는 무자비한 바람을 토시에 보여.

[此の國の無性な風を吐手に見せ][140]

이마무라의 센류는 ①~③처럼 일반적인 인사(人事)에 초점을 맞춘 구와 ④~⑥처럼 방립, 아이고, 토시 등 조선적 특징을 드러내는 구로 구분할 수 있다. 그는 창간 당시부터 1928년 무렵까지는 센류 창작과 모집 센류의 선고(選考)에도 적극적으로 참여했다. 그런데 1929년부터는 이마무라가 선자로서의 활동은 꾸준히 하지만 창작 센류의 게재는 점차 감소하게 된다. 1930년에 들어서는 또 다른 저술 작업과 라디오 방송의 업무 등이 겹친 까닭인지, 조선 풍물을 소재로 하던 월례회에도 이마무라의 불참도가 현저히 높아진다. 그리고 ④⑤⑥과 같이 조선적인 풍속 및 풍물을 제재로 센류를 창작하던 〈남산음사〉 월례회에 이마무라의 참석이 저조해지자, 결국 『센류 삼매』에서 그나마 명맥을 유지하던 조선적 센류는 사라지다시피한 것이다.

1928년 무렵 이마무라가 〈남산음사〉의 센류에서 중심적으로 활동하며 조선적 소재를 제시하고 조선적 센류가 창작될 수 있었던 이유는, 이 시기 그가 조선 민속학에 기울였던 관심과 지속해온 저술 작업과도 관련이 있다. 이를 엿볼 수 있는 것이 『센류 삼매』에서 이마무라가 풀어나가는 조선의 기담(奇譚)이나 특이한 민속에 관한 이야기들이다.

---

140 ①은 諸家創作(1928), 「川柳雑詠」『川柳三昧』12号, p.14. ②는 諸家創作(1928), 「川柳雑詠」『川柳三昧』13号, p.31. ③은 川柳三昧(1928), 「川柳三昧鈔」『川柳三昧』15号, p.6. ④는 南山吟社(1928)「南山吟社三月例会」『川柳三昧』13号, p.62. ⑤는 南山吟社(1928)「南山吟社十月例会」『川柳三昧』20号, p.51. ⑥은 南山吟社(1929)「南山吟社九月例会」『川柳三昧』31号, p.42.

『센류 삼매』의 창간호부터 9호까지는 현존본을 확인할 수 없지만, 오시마 도시오가 『센류 삼매』 12호에 기고한 글에서 "라엔(=이마무라) 군이 매호 옛 센류에 대한 다양한 고증을 발표하시어 우리에게 크게 참고가 되는 것이 많은 점에 감사한다"[141]고 하고 있어서 이마무라가 매호에서 고전 센류에 대한 다양한 고증적 이야기들을 풀어나간 것을 알 수 있다. 그 연장선상의 맥락에서 「메이지 센류의 한 단면」[142]이라는 글도 수록하고 있는데, 이마무라는 이 글에서 〈전선센류대회[全鮮川柳大会]〉에서 본인이 강연한 전통파 센류의 역사와 센류의 타락상, 교훈적인 센류와 예술성이 높은 구, 성적인 내용의 센류나 고사와 관련된 내용을 정리하여 소개했다.

앞서 법무대신에 비유되는 이마무라의 위치에 대해 간단히 언급했지만, 이마무라의 인물에 대해 상세한 소개가 된 기사도 있어서 그 일부를 보면 다음과 같다.

> ……당시 이름난 서장(署長) 경시(警視) 이마무라 도모 씨. 곧 우리 음사(=〈남산음사〉)의 동인이자 지금은 경성방송국 이사라는 한직에 머물며 유유자적하고 계시는 조선사정에 정통한 인물로서 유명한 학자이자 『조선풍속』, 『조선만담』 등의 저자이면서 센류인(人)이신 라엔 선생 …… 도사(島司), 부윤(府尹), 이왕직(李王職) 사무관 등 오랫동안 엄격한 관리직 생활을 지속한 인물로 언뜻보면 우리같은 보통 사람들이 가까이 다가가기 어려운 풍모이지만, …… 매우 친밀해지기 쉽고

141 大島濤明(1928),「十号の雑詠を読んで」『川柳三昧』12号, p.22.

142 今村螺炎(1929),「明治川柳の一断面」『川柳三昧』32号, pp.10～16.

> 사람을 끌어당기는 유머 풍부한 좌담자리의 능숙함은 물론이고, 에로틱한 방면에 관해서는 학리적으로 고찰하는 사람이며 그 방면의 숨겨진 대가임을 내심 수긍하게 된다.[143]

조선의 사정을 꿰뚫어 정통한 전문가이자 "유머 풍부한 좌담자리의 능숙함"을 겸비한 이마무라는, 조선 민속과 풍속에 대한 서적 저술가로서 탁월한 면모가 알려졌다. 그리고 "에로틱한 방면에 관해서는 학리적으로 고찰"했다는 내용에 관해서 이마무라는 아래와 같이 말한 적이 있다.

> 그래서 어떻게 했는고 하니 재빨리 붓을 들어 쓱쓱 써서 보여주었지요. 이를테면 뭐뭐뭐 라고 말이지요. 이런 에로틱한 맛이 있는 이야기는 조선에 산처럼 많답니다.
>
> 諸家(1928)「神仙爐」19号, ①, p.553.

이것은 이마무라가 『센류 삼매』 안에서 조선의 우스개 이야기를 소개하는 시리즈나 에로틱한 은어(隱語), 성(性)적 상징성을 가진 것에 대한 해설, 조선 신방(新房)의 풍경과 같이 조선의 에로틱한 풍속의 특성을 관찰하고 분석한 글들[144]과 관련이 있다. 한 가지 사례로 조선의 신

---

143 宵燈子(1929),「同人片影」『川柳三昧』26号, p.40.

144 이마무라의 글은 1928년에 「朝鮮の落語(二)」『川柳三昧』10号, pp.5~6.「朝鮮の軽口話(三)」『川柳三昧』11号, pp.3~4.「朝鮮の軽口話」『川柳三昧』12号, pp.3~4.「朝鮮の笑話(五)」『川柳三昧』13号, pp.11~13.「朝鮮の笑話(六)」『川柳三昧』14号, p.8.「朝鮮の笑話(七)」『川柳三昧』15号, p.11. 1929년에「怨霊が蛇になる話」『川柳三昧』22号, p.15.「ある女生徒」『川柳三昧』23号,

방에 구멍을 뚫는 습관에 대해 이야기를 하면서 이마무라는 신랑이 백정 출신이었는데 신부의 겉가죽을 벗겨야 한다는 속어를 잘못 이해하는 바람에 곧이곧대로 정말 살가죽을 도려냈다는 그로테스크한 옛 이야기[145]를 소개하며, 이러한 일이 벌어지게 된 기이한 조선의 풍습을 일본과 비교하면서 민속학적으로 설명했다.

또 이마무라는 『센류 삼매』에서 성적인 은어나 현상을 센류의 용례를 들어 설명하는 방식을 취하기도 했는데, 일례로 「에치젠[越前]이라는 은어(隱語)」[146]라는 글에서는 센류에서 포경수술을 의미하는 은어를 사용하는 이야기에서부터 의학, 고고학, 민속학의 연구 성과를 통해 유대인과 야마토(大和) 민족, 즉 일본인이 동일하다는 민족우생학으로 결론을 확대했다. 이처럼 이마무라는 일상적 은어나 성적인 용어, 기이한 사례의 설명에서 시작하여 과학적 지식을 뒷받침 삼아서 민족성의 설명으로 결론짓는 식으로 비약되는 것이 논리 전개 상 두드러지는 특징이라고 할 수 있다.

이렇게 이마무라를 매개로 1920년대 후반 센류와 조선 민속학이 밀접하게 결부된다. 그 결정타는 1910년대부터 1920년대에 걸쳐 이마무라가 저술한 두 권의 대규모 저서 작업이었다. 첫째는 이마무라가

---

pp.13～14. 「越前と云ふ隱語」『川柳三昧』24号, p.15. 「破礼句」『川柳三昧』27号, p.17. 「明治川柳の一断面」『川柳三昧』32号, p.10. 「下女」『川柳三昧』32号, pp.30～31. 「下女二人」『川柳三昧』33号, pp.26～27. 1930년에 「性のシンボルとしての馬」『川柳三昧』 34号, p.24. 「新房の穴窺き」『川柳三昧』42号, p.39. 등이 있다.

145 今村螺炎生(1928), 앞의 글(「朝鮮の笑話(五)」), pp.11～13.

146 今村螺炎生(1929), 앞의 글(「越前と云ふ隱語」), p.15.

경찰 간부였던 1913년에 출간된 『조선풍속집』[147]이다. 이 저서는 일본인들에게 조선학 입문서로까지 일컬어지며 각광을 받았으며, 이마무라는 일찌감치 조선의 풍속과 인사(人事)에 정통한 인물로 자리를 잡게 되었다.

둘째가 『역사민속 조선만담(歷史民俗 朝鮮漫談)』이다. 500페이지가 넘는 이 책은 『센류 삼매』가 간행되고 있던 1928년에 〈남산음사〉출판부를 발행처로 하여 출판되었으며, 『센류 삼매』 내에서도 이마무라 도모의 이 책을 대대적으로 여러 차례 광고하고 있다.

> 이번에 『역사풍속 조선만담』이라는 책을 간행했다. 삼천 년의 역사와 이천만 명의 민중들이 있는 조선을 통치하기란 좀처럼 어려운 일이어서 이른바 백년하청(百年河清)을 기다린다는 결심이 있어야 한다. 그리고 조선 민족의 고전, 역사풍속, 전통, 민족성을 연구할 필요가 있다.[148]

이 광고 문구는 종합 잡지 『조선공론』에도 게재되었다. 책이 간행되기 직전에는 예고로써 "고금에 이르는 취미의 조선 연구자료"라든가 "계림 섹스 진기한 이야기, 변태왕 연산군, 조선의 민요, 조선의 성신(性神)"[149]과 같이 선정적이고 자극적 문구를 광고로 나열하기도 했다.

---

147 이마무라 도모 지음, 홍양희 옮김(2011), 『제국의 경찰이 본 조선풍속 조선풍속집』, 민속원.
148 「風俗歷史朝鮮漫談」(1928), 『川柳三昧』18号, p.34.
149 각각 「風俗歷史朝鮮漫談」(1928), 『川柳三昧』16号, p.44. 「風俗歷史朝鮮漫談」(1928), 『川柳三昧』17號, p.12.

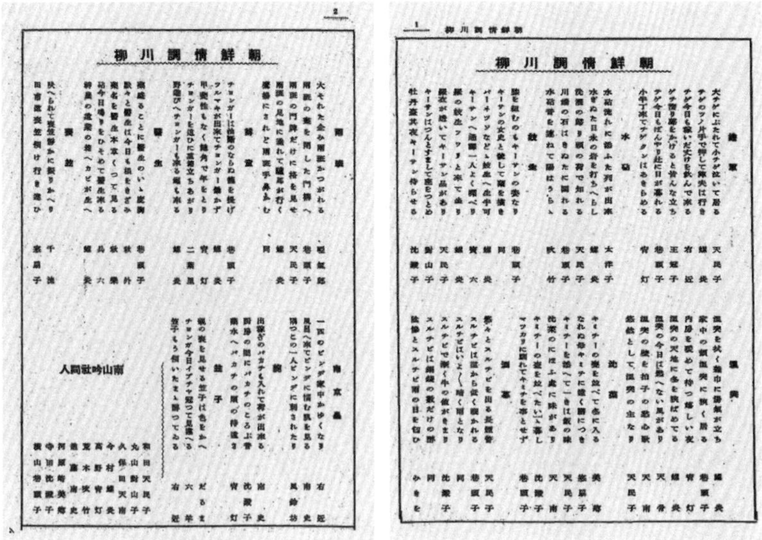
朝鮮情調川柳

南山吟社同人

朝鮮情調川柳

이마무라의 1928년 저술 『역사민속 조선만담』의 「조선정조 센류」

『조선만담』은 출판 후 2년 뒤 제2판이 나오게 되고 제2판 광고[150]도 나왔으므로 상당히 성공한 서적이었다고 하겠다. 이 책은 조선의 민속적 특수성을 역사적으로 고증하거나 기괴한 사례를 113개 항목으로 나누어 서술하고 있는데 사실 그 항목의 일부 소재는 이마무라가 『센류 삼매』에 기고한 산문들과 매우 밀접하게 연결되어 있고, 1928년 시점에서 이마무라는 조선민속학의 대가로 입지를 확고히 하게 되었다.

『센류 삼매』의 센류와 이마무라의 『조선만담』의 상관관계가 얼마나 긴밀한지 상징적으로 보여주는 것은 바로 『조선만담』 내의 「조선정조 센류[朝鮮情調川柳]」[151]다. 당시 조선의 정조를 알게 하는 키워드 '지

150 1930년에는 정가 3원 60전의 제2판 광고가 『川柳三昧』18号, p.30에 보인다.

151 今村鞆(1928), 『歴史民俗朝鮮漫談』 南山吟社, pp.503~504.

게', '빨래 방망이', '기생', '온돌', '김치', '주막', '양반', '총각', '의생', '방립', '빈대', '바가지', '갓'을 소재로 삼은 센류들이 바로 월례회에서 겸제로 삼은 조선의 풍물 자체였으며 그때 제출된 동인들의 센류 그대로였기 때문이다.

이로써 『센류 삼매』의 조선적 센류와 제재, 조선의 기이한 민속과 이야기들은 〈남산음사〉의 중심 인물 이마무라 도모에 의해 제시된 것이고, 조선 민속학 연구—그 내용의 시비와 결론의 합리성은 일단 논외로 하고—에 열정을 가졌던 이마무라의 문학적 상상력과 조선적 센류의 요청에 부응하고자 한 의도가 결합된 것임을 알 수 있다. 이 지점에서 바로 센류와 조선 민속학이 이마무라를 통해 접점을 갖게 되었다.

이마무라 도모의 문필 활동은 센류, 하이쿠, 조선의 민속, 풍습, 고사, 한적(漢籍), 인삼(人蔘)[152]에까지 광역에 걸쳐 있었다. 또한 그는 라디오 방송과 센류를 접목하는 여러 시도를 성공시켰다. 1926년 11월에 개국한 경성방송국(JODK)에서 1928년 3월 하순 「조선동물왕래(朝鮮動物往来)」를 연속 방송하거나, 1930년 3월 29일에는 DK에서 방송된 이마무라의 센류 만담과 〈남산음사〉 회원들의 라디오 촌극도 이루어졌다. 또한 라디오를 이용하여 센류를 선전하자는 의도로 기획된 155분짜리 긴 야간방송도 호평을 얻는 등[153] 1920년대의 미디어 믹스에 착수한 문학 종사자였다고 할 수 있는데, 향후로도 고찰의 요소가 많은

152 1929년 12월 월례회 겸제 「인삼(人蔘)」은 라엔이 선자를 맡았다. 라엔은 1934년부터 1940년에 걸쳐 그의 대저(大著) 『인삼사(人参史)』(朝鮮總督府專賣局)를 저술한 바 조선의 인삼연구 전문가로 일찍이 지목되었음을 알 수 있다.

153 관련 기사는 1928년 「三昧往来」 『川柳三昧』13号, p.72. 「DK川柳の夕放送」 『川柳三昧』37号, p.64. K・T・S(1930) 巷頭子(1930) 「南無山房雑記」 『川柳三昧』38号, p.50 등에 기재되어 있다.

문제적 인물이다.

6강 키워드

『센류쓰즈미[川柳鼓]』, 『센류 삼매[川柳三昧]』, 〈남산음사(南山吟社)〉, 대중시, 와다 덴민시[和田天民子], 라엔[螺炎], 이마무라 도모[今村鞆], 구보타 덴난[久保田天南], 아사카와 노리타카[浅川伯教], 조선적 겸제(兼題), 조선 풍물, 조선의 민속학, 「조선정조 센류[朝鮮情緒川柳]」

7강

『까치〔かち烏〕』로 보는 한반도의 도도이쓰〔都々逸〕

1. 일본의 또 다른 정형시가 도도이쓰와 『까치』

지금까지 한반도에서 창작, 향수된 일본어 시가 문학으로 하이쿠, 단카, 센류의 문단 형성과 주요 작가와 작품들에 관해 살펴보았다. 주지하듯이 단카는 5·7·5·7·7의 다섯 구로 이루어진 서른한 음절을 기본으로 하고, 하이쿠와 센류는 5·7·5의 세 구 열일곱 음절이라는 같은 외형이지만 각각 내용의 약속을 달리하는 문예다. 단카, 하이쿠, 센류는 오늘날에도 일본뿐 아니라 전 세계에 잘 알려진 3대 일본 단시형 전통문예의 주요 장르라 할 수 있다.

하지만 한반도의 일본어 시가 문학은 이 세 장르의 범주에 머무른 것이 아니라 더욱 폭넓은 영역에 걸쳐 있었다. 가장 대표적인 예로서 7·7·7·5의 네 구 스물여섯 음절을 골자로 하는 정형시 도도이쓰[都々逸] 장르를 거론할 수 있다. 도도이쓰는 한반도에서도 많은 사람에 의해 쓰는 문학으로서 창작되었고 전문 문학 잡지까지 간행될 만큼 향유 기반을 가진 문예였다. 그럼에도 불구하고 도도이쓰가 '내지' 일본뿐 아니라 '외지' 각지에서 유행한 문예였다는 것은 일본의 근대문학 내에서도 그다지 논해진 것이 없고 연구도 진행되지 않았다.

그런데 앞 장에서 이야기한 『센류 삼매』에 한반도의 도도이쓰와 관련된 중요한 단서가 실려 있었다. 『센류 삼매』의 1930년 38호의 한 광고를 보면, 조선 유일의 리요(俚謠) 잡지 『까치[かち烏]』가 1927년 3월에 재간되어 1년 정도 속간되다가 다시 휴간에 들어갔는데 그 세 번째 부활을 위한 모임이 개최된다는 안내가 있다. 이 안내가 센류 잡지에 게재되어 있던 이유는 〈까치리요사로[かち烏俚謡社]〉의 다카노 쇼토[高野宵灯]라는 인물이 〈남산음사〉의 동인이었던 까닭이다. 그리고 『센류 삼매』 39호에 따르면 이 모임이 성황리에 이루어져 잡지 『까치』가 다시 부활하게 되었다고 한다. 1920년대 후반 경성의 도도이쓰와 센류는 시정문학, 대중시라는 측면에서 상당히 근거리에 위치한 장르였던 모양이다.

이번 장에서는 재조일본인이 한반도에서 어떠한 일본어 시가 문학을 창작하고 향수했는지 그 전체상을 조망하는 입장에서, 도도이쓰라는 스물여섯 글자의 단시형 장르가 근대 일본에서 어떻게 제도화되고 변모했는지, 그리고 식민지 조선에 이동하여 어떻게 수용되었으며 나아가 시대적인 흐름을 수반하며 어떻게 변용되어 갔는지를 파악해 보고자 한다. 특히 도도이쓰가 하이쿠나 단카와는 달리 대중적인 속성을 지닌 점에서, 근대적 대중화 사회가 진행된 1920년대부터 1930년대에 걸쳐 당시 조선의 사회문화상(像)을 어떻게 내면화했는지 살펴볼 것이다.

그러기 위해 우선 일본의 지방이나 지역의 속가(俗歌), 혹은 정가(情歌)로 기능하던 도도이쓰가 '리요 정조(俚謠正調)'로 제도화된 과정을 먼저 짚어볼 필요가 있다. 도도이쓰는 에도 시대 후반인 19세기에 도도이쓰보 센카[都々逸坊扇歌]가 완성한 속요로 특히 남녀 간의 애정을 주된 내용으로 하는 구어 문예로 알려져 있다. 막부 말기부터 메이지[明治] 시대에 걸쳐 크게 유행했으며 이후 7·7·7·5조의 형태에 들어맞는 속요는 도도이쓰 장르로 포괄되었다. 도도이쓰는 주로 스물여섯 글자였지만, 경우에 따라서는 앞에 다섯 글자가 붙어 5·7·7·7·5로 창작되는 것도 허용되었다. 초기에는 곡조를 붙여 노래로 부르는 경우가 많았지만 서서히 네 구 스물여섯 글자를 규칙으로 하는 단시형 문예로 지어지는 경우가 많아졌으므로, 도도이쓰는 가요에서 문학으로 전환한 문예[154]라 할 수 있다.

그렇다면 이 스물여섯 글자의 단시는 하나의 문학 장르로서 어느 무렵 어떠한 계기로 근대적인 정착을 이루게 된 것일까? 19세기에 대유행한 도도이쓰는 이윽고 20세기 초에 러일전쟁을 경계로 변화와 각성을 보이게 된다. 여기에서 일본 최초의 탐정소설을 쓴 작가로도 유명한 구로이와 루이코[黑岩淚香, 1862~1920]가 등장한다. 구로이와는 『요로즈초호[万朝報]』라는 신문을 발행했는데, 이 신문은 1892년 11월 1일 창간되었으며 '간단·명료·통쾌'를 기본으로 하여 사회악을 철저히 추궁하는 자세로 폭로캠페인 기사를 게재하고 연재 번안 탐정소설로 대중의 인기를 끈 일간지다. 구로이와 루이코는 이 신문을 통해 탐정소설 외에 논문, 광시(狂詩), 오목 바둑[連珠], 그리고 리요정조(俚謠正調), 즉 도도이쓰 분야에서까지 활약을 했다.

『요로즈초호』 1904년 11월 28일자 공고 기사[155]를 통해 도도이쓰 장르의 당시 각성의 내용을 추찰할 수 있다. 이 기사에 따르면, 도도이쓰가 유곽을 배경으로 하는 남녀 간의 정사(情事) 일변도로 달려 '타락'하고 '비외'해지는 경향에 경종을 울리며, 그것이 원래 뿌리를 두고 있던 '리요(俚謠)'의 올바른 정서를 되찾는 노래가 되기를 바라는 의도에

154 菊池眞一(2008), 「落語と「どどいつ」」『國文學 解釋と教材の研究』第53卷8号, 學灯社, p.72.
155 黑岩淚香(1904), 「正調の俚謠を募る」『万朝報』, 明治三十七年十一月二十八日(月), 3面.

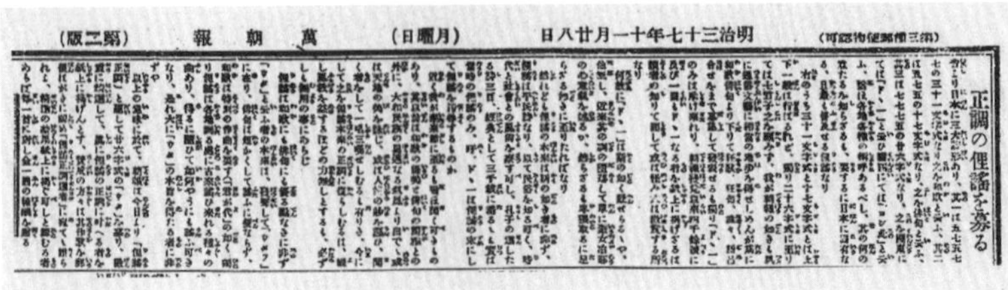
明治三十七年十一月廿八日 (月曜日) 萬朝報 (第二版)

正調の俚謡を募る

『요로즈초호』 1904년 11월 28일 구로이와 루이코의 리요 정조 공모 기사

서 『요로즈초호』가 '리요 정조(俚謠正調)'를 현상금 모집하게 된 일련의 상황을 알 수 있다.

즉 화류계에 독점당하고 화류계만의 노래가 되어 일반인들로부터 외면당하는 도도이쓰를, 도도이쓰 자체가 가진 본래의 성격으로 되돌리고 '세속시(世俗詩)'라는 위치로까지 끌어올리려고 한 운동[156]이 바로 '리요 정조'라 해석할 수 있다.

또한 이와 거의 동시기에 『미야코 신문[都新聞]』에서도 기자들이 스물여섯 글자 운동을 일으켰다. 『미야코 신문』은 1884년 9월 고니시 요시타카[小西義敬]에 의해 석간지 『오늘 신문[今日新聞]』이라는 이름으로 도쿄의 가나가키 로분[仮名垣魯文]을 초대 주필로 하여 창간된 일간지다. 1888년 11월 『미야코 신문(みやこ新聞)』이라고 히라가나[平仮名] 표기를 하다가, 이듬해 2월부터는 한자만으로 『都新聞』이라 표기를 바꾸면서 조간신문이 되었다. 가부키[歌舞伎]나 화류계 등의 통속기사와 소설이 중심이었으며 도쿄의 서민계층을 중심으로 한 독자가 많았다. 이 신문의 「미야코 신문 도도이쓰란[都新聞都々逸欄]」도 역시 호평을 얻

156 西澤爽(1990), 『日本近代歌謠史 上』 櫻楓社, pp.943~948.

었는데, 격월로 열리던 도도이쓰 피로회(披露會) 모임에는 매회 400~500명이 운집할 정도의 성황을 이루었다고 한다.

이러한 성황을 배경으로 신문 모집에서 선발된 도도이쓰를 묶은 작품집이 간행되었을 뿐 아니라 일본 각지에는 리요 정조 결사와 그 전문잡지, 즉 리요 잡지[俚謠誌]가 나왔다. 곧 본격적으로 다룰 경성의 리요 잡지 『까치』에서 신간 소개와 기증된 잡지를 나열한 코너를 보더라도 도쿄의 『리요 연구(俚謠硏究)』, 오사카[大阪]의 『꽃 달력[花暦]』, 시나노[信濃]의 『호수 빛[湖光])』, 나고야[名古屋]의 『붓꽃[あやめ]』, 고베[神戶]의 『꽃 뗏목[花筏]』, 이바라키 현[茨城縣]의 『쓰쿠바[筑波]』, 아이치 현[愛知縣]의 『리요 춘추(俚謠春秋)』 등 일본 각지에 리요 잡지가 있던 것을 알 수 있다. 멀리 타이완[台湾]에도 타이페이[台北]의 『와카쿠사[若草]』와 타이난[台南]의 『구사나에[草苗]』와 같은 리요 잡지가 존재하며, 『와카쿠사』에 관해서는 일본의 가장 수명이 긴 리요 잡지라고 기록하고 있는 점도 매우 흥미롭다. 어쨌든 이러한 유행과 성황 속에서 리요 정조는 어느 정도의 시적인 달성을 이룩한 듯 보이나, 도도이쓰의 근본은 원래 정가이므로 시간이 경과함에 따라 노래의 정서 폭도 좁아지면서 다시금 화류계 취향이나 여성을 상대로 하는 술자리 취향 속에서 계속 불리게 되었다.

그러다 어느덧 1936년 2월 11일자 『요미우리 신문[讀賣新聞]』에는 다음과 같은 기사가 게재된다.

도도이쓰 학교[都々逸學校] 로코[蘆江] 씨 주재로 탄생

에도[江戶]의 명물인 도도이쓰가 최근 너무도 속화되어 간다고 하여 가이카샤[街歌社]를 주재하는 히라야마 로코[平山蘆江] 씨가 교바시[京橋] 고비키초[木挽町]의 벤쇼 구락부[弁松俱樂部]에 도도이쓰 훈련소를 개설, 4월부터 매달 세 번 도도이쓰 교수를 하게 되었다.
회비는 1개월 2엔이며 사범은 히라야마 씨 외에 도키와즈 가네타유[外常磐津兼太夫]가 담당한다고 한다.

1936년에 '속화(俗化)'된 도도이쓰 때문에 훈련소를 열고 가이카샤[街歌社]라는 문학결사 주재자와 조루리[淨瑠璃] 음악 관계자가 교습을 한다는 내용이다. '가이카[街歌]'에 관해서는 뒤에서 다시 설명하겠지만, 20세기 초부터 일본에서는 도도이쓰의 타락과 비속화를 극복하려는 리요 정조 운동이 일어나 대유행을 하고, 그 유행은 다시 정가라는 본질로 귀속되어 비외해지는 경향을 띠게 되며, 다시 1930년대에는 '가이카'와 같은 용어로 변용되면서도 마찬가지로 다시 도도이쓰의 속화를 극복하려는 방향으로 30년간 재차 순환한 것을 알 수 있다. '가이카[街歌]'를 제창한 히라야마 로코는 남녀 간의 정사에만 얽매이는 것을 비판하고 리요(俚謠)라는 「마을 노래[さとうた]」(시골 노래)가 있다면, 「거리 노래[まちうた]」가 있어도 된다는 생각에 이르렀다[157]고 말하고 있기 때문이다.

이 속요 장르의 창작과 유통, 향수는 오로지 '내지' 일본 문단만의 현상이었을까? 그렇지 않다면 일본의 전통시가 장르가 폭넓게 창작, 향수되던 식민지 조선에서는 어떻게 수용되었던 것일까? 흥미롭게도

157 中道風迅洞(2005), 『新編どどいつ入門』, 三五館, p.213.

식민지 조선에서도 도도이쓰, 리요 정조, (신)정가, 가이카 등의 이름으로 이 스물여섯 자의 시가가 창작, 향유되었고, 1920년대에는 조선 유일의 리요 잡지까지 탄생했으며 많은 사람들의 투고가 이루어지는 현상을 빚었다. 즉 조선에도 도도이쓰 장르의 이식이 일어났으며 잡지 『까치』가 간행되고 리요가 창작 및 향유되었던 것이다.

『까치』는 간단히 말하자면 조선 유일의 리요 잡지였다. 현재로서는 1920년의 『까치』 제1집(춘계)과 제2집(하계) 작품집, 1927년 5월, 8월, 11월호의 세 호가 확인된다. 위에서 기술한 『요로즈초호』의 리요 정조 운동의 영향을 받아 이 신문과 긴밀한 연락이나 인적인 연대를 유지하면서 『까치』는 경성의 리요 잡지로서 간행되었다.

1920년 5월 『까치』 제1집이 〈파랑새사[靑鳥社]〉에서 출판되었는데, 권두에 '『까치』는 자금을 얻을 때마다 수시로 발행한다'는 안내가 있는 것처럼 처음부터 정기 간행물이라기보다는 자금이 확보될 때마다 계간 작품집을 간행하는 정도를 예정하고 있었던 것으로 보인다. 실제로 제2집은 표지에 하계라고 적혀 있지만, 간행은 11월에 된 것에서도 '외지' 조선에서 리요라는 문예 장르의 활동을 뒷받침해 줄 경제적인 후원은 결코 풍족하지 않았음을 알 수 있다. 〈파랑새사〉는 1918년 경성에서 설립된 결사[158]이며, 『까치』 제1집은 대략 3년간에 이르는 이 결사의 활동을 정리한 최초의 산물이다. 『까치』 제1집의 편집후기를 보면 당시 모인 노래의 수가 약 1,600여 수, 작자는 약 130명 정도였다. 이를 통해 1920년 당시의 리요 정조 창작과 향수의 인원 규모를

158 宵灯(1927),「編輯を終りて」『かち鳥』11月号, かち烏俚謠社, p.32.

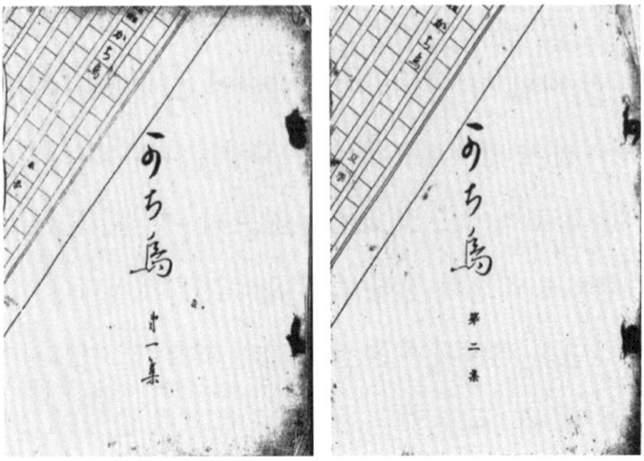

1920년 경성에서 간행된 도도이쓰 작품집 『까치』 제1집과 제2집

대략 알 수 있는데, 투고자는 일본의 각지, '조선'(주로 경성과 부산), '만주' 지역, 타이완 등 광범위한 '외지'에 분포되어 있다.

타이틀 '까치[かち烏]'는 한반도에서는 길조로 여겨지고 그 울음소리를 흔하게 들을 수 있는 새로 명명되어 있는데 '가사사기(かささぎ, 鵲)'라고 표기하지 않고 한국어 영향으로 생긴[159] '까치카라스[かち烏]'라는 호칭을 사용하여 조선에서 발신하는 리요임을 드러내고 있다. 정확한 시작은 알 수 없지만 하이쿠 쪽에서는 이미 조선어의 '까치'라는 말이 검은 새인 '까마귀[烏]'와 합해져 '까치카라스(カチカラス)'라는 일본어 호칭이 생겼을 것이라 설명하고 있는 문헌[160]이 있어서 이를 뒷받침한다.

159 北川左人(1933), 『朝鮮固有色辭典』, 靑壺發行所, p.422.

160 1927년 「까치와 칠석제(かち烏と七夕祭り)」라는 글에서는 조선의 칠석, 오작교, 까치가 7월 7일에만 유독 눈에 띄지 않는다는 조선의 특별한 습속과 속신을 기록하고 있다. 『かち烏』1927年8月號, 靑鳥社, p.1.

『까치』의 1920년의 작품집인 제1집과 제2집의 내용은 도도이쓰의 기본 성격에 기초한 연가(戀歌)가 많은데, 이것은 일본에서 1904년 11월 30일부터 1914년 5월 8일까지 『요로즈초호』가 모집하던 리요 정조를 정선하여 1928년에 간행한 단행본 『정본 리요 정조(定本俚謠正調)』와도 일맥상통한다. 다만 『까치』에서는 다음과 같은 예에서 조선적인 특성을 엿볼 수 있다.

① 고려 땅도 느긋한 햇살의 은혜 입고 자라는구나 민초 봄날의 풀들.
[高麗も長閑な日の御恵に伸る民草春の草]

② 우리의 고려에서 불순한 소요 사태 어슴푸레 달밤의 값도 내리네.
[俺らが高麗では不粋な騒ぎ, 朧月夜の値も下ろ]

③ 야마토 시마네의 벚꽃을 고려 땅에 심은 지 십 년 지나 만개했노라.
[大和島根の櫻を高麗に, 植えて十年の花盛り]

④ 바다를 격했어도 안개에 쌓인 끈이 이어주는 벚꽃의 나라와 나라.
[海は隔てど霞の糸がつなぐ櫻の國と國]

⑤ 고려도 백제도 다 미즈호의 나라라 듣기에 기쁘구나 모내기 노래.
[高麗も百濟も瑞穗の國よ, 聞いて嬉しい田植歌][161]

예로 든 위의 도도이쓰에서는 한반도를 '고려'라는 국명으로 표기하고 있다. 즉 '바다를 격'하고 있는 '고려', '백제'의 한반도가 '야마토 시마네의 벚꽃' 나라이자 '미즈호'라는 (아름다운) 나라인 일본에 편입하

161 모두 1920년이며 ①은 『かち烏』第1集, p.3. ②는 『かち烏』第1集, p.4. ③은 『かち烏』第1集, p.5. ④는 『かち烏』第1集, p.29. ⑤는 『かち烏』第2集, p.1.

여 이어지게 된 것을 기뻐하고 강조하는 듯한 노래가 많은 점이, 일본에서 유통된 리요 정조 작품집과는 구별되는 『까치』의 특징이라 할 수 있다. 또 하나의 특징으로서 수는 많지 않으나 다이쇼[大正] 시대의 근대화된 생활의 단면을 노래로 표현하는 점을 들 수 있다.

① 어슴푸레 달밤에 전화의 선들에는 사랑이 몇 줄이나 오고가겠지.
[朧月夜の電話の線にや戀が幾すじ通ふやら]

② 오니가시마까지 가는 꿈을 싣고서 노 젓는 소리 귀여운 해먹이구나.
[鬼が島迄で行夢棄せて, 艪の音可愛いハンモツク]

③ 아내라고 적히니 부끄럽고 기쁘네 국세조사가 나는 기쁘기만 해.
[妻と書れて恥しい嬉し, 國勢調査が私しや嬉し][162]

1920년 경성에서 간행된 『까치』에는 충분하다고는 할 수 없지만 위와 같이 근대화가 초래한 전화, 해먹, 국세조사와 같은 단어들이 일반화된 것을 알 수 있다. 우선 전화의 경우 한반도 전역에 전화기 수가 1910년에는 6,774대였다가 1920년에는 15,641대로 증가했고, 1923년에는 경성에만 전화가입자가 6,586명이었다고 한다. 1920년 당시의 경성은 '전화광 시대(電話狂時代)'[163]라 일컬어질 정도로 새로운 근대문

162 모두 1920년이며 ①은 『かち烏』第1集, p.3. ②는 『かち烏』第1集, p.4. ③은 『かち烏』第1集, p.5. ④는 『かち烏』第1集, p.29. ⑤는 『かち烏』第2集, p.1.

163 강준만(2009), 「제3장 경성은 지금 전화광 시대—일제강점기」, 『전화의 역사』, 인물과 사상사, pp.70~73. 여기에서는 1925년 발표된 염상섭의 「전화」라는 소설에 드러난 기계적 시간과 자본주의의 교환 시스템의 일상화, 안방과 기생방의 거리가 전화에 의해 무너지는 것에서 전화가 기존의 사적인 공간을 파괴하는 현상을 지적하고 있다.

명의 이기인 전화에 관심과 열광을 보였다. 두 번째 노래의 해먹은 제2차 세계대전까지는 선박, 특히 군함에 승선한 사람들의 잠자리로서 널리 사용된 점, 세 번째 노래의 국세조사는 1920년에 제1회 조사가 실시된 점을 각각 시대와 조응해서 볼 필요가 있다.

2. 조선의 리요 정조(俚謡正調)와 다카노 쇼토〔高野宵灯〕

이처럼 1920년 경성에서 간행된 리요 정조를 수록한 두 권의 작품집 『까치』를 근거로 하여 일본의 도도이쓰가 리요 정조로 변용하고 조선으로 이동한 경위를 살펴보았다. 즉 일본의 속가로서 에도 시대부터 유곽의 문예로 향유되던 도도이쓰는 그 비속화를 극복할 목적으로 신문의 현상모집을 계기로 하여 리요 정조로 변모했다. 1910년대에는 일본 전역과 타이완에 이르기까지 많은 리요 잡지가 간행될 정도로 유행하면서 점점 창작의 기반을 다지게 되었다. 그 흐름의 선상에서 1918년 경성에서 탄생한 〈파랑새사〉는 조선의 리요 정조를 내걸고 1920년에 3년 동안의 투고작을 모아 『까치』라는 작품집을 간행했다. 그런데 이 잡지에 수록된 리요의 투고자들은 일본 각지, 조선, '만주', 타이완 등 광범위하게 분포되어 있어서, 동아시아에서는 일종의 리요 정조 공동체라 할 만한 것이 형성되었던 것으로 보인다. 또한 『까치』는 그 이름에서 자명하듯 조선에 근거를 두고 발신한다는 명확한 의식을 가지고 있었다. 그러나 실제 작품에서는 로컬 컬러로서의 조선색을 드러내는 노력은 고려, 백제와 같은 옛 국명 표기에 머무른 것을 볼 수 있다. 한편 내용으로서는 정가의 영역을 넘어 근대적 문명의 이기와 생활상을 반영한 점이 엿보인다. 바로 이 지점에서 근대 조선을 배경으로 한 리요의 출발을 인식할 수 있다.

원래 춘계, 하계로 계절별 작품집을 지향하여 계간 작품집 형태로 출발한 『까치』는 이윽고 잡지로 변모했다. 『까치』를 기획한 세 사람은 기시 게이추[岸溪舟], 오쓰카 구스케[大塚久栖家], 다카노 쇼토[高野宵灯]인데, 이 중 오쓰카는 1920년 5월 요코하마[横浜]로 이사했고 기시가 작품 선고(選考)에 힘을 쏟았던 듯하다. 그리고 잡지의 편집과 발행의 대체적인 작업은 다카노가 담당했던 것으로 보인다. 1921년부터 1926년까지의 『까치』 활동에 관한 기록은 현재로서 찾기 어렵지만, 경성의 센류 전문잡지 『센류 삼매[川柳三昧]』(1928~30)에 기술된 기사들[164]로부터 『까치』가 1927년 3월에 재간(再刊)되었고, 1928년 3월을 끝으로 다시 동면에 들어갔으며, 1930년 5월에 세 번째의 부활을 도모했다는 대강의 이력을 읽어낼 수 있다. 이렇게 『센류삼매』라는 센류 잡지에 리요 잡지인 『까치』의 동정이 기록된 이유는 다카노 쇼토가 『센류삼매』의 발행주체인 〈남산음사(南山吟社)〉라는 결사의 주요 동인이기도 했기 때문이다.

그렇다면 1920년의 『까치』에 실린 노래들로부터 1927년에 간행된 잡지 『까치』로는 어떠한 변화가 초래되었던 것일까? 『까치』의 현존 잡지 세 호(1927년 5월, 8월, 11월호)를 통해 살펴보기로 한다. 더불어 리요와 센류에 걸친 다카노 쇼토라는 인물의 문예 활동에 중점을 두어 고찰함

164 南山吟社(1930), 『川柳三昧』38号, p.16의 광고란 및 『川柳三昧』39号, p.56의 「南無山房雜記」 등.

1927년 경성에서 도도이쓰 잡지로 간행된 『까치』

으로써, 1920년대 후반 조선의 일본어 대중시 장르가 1910년대의 작품집과 어떠한 차이를 보이는지 밝혀 보고자 한다.

우선 1927년의 잡지 『까치』는 「신도도이쓰[新都々逸]」, 「리요 정조(俚謠正調)」, 선평(選評)과 에세이 풍의 산문, 개인의 도도이쓰 노래, 리요 관계자들의 소식을 포함한 편집후기 등으로 구성되어 있다. 작품은 거의 「리요 정조」와 「신도도이쓰」란에 게재되어 있는데, 「신도도이쓰」의 경우에는 '눈물', '웃음', '여인들의 도구'와 같은 것들을 노래의 제목으로 미리 제시하고 있는 것에 비해, 「리요 정조」 쪽은 '겨울비', '늦가을'과 같은 해당 계절과 어울린 잡영(雜詠)을 모집하고 있다. 1927년의 잡지 『까치』의 작품에 빈출된 단어들은 '두 사람[二人]', '생각[思い]', '마음[心]', '쓸쓸함[淋]', '만나다[逢う]', '기다림[待ち]', '세대(世帶)' 등이어서, 주된 내용이 남녀의 정과 사랑인 것은 이전과 큰 차이가 없다. 다만 이하의 작품들에서 『까치』의 변화를 감지할 수 있다.

① 눈에 푸른 잎 무성한 산 두견새 초여름 가다랑어가 풍요롭지 않은

조선도 완연히 초여름의 모습이 갖추어졌습니다. 종종걸음에 펄럭이는 세일러복 옷깃도 기쁜 정경입니다. 가스등에 비치는 아름다운 사람도, 다시 없이 그리운 것 중의 하나가 되었습니다.

② 까다롭게 말하자면 거울도 여자만의 물건은 아닐 터. 모던 보이 등은 남자이면서 흰 분을 얼굴에 바르고 백주 대낮 태양 아래를 아무렇지 않게 걸어다니니 회중 거울 정도는 반드시 포켓 속에 숨기고 있겠지요.

③ 에이프런의 나비 맺고 또 맺은 사랑아 남들의 소문에도 귀를 덮누나.

[エプロンの蝶々結びに結んだ戀よ, 人の噂も耳かくし]

④ 쌓이는 실 자투리 산더미처럼 커져 바늘이 묵직하게 만드는 저금.

[たまる糸屑山ともなつて, 針がおもたくする貯金]

⑤ 와카쓰키 내각의 피지 못한 꽃이여 심사숙고 마치면 지기 바쁘네.

[若槻內閣莟の花よ, 考慮すませば散り急ぐ]

⑥ 동네 여인숙에서 듣는 라디오보다 역시 우리 논에서 우는 개구리.

[町の旅籠できくラヂオより, やはり我田で鳴く蛙]

⑦ 은행이 무섭구나 보험가게도 겁나 돈의 세상이라서 피할 적이라.

[銀行恐ろし保險屋こわし。金の世ぢやとて敵とて]

⑧ 사랑도 지금 세상 온통 손쉬운 것뿐 알루미늄의 작은 냄비와 같아.

[戀も当世のお手輕づくめ。アルミニユームの小鍋立]

⑨ 소리도 짤랑짤랑 알루미늄 젓가락 찻물의 밥 시원한 여름날 아침.

[音もちやらちやらニユームの箸で。茶漬涼しい夏の朝]

⑩ 기생들이 팔천 명 나란히 서서 가을 저녁을 장식하나 모란대에서.

[妓生八千並べて秋の。暮れを飾ろか牡丹台][164]

인용한 ①②의 산문과 리요 작품 ③⑥에서는 '가스등', '모던 보이', '포켓', '에이프런', '라디오'와 같이 근대화 사회에서 자주 볼 수 있는 비근한 외래의 것들이 노래되어 있다. 또한 ④⑤⑦에서는 저금, 은행, 보험, 와카쓰키[若槻] 내각을 운운하며 쇼와[昭和] 초기의 경제적 불황을 배경으로 삼고 있고, ⑧⑨에서는 알루미늄 젓가락이나 식기 등이 대중의 식생활에서 일반화된 것을 드러내고 있다. 어쨌든 1927년의 잡지에는 1920년의 작품집들에 비해 외래어나 근대화의 현실을 노래하는 내용이 눈에 띄게 증가한 것을 확인할 수 있다. ⑩과 같이 기생이나 평양의 명소 모란대를 소재로 삼아 조선적이라고 간주할 수 있는 작품이 한 수 정도는 보이지만, 전반적으로 조선색보다는 쇼와 초기의 대중생활의 실상을 직접 노래한 것이 한층 증가했다고 할 수 있다. 이 점이 1920년의 리요 정조 작품집 『까치』와 1927년 간행된 잡지 『까치』 사이의 가장 큰 차이로 보인다.

다음으로 『까치』의 대표자이며 주최자인 다카노 쇼토의 리요를 검토해 보자.

① 낮은 밥상에 올려놓은 상태로 술잔도 식어버려 쓸쓸히 울음 짓는 잘린 이야기.

[チャブ台へ,置いたまんまにお猪口も冷へて,淋しく泣いてる切話し]

165 ①은 「巻頭言」(1927), 『かち烏』5月号, p.1. ②는 「選を終りて」(1927), 『かち烏』5月号, p.11. ③은 「新都々逸 女の用具」(1927), 『かち烏』5月号, p.6. ④는 위의 글(「新都々逸 女の用具」), p.7. ⑤는 「俚謡正調 晩春初夏」(1927), 『かち烏』5月号, p.18. ⑥은 위의 글(「俚謡正調 晩春初夏」), p.19. ⑦은 「俚謡正調 夏期雑詠」(1927), 『かち烏』8月号, p.8. ⑧⑨는 「俚謡正調 世帯道具」(1927), 『かち烏』8月号, p.11. ⑩은 「俚謡正調 秋の暮」(1927) 『かち烏』11月号, p.11.

② 두 평짜리 방 기다리던 몇 날 밤 고민도 해결되어 기쁘게 전깃불을 끄는 오늘밤.

[四疊半, 待つた幾夜の思ひも晴れて, 嬉しく電氣を消す今宵]

③ 헤어질 무렵 미안하다 알면서 붙잡고 싶은 마음 짜낸 지혜라고는 갑자기 아픈 척.

[別れぎわ, 濟まぬと知りつつ引留めたさの, 智惠が俄かの造り癪][166]

다카노의 노래는 남녀의 사랑을 베이스로 한 정가를 기본으로 삼고 있다. 하지만 첫 번째 노래에서 보이는 다리 낮은 밥상을 일컫는 '자부다이[チャブ台]'가 1920년대 후반에는 일본 전역에 보급되었고[167] 쇼와 초기의 가족의 단란한 공간을 상징하는 심벌[168]이라는 점에서, 어느 정도 근대화된 대중의 일상을 엿볼 수 있는 노래를 지었다고 볼 수 있다.

앞에서 말한 것처럼 다카노 쇼토의 문예활동은 리요 잡지 『까치』뿐 아니라 경성의 유력한 센류 잡지 『센류삼매』에서도 확인 가능하다. 다카노는 『센류삼매』에 센류와 산문을 활발히 기고했고, 〈남산음사〉의 동인들은 그의 리요 활동을 응원했다. 〈남산음사〉에서의 다카노의 위치를 살필 수 있는 예로서 『센류삼매』를 하나의 내각에 비유하여 표현한 곳을 보면, 다카노가 해군대신(海軍大臣)에 해당한다며 '미인 예기 여급의 오라버니[美妓女給の兄さ]'라 적어놓은 것[169]을 볼 수 있다. 그가

166 高野宵灯(1927), 「新都々逸 花街情痴」 『かち烏』11月号, かち烏俚謡社, p.30.

167 小泉和子(2002), 『ちゃぶ台の昭和』, 河出書房新社, p.4.

168 町田忍(2006), 『昭和レトロ博物館』, 角川學芸出版, p.22.

169 「三昧内閣の成立」(1930), 『川柳三昧』第41号, 南山吟社, p.55.

실제로 해군 관계의 일을 하면서 조선에 재주한 것인지는 현재로서 확언하기 어렵지만, 그의 캐릭터가 예기나 여급들과 가까운 리요 문예의 종사자로서 이미지화되어 있었다는 것은 상상하기 어렵지 않다.

한편 『센류 삼매』에는 '에로· 그로· 넌센스', 즉 1920년대의 간토 대지진(關東大震災)으로부터 쇼와 초기에 걸쳐 지속하고 찰나적인 대중문화나 그 풍조를 대변하는 용어가 센류 작품과 잡지 내 기사들의 키워드로 다용되고 있다. 이 점에서 1910년대부터 조선에서 창작된 센류를 대대적으로 모은 1922년의 센류 구집(句集) 『조선 센류[朝鮮川柳]』와는 상당히 대조적이다. 그것은 『조선 센류』는 조선의 풍물, 인사(人事)를 일본어로 소개하고 그 말을 구사한 센류를 나열함으로써 조선의 센류라는 것을 표방한 단행본이기 때문이다. 참고로 『센류삼매』에는 다카노가 발표한 '빨대로 이미 다 마셔 버렸다는 소리를 내고[ストローにもう飲み切つた音を立て]'[170]라는 센류가 있는데, 빨대가 19세기 말 미국에서 발명되어 20세기 초에 전 세계로 퍼진 것을 고려한다면, 그의 센류에서도 역시 근대적인 일상의 사항과 사물들이 소재가 되었다고 할 수 있겠다.

이상 1918년부터 1940년대 초까지 20년 넘게[171] 경성에서 센류와 도도이쓰라는 일본의 전통시가 분야를 리드한 다카노의 활동에 대해 검토해 보았다. 1910년대와는 확연히 변화한 쇼와 초기 경성의 도도이쓰와 센류를 살펴보았는데, 경성에서 간행된 리요 잡지 『까치』는 10

170 「川柳雑詠」(1930), 『川柳三昧』第39号, p.22.

171 까치카라스 음사[かちからす吟社]와 다카노 쇼토의 이름은 1942년의 「街歌往来」 『しぐれ』, 第六巻第十一号(通巻54), 街歌しぐれ吟社, p.12.에도 경성이라는 거주지와 함께 보이므로 1942년 10월까지 경성에 체류했던 것이 확인된다.

년 전의 도도이쓰 작품들과는 달리 조선적인 특색을 드러내기보다는, 오히려 대중의 생활에 파고든 근대 일상의 소재를 노래하는 경향으로 변화한 것을 인식할 수 있었다.

이처럼 1920년대를 거치면서 급속히 진행된 근대의 대중화 사회는 대중시를 표방하는 근접관계에 놓인 두 문예, 즉 센류와 도도이쓰의 1920년대 후반 작품에 보다 적극적으로 표현되었다. 그리고 이러한 변화는 1930년대에 들어 한층 더 전면적인 현상으로 변용되는데, 이제 경성의 도도이쓰가 1930년대 후반 이후에는 어떠한 국면을 맞게 되는지 파악해 보기로 한다.

3. 가이카(街歌)와 모던 경성

도도이쓰가 그 원조격인 리요의 올바른 곡조와 정조를 지향하여 탄생한 리요 정조도 시간이 지남에 따라 점점 비속해지게 되었다. 리요 정조의 타락이 기존의 도도이쓰 이상으로 심해지는 것을 개탄하며 일본의 삼대(三大) 전통시가 양식의 하나인 스물여섯 글자 단시의 치욕이라 느낀 것은, 앞서 언급한 『미야코 신문[都新聞]』의 히라야마 로코[平山蘆江]였다. 히라야마는 전통적인 시골마을 사회를 기반으로 한 '마을[里·俚]'의 노래인 '리요(俚謠)'가 있듯이 도시의 '거리[街]'에는 시가지의 노래인 '가이카[街歌]'가 있는 것이 당연하다고 주장하며 '와카[和歌]'와 '리요(俚謠)'를 둘 다 의식한 호칭으로서 '가이카'를 제창했다. 이것이 1933년의 일이다.

흥미롭게도 식민지 조선에서도 바로 앞에서 서술한 다카노 쇼토의 1930년대 활동 속에서 '가이카'라는 용어를 사용한 도도이쓰를 볼 수 있다. 그는 재조일본인과 조선인 문인들이 문예물을 게재한 한반도의 유력 일본어 잡지 『경성잡필(京城雜筆)』에 1936년의 1년 동안 「신정시(新情詩)」, 「가이카[街歌]」라는 타이틀을 붙인 도도이쓰와 센류를 발표했다. 경성에서 20년 이상 간행된 한반도 최대의 인텔리 문예지라 할 만한 『경성잡필』과 이 잡지를 출판한 경성잡필사(京城雜筆社)의 단행본 『조선 수필(朝鮮隨筆)』(1935)은 히라야마 로코의 조선 방문과 그에 수반한 경성의 도도이쓰계(界)의 반응을 알 수 있는 좋은 자료이다. 왜냐 하면 1935년부터 1936년에 걸친 다카노 쇼토의 글과 도도이쓰 작품을 통해 '가이카'로 용어가 변환된 것을 예증할 수 있기 때문이다. 그렇다면 다카노를 중심에 놓고 이전의 리요 정조와 1930년대 중반의 가이카를 비교할 때, 그 내용과 표현 면에서 어떠한 변화가 초래된 것일까?

『조선 수필』에는 다카노 쇼토의 「리요 다화(俚謠茶話)」라는 글이 수

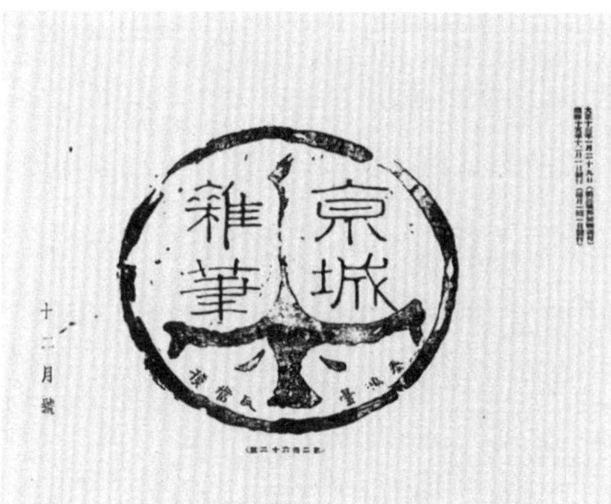

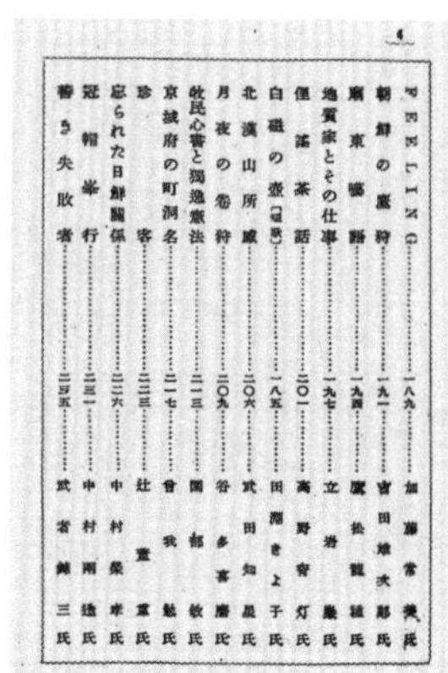
PEELING……一八九……加藤常[illegible]氏
朝鮮の[illegible]……一九一……吉田[illegible]次郎氏
[illegible]東[illegible]……一九四……[illegible]氏
地質家とその仕事……一九七……立岩[illegible]氏
俚謠茶話……二〇一……高野[illegible]氏
白磁の壺（[illegible]）……一八五……田淵きよ子氏
北漢山所[illegible]……二〇六……武田知[illegible]氏
月夜の[illegible]……二〇九……谷多喜磨氏
牧民心書と獨逸憲法……二一三……[illegible]部[illegible]氏
京城府の町洞名……二一七……曾我[illegible]氏
珍客……二二三……辻[illegible]氏
忘られた日鮮關係……二二六……中村榮孝氏
冠帽[illegible]行……二三一……中村兩造氏
[illegible]失敗者……二三五……武者[illegible]三氏

경성잡필사가 간행한 수필 전문 잡지 『경성잡필』과 단행본 『조선 수필』의 목차 일부

록되어 있는데 다카노는 그 모두에서 다음과 같이 말한다.

> 누군가의 센류에 '이제 곧바로 마무리될 작업은 노래가 되네'라는 것이 있습니다만, 잘 꿰뚫어 표현한 구라고 생각합니다. 노래는 우리들 인간 생활상에 일종의 윤택함과 위안을 주는 유일한 것임은 부정하기 어려운 사실이며, 거기에 그 표현이 전원에서 찻잎을 따며 부르는 노래가 되고, 모내기 노래가 되고, 도회의 도도이쓰나, 요시코의 가락[よしこの節]이 된 것이라고 생각합니다. …중략… 센류나 하이쿠가 시세에 순응하여 차차 새로운 경지를 개척해가듯 우리의 리요도 신시대의 현재 생활에 적응되는 새로운 작품을 요구하는 것입니다.[172]

"요시코의 가락"이란 내용과 형식이 도도이쓰와 비슷한 에도[江戶] 시대 후기 유행한 속요를 말하는데, 다카노가 경성 생활 중에 착실히 해온 센류와 도도이쓰 활동에 대한 스스로의 의의와 위치를 살필 수 있는 부분이다. 또한 이 뒤에는 『요로즈초호』의 '리요 정조'로부터 시작된 근대 리요의 역사에 의미를 부여하며, 리요를 폄하하는 관점에 대해 '리요의 의미를 모르는 사람들의 극히 천박한 편견이다'라고 반박하고, 라이 산요[賴山陽], 요시다 쇼인[吉田松陰], 이토 히로부미[伊藤博文], 소네 아라스케[曾根荒助] 통감 등 유명인의 리요 작품을 추천 소개하고 있다. 그리고 좋은 리요에는 '와카나 하이쿠에서는 여간해서 드러낼 수 없는 완전히 리요만의 독점적인 무언가'가 있다고 역설하고,

172 高野宵灯(1935)「俚謠茶話」『朝鮮隨筆』, 京城雜筆社, p.201.

'와카는 우아한 미 하이쿠는 맛인데 특히 리요에서는 마음의 의기[和歌はみやびと俳句は味よわけて俚謠は心意氣]'라는 도도이쓰로 맺고 있다. 다른 시가 장르와 구별되는 리요의 장점을 주창하면서 인간생활에 보다 밀접한 리요에도 새로움이 요구되는 것을 인식하고 있다. 하지만 거기에는 도회의 노래로서 '가이카[街歌]'라는 표현은 아직 보이지 않는다. 어쨌든 리요가 시대의 변화에 적극적으로 조응하는 새로운 작풍을 탄생시켜야 한다는 지적은 주목할 만하다.

그럼 여기에서 말하는 '신시대의 현재 생활에 적응되는 새로운 작품'이란 어떠한 것을 지적할까? 이것은 조선에서 '리요 정조'가 '가이카'로 변용되는 과정을 봄으로써 그 해답을 찾을 수 있을 것이다. 관견한 바에 따르면 조선에서 '가이카'라는 말이 최초로 등장하는 것은 히라야마 로코의 경성 방문 직후인 1936년 5월이다. 이 달에 간행된 『경성잡필』에는 「로코 선생 환영 연석상에서 읊은 노래[蘆江先生歡迎宴席上詠草]」라고 하여 히라야마를 만난 재조일본인 여덟 명과 히라야마가 읊은 리요가 도합 아홉 수 게재되어 있다. 그리고 그 다음달인 6월호에 「'가이카' 작품[詠草]」이라는 타이틀로 스무 수의 도도이쓰가 처음 등장한다. 그중 몇 수를 살펴보자.

① 이 얼굴 저 얼굴의 옛날 친한 벗들의 모습이 그립구나 사진첩 보니.

[あの顔この顔, 昔の友の, 面影戀しい, 寫眞帖]

② 빌딩을 돌아가면 네온의 불빛들에 맥주가 생각난다 거리 가로수.

[ビルをまがれば, ネオンの灯影, ビール戀しい, 町並木][173]

---

173 「「街歌」詠草」(1936),『京城雜筆』6月號, 京城雜筆社, p.37.

이 노래들은 한반도에서 처음으로 '가이카'라는 명칭으로 출현한 것인데, '사진첩(앨범)', '빌딩', '네온의 불빛', '맥주', '거리 가로수' 등 근대 경성 시가의 풍경과 모던한 일상(용품)을 노래 속에서 전면적으로 드러내고 있다. 이를 필두로 1936년의 『경성잡필』에는 다카노의 센류나 도도이쓰가 '신정시', 혹은 '가이카'라는 명칭으로 잇따라 게재된다. 당시 발표된 다카노의 노래, 특히 '가이카'에는 시가지의 노래에 어울리는 대중시로서 대중화 사회에 급속히 퍼져간 외래의 문물과 외래어가 다용되고 있다.

얼음미끄럼[氷辷り]

① 잘 못 타는 스케이트 그대의 내민 손을 잡고서 기쁘게도 연습을 한다.

[馴れぬスケート, 貴郎のお手を, 借りて嬉しく, するけいこ]

② 돌아온 아파트에 차디찬 침대에서 밤잠자기 쓸쓸한 빗소리 들려.

[戻るアパート, 冷めたいベッド, 宵寝侘びしい, 雨の音]

③ 서로 맞닿은 영혼 마음도 서로 맞아 기뻐하는 두 사람이 가는 하이킹.

[触れ合ふ魂, 調子も合って, 嬉しい二人の, ハイキング]

④ 그로부터 네댓 대 아직 안 오는 사람 여인이 기다리고 있는 정류소.

[あれから四五台, まだ來ぬ人を, 島田が待つてる, 停留所]

⑤ 돌아가는 프로펠러 찬 바람 가르면서 지구를 내려본다 하늘의 여행.

[廻るプロペラ, 涼風切つて, 地球を見下す, 空の旅]

⑥ 곡선을 그리면서 오색찬란 수영복 요란히 눈을 끄네 다이빙하며.

[描がく曲線, 五彩の水着, 派手に目をひく, ダイビング]

⑦ 일부러 물에 빠져 그대의 팔에 기쁜 듯이 매달려 있는 해수욕 복장.

[わざと溺れて, 貴郞の腕に, 嬉れしくすがつた, 海水着]

⑧ 소다수만을 놓고 밀담은 아직 끝나지 않아.

[ソーダ水だけで密談まだ濟まず]

⑨ 레코드 틀고 네댓 명이 춤추는 여름의 달밤.

[レコードへ四五人おどる夏の月]

⑩ 얼음을 깨는 소리 주방에서 시원해 벌레도 울음 그친 새벽의 두 시.

[氷割る音, 廚に冴へて, 虫も啼き止む, 午前二時]

⑪ 나약한 마음 일부러 야단치고 훌쩍 여윈 아내의 얼음주머니 베개 바꿔준다네.

[氣弱さを, わざと叱つて, やつれた妻の, 氷枕を, かへてやる]

⑫ 모두가 커플이고 나하고 저 달만이 오로지 쓸쓸하네 외톨이라서.

[皆んなアベック, 私しと月と, だけが淋しい, 獨りボチ]

⑬ 안녕히 주무시라 라디오도 끝나고 기다리는 내 귀에 툭툭 빗소리.

[おやすみなさいと, ラヂオも濟んで, 待つ身へしとしと雨の音][174]

이렇게 다카노에 의해 1930년대 중반의 경성 도시생활이 노래되어 있다. 특히 ①과 ⑥의 '스케이트'나 '다이빙'과 같은 스포츠가 대중의

174 ①은 「浅春十章 新情詩」(1936), 『京城雑筆』204号, p.28. ②③은 「触れ合う魂 新情詩」(1936), 『京城雑筆』205号, p.22. ④는 「花紅柳綠 新情詩」(1936), 『京城雑筆』206号, p.4. ⑤⑥⑦은 「冷やっこ 街歌」(1936), 『京城雑筆』7月号, p.24. ⑧⑨는 「夏日風景 川柳」(1936), 『京城雑筆』8月号, p.16 ⑩⑪는 「秋の風 街歌」(1936), 『京城雑筆』9月号, p.40. ⑫⑬은 「新香の味」(1936), 『京城雑筆』10月号, p.37.

놀이 혹은 관람용으로 일상화되고, ③과 ⑦의 '하이킹'과 '해수욕'도 역시 여가 문화로서 이 시기에 일반화되었다. 예를 들어 1912년 경성일보사(京城日報社)가 용산 연병장 앞에 야외 스케이트장을 만들었는데 이것이 한반도 최초의 인공 스케이트장이었으며, 보령시 문화의 전당에서 열린 「해수욕 전시회」에 따르면 1920년대 초 원산의 송도원 해수욕장에서 한국의 근대 해수욕 문화가 시작되었다고 한다. 그 후 인천 월미도와 부산 송도 해수욕장이 개장되어 인기를 얻었고, 1930년대에는 대천 해수욕장이 개장했다고 한다. 1920년대 해수욕 수영복의 형태는 무릎 아래와 팔꿈치까지는 드러나는 것이었고, 1920년대 후반에 어깨, 팔, 허벅지도 드러나게 되는 오늘날의 수영복과 비슷한 형태가 되었다고 하니 약 100년 전 스케이트와 해수욕이 이미 대중화되었다는 것을 알 수 있다.

또한 ②와 ⑧에서는 기본생활인 의식주에서 '아파트'나 '침대'가 주거공간에 확산되고 '소다수'[175]가 음용되는 생활의 변화가 포착되어 있다. 또한 ④⑤에서는 교통수단, 탈것의 변화를 보여주고 있는데 당시 경성에서는 이미 몇 십만 명이 이용하던 대중교통 수단인 전차와 '하늘의 여행'으로 지구를 내려다보는 비행기[176] '프로펠러'가 노래의 소재가 되었다. 특히 전차는 경성을 비롯해 지방 도시로 보급되어 1915년 부산, 1923년 평양에서도 운행을 시작했다. 경성의 경우 1909년 하

---

175 메이지 시대부터 널리 유통된 소다수 '라무네(ラムネ)'에 관해서는 『동아일보』1934년 7월 11일자 기사 「라무네 만드는법 당장에 될수 잇읍니다」가 참고가 된다.

176 1922년에는 한국 최초의 비행사 안창남이 여의도 비행장에서 금강호를 타고 비행했다. 일제강점기에는 일본이 군국주의 정책을 수행하기 위해 필요한 글라이더제작소와 일본 해군과 육군을 위한 비행기 제작공장을 한반도에 설립했다.

루 평균 이용객이 칠천여 명이었는데, 1939년에는 35만 명, 1942년에는 53만 명에 달할 정도로 급증했다[177]고 한다.

그리고 ⑩과 ⑪은 9월호에 게재된 노래이므로 창작 '가이카'의 모집은 7월이나 8월, 즉 한여름에 이루어졌을 터인데, 여름에 주방에서 얼음을 깨는 소리가 나고 열을 식히기 위한 얼음주머니 베개가 일반화된 용품으로 등장하므로, 여름에 얼음을 사용하기 위한 제빙, 냉동기술이 이미 있었다는 것을 반영한다. 마지막으로 ⑨와 ⑬에서 보이듯 도도이쓰를 노래, 즉 속가 장르라는 성격과 관련시켜 본다면, 1930년대에 생활에 큰 영향력을 지닌 것은 대중이 듣는 환경인 레코드나 라디오 문화였음을 알 수 있다.

요컨대 '가이카', '신정시'로 일컬어진 1930년대 중반의 도도이쓰 장르는 이전의 잡지 『까치』에 비해 한층 명백하게 대중의 일상생활을 적극적으로 소재로 삼는 점에 그 특징이 있다. 모던한 경성 생활과 문화 및 환경이 기본 의식주뿐 아니라 여가와 스포츠의 대중화 측면에서도 파악된 것을 확인할 수 있는 것이다.

즉 다카노가 1935년 『조선 수필』의 「리요 다화(俚謠茶話)」에서 '신시대인 현재 생활'을 적극적으로 반영하는 '새로운 작품'을 창작해야 한다고 했던 제안은 명료한 방향성과 의도가 있는 것이었다. 물론 여기에서 도도이쓰를 '가이카'나 '신정시'와 같은 이름을 내걺으로써, 자꾸 타락하고 비외한 경지로 기울어가며 비속해지는 경향에서 탈피시키고자 한 의식이 엿보인다. 더구나 '신시대인 현재 생활'이라는 문면에서

177 노현석(2004) 『모던의 유혹, 모던의 눈물—근대 한국을 걷다—』 생각의 나무, pp.158~161.

보여주고 있듯이 이러한 '가이카', '신정시'에 어떠한 내용을 담아낼 것인가 하는 문제의식이 중요하다. 그것이 의미하는 것은 이상에서 본 것처럼 대중이 모여 생활하는 모던한 대도시의 특징, 도시 대중이 일상적으로 이용하고 생활에서 직접 접하는 근대의 매체 등을 적극적으로 노래로 만들려는 방향성이었다.

한국의 문학 연구계에서도 1920년대, 1930년대의 대중화된 도시생활과 생활 방식에 관련된 다양한 문화 변모를 다루는 연구가 진행되어 일정 성과를 보여주고 있는데, 경성에서 생활한 재조일본인도 일본의 전통적인 속가인 도도이쓰 장르를 통해 그들의 모던한 생활을 반영한 노래를 창작했다고 할 수 있을 것이다.

쇼와 시대에 들어선 이후의 『까치』나 『센류삼매』, 『경성잡필』과 같은 잡지에 실린 센류와 도도이쓰를 보면, '식민지 일본어 문학'에서 일본의 전통시가 영역은 대중적 장르로서 이미 확산되어 있었다. 도도이쓰라는 속가 장르 역시 동시대성을 유지하면서, '리요 정조', '가이카' 등의 명칭의 변화를 보이며 그 명칭 변화에 적합한 내용을 드러내고자 변용해간 것이다. 그것은 때로는 조선에서 읊어진 노래라는 특색을 드러내기도 하고, 때로는 대중의 모던한 일상생활을 표현하기도 했다.

원래 대중적 속성을 지닌 센류와 도도이쓰에서는 대중화가 점점 진행되는 도시의 모던한 일상, 즉 인구의 증가와 현대적 일상생활의 영위를 소재나 내용으로 담아갔다는 변화가 분명하게 인지된다. 그리고 1930년대의 '가이카'에 이르러서는 도시생활의 노래로서 모던한 경성의 대중 일상이 한층 선명하게 표상되어 있는 것을 확인할 수 있다. 1930년대의 '가이카'는 일본뿐 아니라 조선, 나아가 동아시아 공간에서 센류와 더불어 대중적 시가 문학으로서 당시 일본어 권역에서 기능한 국제성과 동시대성을 획득한 장르였다.

이렇게 단카와 하이쿠에 비해 대중적이었다는 이유로 예술성과 문학성이 부족하다고 평가되어 도외시되던 도도이쓰 장르가 일제강점기 당시 한반도에서 전개되고 변용한 과정을 추적해 보았다. 그리고 근대의 대도시 경성의 대중화 사회의 실상과 일본의 전통시가 장르의 관계를 읽어낼 수 있었다. 문학에서 '아(雅)'와 '속(俗)'의 영역은 사실 서로 맞닿아 있는 것으로 이에 관한 균형 잡힌 고찰이 식민지 시대의 현실을 입체적, 객관적으로 이해하는 좋은 단서가 될 것이다.

7강 키워드

도도이쓰[都々逸], 리요 정조(俚謡正調), 가이카[街歌], 정가(情歌), 속가(俗歌), 센류와 도도이쓰, 『까치[かち烏]』, 다카노 쇼토[高野宵灯], 쇼와 불황[昭和不況], 에로・그로・넌센스(エロ・グロ・ナンセンス), 모던 경성, 『경성잡필(京城雑筆)』

8강
『조선풍토가집(朝鮮風土歌集)』과 경성의 풍토

1. 1930년대의 가단과 『조선풍토가집』의 탄생 및 특성

1920년대에 한반도의 단카, 하이쿠 장르는 한반도 전역에 걸쳐 유파나 계통별로 전문 잡지를 중심으로 왕성한 창작 활동을 하며 본격적인 문단을 형성했다. 단카와 하이쿠뿐 아니라 센류와 도도이쓰 장르도 전문 잡지를 간행하며 많은 회원들의 뒷받침으로 한반도 일본어 문학 문단에서 두각을 나타내었다. 각 유파나 결사가 한반도에서 자신들의 대표성을 획득하고자 한 노력은 여러 방면에 걸치는데, 그중에서도 조선적인 소재를 시가에 도입하는 것은 1920년대를 거쳐 1930년대에 이르러서도 가장 중요한 창작 방식이자 과제였다.

이번 장에서 중점적으로 다루고자 하는 것은 1930년대 중반에 간행된 한반도 최대의 가집 『조선풍토가집(朝鮮風土歌集)』과 경성의 풍토에 관해서다. 이는 앞서 '반도 가단의 개척자'로서 〈진인사〉가 한반도 문단에서 큰 역할을 할 수 있게 여러 특집을 기획했던 이치야마 모리오가 편찬한 것인데, 1935년에 『진인』 창립 12주년 기념출판물로 〈진인사〉에서 간행했고, 이듬해에 조선공론사(朝鮮公論社)에서 제2쇄를 출판했다. 이 가집은 당시 조선에 거주하거나 과거에 조선에 체류한 가인, 혹은 조선을 여행했거나 조선과 관계가 있는 가인들의 작품을 망라하여, 그중에서도 유파를 불문하고 '조선색'이 드러나는 단카를 선별해서 채록한 것이다. 단카 창작의 시기는 메이지[明治], 다이쇼[大正], 쇼와[昭和]기라 일컬은 당시에 이르기까지 30년이 넘는 기간이며, 가인의

〈진인사〉 창립 12주년 기념 가집 『조선풍토가집』 속표지

범위도 일본인뿐 아니라 김응희(金應熙), 장병연(張秉演), 정지경(鄭之璟), 최성삼(崔成三) 등 조선인의 단카까지 포함하고 있다.

『조선풍토가집』에는 당시 제국 일본의 확장 구도 내에서 문학이나 미술 분야 등에 로컬 컬러로서 '조선색'을 강조하던 문화 담론으로부터 받은 강한 영향이 보이고, 이를 단카 분야에서 발굴하고 유통시키려는 시대적 문맥이 잘 드러나 있다. 이렇듯 이 가집은 당시의 지방으로서의 조선 로컬 컬러를 강조하는 측면이 있지만, 양적으로든 질적으로든 조선, 조선인, 조선문화를 종합적으로 묘사한 최대 단카집인 것은 분명하다.

이 가집이 나온 것을 축하하며 1935년 4월호 『진인』에는 다음과 같은 내용의 글이 실렸다.

> 편자인 이치야마 선생님께서 수많은 서적 속에 묻혀서, 5년간의 긴 세월을 정선하고 또 정선을 거듭해서 발표하신 이 가집, 수록된 풍토

가가 메이지, 다이쇼, 쇼와의 3대를 아우르는 칠천여 수, 가인은 대략 팔백 명, 이것만으로도 이 가집이 얼마나 호화롭고 방대한지 짐작할 수가 있다.

책머리는 조선과 인연이 깊은 일본 초서의 대가인 오노에 사이슈[尾上柴舟] 박사의 명필, 제본은 역시 조선과 연고가 있는 아사카와 노리타카[浅川伯教] 씨의 조선 컬러 풍부한 고풍스러운 것, 서문은 『마음의 꽃[心の花]』의 가와다 준[川田順] 씨, 『창작(創作)』의 와카야마 기시코[若山喜志子] 여사, 그리고 우리의 호소이[細井] 선생님 세 분이 각각 명문(名文)을 써 주셨다.

이 가집은 종류별로는 풍토편, 식물편, 동물편, 각도별(各道別)편, 잡(雜)편의 다섯 편으로 분류되고 그 목차만도 수십 페이지를 할애하고 있어 정성을 다해 친절한 편집을 했음을 짐작할 수 있다.

이 가집에 수록된 노래는 모두 조선의 노래이다. 이 한 권의 가집을 읽어 내려가다 보면, 나의 눈과 마음으로 아직 보지 못한 낯선 고장인 조선의 풍물이, 식물이, 동물이, 그리고 신기한 조선의 풍속, 생활이 파노라마처럼 떠오르는 것 같다.[178]

1935년 간행된 『조선풍토가집』이 이치야마의 노력으로 얼마나 대규모이면서도 세심하게 기획되고 편찬되었는지, 당시 이 분야의 내로라하는 유명인들에 의해 뒷받침된 가집이라는 〈진인사〉의 자부심, 그리고 『조선풍토가집』이 지향한 특성 등이 잘 드러난 내용이다. 이 가

178 林政之助(1935), 「『朝鮮風土歌集』 雜感」 『眞人』第13卷第4號, pp.68~69.

집의 특성으로 가장 주목되는 것은 역시 수록된 단카가 "모두 조선의 노래"라는 점으로 조선의 풍물, 식물, 동물, 풍속, 생활을 노래한 "풍토가"가 팔백 명 가인에 의해 칠천여 수나 집대성된 점이라 하겠다.

이하 이 가집에 가와다 준, 와카야마 기시코, 호소이 교타이가 보낸 서문들을 통해 이 『조선풍토가집』에 기대된 바가 어떠한 것이었는지 그 구체적 내용을 살펴보자.

① 조선의 풍토는 경성을 비롯해 어느 곳이나 좋고 일본 내지와는 적잖이 취향을 달리한다. ……이번에 기획된 『조선풍토가집』의 내용은 아직 못 보았지만, 이러한 종류의 가집은 로컬 컬러가 차분히 드러나지 않으면 의의가 없다고 나는 생각한다. ……뛰어난 풍토 단카는 그 나라에 오래 살거나 몇 번이고 그 땅을 여행한 자가 아니면 짓기 어렵다. ……이번 가집에도 조선에 재주하는 제군들의 노래가 많이 들어가리라 생각하는데, 내가 기대하는 이국정조(異國情調)가 배어나온 것이기를 절실히 바란다. 그리고 이것을 하나의 신기원으로 삼아 조선에 재주하는 제군들이 더욱 공부하여 제2의 『조선풍토가집』이 간행되기를 촉망한다.

② 『조선풍토가집』의 편찬 이야기를 듣고 저는 그 의의 있는 사업에 대해 마음으로부터 찬성하며 깊은 희열을 느끼는 한 사람입니다. …… 그 때는 제2의 『조선풍토가집』에 넣어 주시리라 벌써부터 기대하고 있습니다.

③ 종래 수필적 풍토기나 경제 풍토기 종류는 하나둘 시도된 듯하지만, 그런 것은 단순한 여행기나 통계, 현상 보고에 불과하다. 하지

> 만 여기에는 조선 풍토 안에 진지한 인간 생활이 수놓여 있다. 타산적이지 않은 영혼의 집으로서 하나하나에 거짓되지 않은 향토와 인간 표현이 있다. 조선의 자연에 융합된 한 사람 한 사람의 숨결을 들을 수 있다. 그리고 영겁으로 이어질 조선의 생명을 전하고 있다. 『조선풍토가집』이 위대한 까닭은 실로 여기에 있는 것이다.[179]

세 유명 가인들의 서문을 통해 『조선풍토가집』 편찬 사업은 분명 "위대"하며 "의의 있는" 것으로 아직 첫 가집이 나오기도 전에 "제2의 『조선풍토가집』"까지 기대를 모으고 있었다. 여기에는 "로컬 컬러가 차분히 드러나"고 "이국정조가 배어"나야 한다는 것이 강조되고 있는데, 물론 '이국정조[exoticism]'라는 말에서 조선이 '이국'이라 칭해지며 '내지인'에게 그저 호기심으로 소비되는 정조로써 인식될 가능성도 있지만, 1920년대 후반의 재조일본인 가인들은 조선을 제2의 향리, 즉 '향토'로 표현하기도 했다.

서문을 쓴 명사들 중에서도 이치야마의 편찬 기획에 가장 깊이 찬동한 사람은, 당연히 1920년대 초반 경성에서 처음으로 〈진인사〉를 설립한 호소이 교타이였음은 말할 것도 없다. 따라서 ③에서 보이는 바처럼 기존 풍토기가 그저 여행기, 통계, 보고적 성격에 불과했던 것에 반해, 『조선풍토가집』은 진솔한 "향토와 인간"의 관계와 표현이자 "진지한 인간 생활"이 수놓인 "조선의 자연에 융합된" 숨결을 감지하게 하

179 ①은 川田順(1935) 「序」 『朝鮮風土歌集』 朝鮮公論社, pp.1~2. ②는 若山喜志子(1935) 「序」 같은 책(『朝鮮風土歌集』), pp.3~6. ③은 細井魚袋(1935) 「序」 같은 책(『朝鮮風土歌集』), pp.7~8.

는 점에서 생명력과 의미를 부여하고 있다.

이 세 사람의 서문에서 특히 눈여겨 볼 단어는 역시 가집의 제목에서 사용된 '풍토(風土)'라는 말이다. 풍토는 조선의 '풍물', '특이한 토지', '국토', '향토', '자연'이라는 말과 등치적으로 사용되었다. 이것은 1920년대 후반부터 눈에 띈 경성의 〈진인사〉가 조선의 역사와 전통을 담보하는 '향토' 담론에 집착하고, 그 일환으로 조선의 민요와 자연을 연구했던 동향의 연장선으로 보인다.

1935년 1월 『조선풍토가집』 간행 시점에서의 '풍토' 개념을 이해할 때는 다음 세 가지 측면을 함께 고려해야 한다. 첫째, 당시 일본에서 큰 반향을 일으킨 철학자 와쓰지 데쓰로[和辻哲郎]가 저술한 『풍토—인간학적 고찰(風土—人間学的考察)』이라는 책인데, 와쓰지의 '풍토'가 자연환경뿐 아니라 인간 생활의 모든 예술 양식과 역사성을 포함하는 것이 그 요지라 하겠다. 다만, 와쓰지 저작은 1935년 8월 출간이라 『조선풍토가집』이 선행하는 것이므로 직접적 영향을 준 것은 논할 수 없되, 1935년을 전후한 동시대 개념으로서 '풍토'에 자연, 지역, 인간의 생활, 삶의 양태, 문화와 풍속까지 그 사정권에 들어 있었던 점을 지적해

와쓰지 데쓰로와 그의 1935년 저작 『풍토』

둘 필요가 있다.

둘째, 1920년대 후반부터 〈진인사〉 관련자들이 집착했던 조선 특유의 '향토'라는 관념이 '풍토'로 흡수되어 있다는 점이다. 〈진인사〉와 가까이 교유하며 1928년 『조선풍토기(朝鮮風土記)』라는 저술을 남긴 평론가 난바 센타로[難波專太郎]는 이 책과 『진인』의 지상(誌上)을 빌어 당시의 민요의 대가로서 조선에 강연을 오기도 했던 노구치 우조[野口雨情]와 '향토' 개념을 둘러싸고 날선 논쟁을 벌이기도 할 정도였으니, 〈진인사〉가 주목한 '향토'로서의 조선과 조선 민족, 조선의 민요에는 조선 고유의 종적 역사와 전통이 내재되어 있는 '풍토'로 치환된 것이라 볼 수 있을 것이다. 특히 위에서 언급한 난바 센타로가 『진인』의 지상(誌上)에서 노구치 우조와 향토의 개념을 놓고 논쟁한 사례가 대표적이다.

평론가 난바 센타로가 저술한 『조선풍토기』

이처럼 조선 고유의 자연 환경과 인간의 생활을 포인트에 맞춘 '풍토'는 이 가집의 조선색을 담보해주는 말로 작용했다.

하나, 본서는 현재 조선에 사는 가인, 과거에 거주했던 가인, 여행자, 조선에 관계를 가진 가인의 작품에서 조선색이 드러난 것을 염두에 두고 일당 혹은 일파에 편중되지 않게, 유명 무명을 막론하고 채록 범위를 광범위하게 잡았다.

하나, 이 책은 메이지, 다이쇼, 쇼와에 걸쳐 조선 풍물을 읊은 오늘날

> 까지의 작품을 집록한 것으로 가인 및 조선의 단카 감상자들이 좌우(座右)의 보전(寶典)으로 삼을 만한 것임과 동시에 또한 국문학(=일본문학)적으로도 의의 있는 문헌이라 믿는다.[180]

여기에서 이 가집은 "조선색이 드러"나는 것이 중요한 기준으로, "조선 풍물을 읊은" 작품을 집록한 것이며 '조선'과 '단카'의 카테고리에서는 분명 보전(寶典)이라 해도 좋을 일본문학사적으로 의의 있는 문헌임을 자부하고 있다. 물론 행간에서 제국의 욕망을 반영한 일본인의 발언이라는 측면, 조선을 일제의 한 지방으로 보는 관점[181]을 완전히 걷어낼 수는 없다. 또한 이 부정적인 면모는 일제 말기에 이르러 한반도의 유일한 시가 전문 잡지로 간행되는 『국민시가(國民詩歌)』에 이르면 더욱 선명해진다. 그러나 1920년대 중반부터 10년 동안 조선 풍토를 소재로 조선색 풍부한 노래를 집대성한다는 편찬 목적에 의해 간행된 『조선풍토가집』 작업에서 조선 문화에 대한 애호, 특수성과 고유성을 조선 '민족'이라는 개념에 입각해 인정한다는 〈진인사〉 관련자들의 공통된 감수성은 간과할 수 없는 점이다.

셋째, 바로 이 가집의 가장 큰 특장점이라고 할 만한 「조선지방색어해주(朝鮮地方色語解註)」라는 부록이다. 약 300개의 "보통 통용되는 조선어"를 원음과 한자 등을 이용해 일본어로 풀이한 사전적 작업이다. 이치야마는 『진인』 제9권 제1호부터 「단카 조선지방색어해주[短歌 朝鮮地

180 市山盛雄(1935) 「凡例」 위의 책(『朝鮮風土歌集』), p.9.

181 구인모(2006) 「단카(短歌)로 그린 朝鮮의 風俗誌—- 시산성웅(市山盛雄) 편, 『조선풍토가집(朝鮮風土歌集)』(1935)에 대하여」, 『사이(SAI)』 제1집, 국제한국문학문화학회, pp.219~220.

方色語解註]」를 기고했다. 그는 이 머릿글에서 곧 간행할 저서의 부록으로 쓸 초고이며 '내지'에서 조선의 노래를 감상할 때 참고를 하라는 목적에서 발표한다고 했다. 일본어 '아이우에오(あいうえお)' 순(順)에 따라 조선어를 소개한 이 연재—연재 자체는 1회로 그치고 있지만—가 이 부록의 시작이었다.

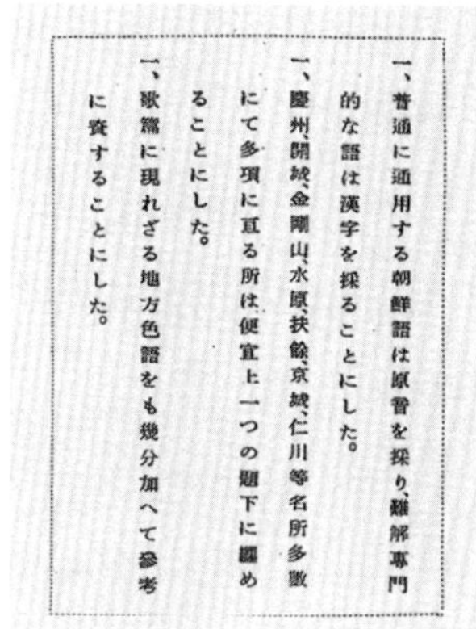

一、普通に通用する朝鮮語は原音を採り、難解專門的な語は漢字を採ることにした。
一、慶州、開城、金剛山、水原、扶餘、京城、仁川等名所多數にて多項に亘る所は便宜上一つの題下に纏めることにした。
一、歌篇に現れざる地方色語をも幾分加へて參考に資することにした。

「조선지방색어해주」의 범례

「조선지방색어해주」는 단카를 감상하는 데 있어 도움을 주고자 하는 일종의 사전과 같은 성격을 지니고 있다. '조선지방색'이란 조선이 지니는 고유의 색채, 조선색이 드러나는 가어(歌語)의 해석으로, 주된 내용은 조선의 자연풍경 및 건축물들에 따른 기본적인 역사적 배경설명, 일상생활에서 흔히 볼 수 있는 조선인들의 생활상 및 생활용품 등 익숙한 우리 고유의 것들을 세세히 설명하고 있다. 이치야마는 가집의 「범례」에서 「조선지방색어해주」의 집필 의도에 대해 "조잡하지만 가집을 감상하는 이들의 편의를 위해 부록으로 했다"고 겸손히 말했는데, 실제 오탈자, 한자, 연대 혹은 이름의 오기(誤記) 등도 보이지만, 이치야마의 열정과 당시의 조선어를 둘러싼 현실감 역시 느껴지는 자료다.

앞서 잠시 소개한 「『조선풍토가집』 잡감」에서는 이 부록에 관해 다음과 같이 말한다.

이 가집의 부록으로 쓰인 「조선지방색어해주(朝鮮地方色語解註)」는 이

> 가집을 감상하는 데 있어서, 또한 조선연구가에게 있어서 실로 고마운 문헌이다.
> 알기 쉽고 재미있게, 그리고 극명하게 조선의 기습(奇習), 풍속, 풍물, 행사 등을 해석하고 있어 읽는 사람으로 하여금 자연스레 즐거움을 준다.[182]

「조선지방색어해주」에 선별된 것이 바로 '조선색'을 드러내는 조선어로, 풀이된 항목은 '여보', '어머니', '왜놈' 등 조선말, '윷놀이[擲柶]'나 '과거(科擧)', '서당(書堂)' 등 조선 풍속과 제도 등의 한자 표기어, 그리고 한반도의 지명의 세 종류로 크게 나눌 수 있다. 편자는 "경주, 개성, 금강산, 수원, 부여, 경성, 인천 등 명소가 많아 여러 항목에 걸치는 곳은 편의상 하나의 제목으로 모았다"[183]고 설명했다. 한반도의 지명과 명소 자체가 '조선지방색어'이자 곧 '풍토'를 환기시키는 단어였다는 셈이다.

이처럼 조선의 '풍토'는 일본인들에게 이국정조로 소비될 가능성을 내재하면서도 조선의 자연 환경과 인간의 생활 및 역사가 융합되어, 재조일본인 가인들이 10년 정도 견지해온 '향토' 담론과 '조선색' 구현의 의도를 결합한 개념인 것을 확인했다. 그 안에서 식민지 조선의 대도(大都) 경성의 풍토는 북한산, 남산, 한강 등의 자연물과 더불어 조선인의 역사와 관련 있는 명소, 건물 등의 이름으로서 '조선지방색어'에 편입된 것이라 하겠다.

---

182 林政之助(1935) 앞의 글(「『朝鮮風土歌集』雜感」), p.68.

183 市山盛雄(1935)「付録 朝鮮地方色語解註 凡例」앞의 책(『朝鮮風土歌集』), 부록의 p.1.

2. 경성의 풍토성과 모던

우리가 지금 접하는 『조선풍토가집』과 같이 일제강점기 피식민의 기억은 여러 차원에서 아직 현재진행형이라 할 수 있다. 이것이 당시 풍토로 일컬어진 한반도의 공간일 경우, 상황은 더욱 복잡하다. 현재의 수도 서울의 경우를 보더라도 '경성'의 흔적을 완전히 떨어내지 못했으며 그렇다고 마이너스 유산에 대한 거부감으로 인해 예전 모습을 간직하지도 못한 채여서 여러 형태로 '경성'을 기억하거나 혹은 망각하고 있는 현황이다. 그 기억이란 두 가지라 할 수 있다. 하나는 근대도시 '경성'이 덮어버린 조선의 도읍 '한양'에 대한 기억이고 또 하나는 지금 서울 속에 잔영을 드리운 근대 식민지 도시 '경성'에 대한 기억이다.

이제 『조선풍토가집』의 경기도편에서 당시의 경성과 지금의 서울에 포함되는 여러 지역을 나타내는 '조선색어'에 의한 단카를 통해 경성의 풍토와 재조일본인의 경성을 둘러싼 기억을 살펴보려고 한다. 「조선지방색어해주」에는 '경성' 항목 안에 '경복궁, 창덕궁, 창경원, 조선호텔, 보신각, 파고다공원, 경학원, 세검정, 노인정, 한강, 덕수궁'의 하위 지명을 설명하고 있다. 이러한 장소의 지칭 자체가 조선색을 환기하는 가어였다는 의미다.

이것은 『조선풍토가집』에서 경성 지역과 지금의 서울 시내를 아우르는 지역의 표제어를 정리해 볼 때 더 분명해진다. 『조선풍토가집』의 전체 노래가 7천여 수이므로 경성 관련 단카는 그의 약 10%에 해당하는 733수 정도이며 아래표는 그 목차와 해당 단카 수를 정리한 것이다.

표제어1 숫자는 단카 수	표제어2 숫자는 단카 수	표제어3 숫자는 단카 수
경성(京城) 17	장충단(奬忠壇) 22	메이지초고우타사카 [明治町小唄坂] 1
경성역(京城驛) 3	박문사(博文寺) 13	청계천(淸溪川) 7
남대문(南大門) 20	창경원(昌慶苑), 비원(秘苑) 74	신당리(新堂里) 5
경성제이고여 (京城第二高女) 3	박물관(博物館) 6	한강(漢江) 71
조선신궁(朝鮮神宮) 9	경복궁(景福宮) 56	월파정(月波亭) 5
남대문통(南大門通) 3	경회루(慶會樓) 24	우이동(牛耳洞) 10
조선은행(朝鮮銀行) 2	덕수궁(德壽宮) 22	이조묘(李朝廟) 1
하세가와마치도리 [長谷川町通] 2	광화문(光化門) 1	뚝섬(纛島) 3
조선호텔(朝鮮ホテル) 8	조선총독부(朝鮮總督府) 4	삼전도(三田渡) 2
정관각(靜觀閣) 3	봉래정(蓬萊町) 10	봉은사(奉恩寺) 5
지요다그릴[千代田グリル] 3	북한산(北漢山) 63	개운사(開運寺) 7
고가네마치도리[黃金町通] 1	세검정(洗劍亭) 9	봉각사(鳳閣寺) 1
혼마치도리[本町通] 6	백운장(白雲莊) 3	대원사(大圓寺) 1
미쓰코시[三越] 2	조지리(造紙里) 4	경국사(慶國寺) 3
미나카이[三中井] 2	서대문(西大門) 1	흥천사(興天寺) 5
조지야[丁子屋] 2	의주통(義州通) 2	약사사(藥師寺) 4
프랑스 교회(フランス敎會) 3	종로(鐘路) 22	망우리고개[忘憂里峠] 3
와카쿠사마치오도리 [若草町大通]1	파고다공원(パゴダ公園) 4	도봉산(道峯山) 13
남산(南山) 25	경성방송국(JODK) 8	관악산(冠岳山) 5
남산신사(南山神社) 7	금융조합협회(金融組合協會) 2	이태원(梨泰院) 3
약수대(藥水臺) 5	동소문(東小門) 4	서빙고(西氷庫) 2
왜성대(倭城臺) 4	경학원(經學院) 11	청량리(淸涼里) 18
감천정(甘泉亭) 5	광희문(光熙門) 1	청량사(淸涼寺) 6
노인정(老人亭) 8	경성운동장[京城グラウンド] 3	신촌(新村) 5
조계사(曹谿寺) 12	동대문(東大門) 7	영등포(永登浦) 2
동사헌정(東四軒町) 1	대학병원(大學病院) 9	오류동(梧柳洞) 4

경성의 관문(關門) 경성역, 남대문에서 시작하여 총독부, 조선호텔, 프랑스 교회, 백화점 등의 특별한 건물, 종교 시설인 신사(神社)나 사찰, 도시의 혈맥인 대로, 여러 왕궁, 산, 문 등 경성의 랜드마크라고 부를 만한 장소의 이름이 『조선풍토가집』에서 조선색을 드러내는 경성의 지방색어, 바꿔 말해 풍토어로 호명되어 있다. 단카가 많이 창작 혹은 수록된 곳은 창경원과 비원, 한강, 북한산, 경복궁, 남산, 경회루, 종로, 덕수궁, 장충단, 남대문 등의 순서인데, 1900년대 이전부터 일본인 거주지가 형성된 남산, 왜성대 외에는 조선의 역사성을 담보한 공간에 관련된 단카가 수적으로 우세한 것은 어찌보면 당연한 귀결이라 하겠다.

『조선풍토가집』에는 800여 명 가인의 단카가 모여 있으므로 경성을 경험한 기간은 제각각 편차가 있을 테지만, 가인들은 위의 표로 일람하는 공간을 중심으로 경성에 얽힌 개인, 혹은 집단 기억을 다양한 유형으로 노래하고 있다. 이하 그 사례들을 직접 읽어나가 보자.

경성이라는 도시 자체가 어떠한 이미지로 그려지는가를 살펴볼 경우, 단카에서 가장 빈번하게 마주할 수 있는 감각은 시각적으로는 온돌을 피우며 마을을 메우는 자욱한 매연, 청각적으로는 도시의 소음이라 하겠다.

① 남산(南山); 저물어 가는 대도시 경성에서 소음이 나의 귓가에
울리누나 마치 꿈을 꾸듯이.
[くれてゆく大京城の騒音が耳朶にひびきをり夢のごとくに] 市山盛雄

② 남산(南山); 저녁의 연무 안에서 벗어 나온 까치는 이곳 남산을
향하여서 표표히 날아온다.

[夕靄の中より出でて鵲はこの山に向つてひようひようと飛び来] 市山盛雄

③경성(京城); 해가 저무는 서쪽 산으로부터 기류가 일어 어슴푸레해 졌네 경성의 시가지가.

[日のしづむ西の山より気流わきおぼろとなりぬ京城の街] 佐藤二頃

④ 경성(京城); 침을 뱉고 또 침을 뱉어내면서 여기 도읍의 가난한 동네 거리 지나다녀 보았네.

[唾を吐き唾を吐きつつこのみやこの貧しき巷を通るなりけり] 土岐善麿[184]

경성에서 남산이 갖는 상징성은 1900년대 초부터 형성된 것은 이미 고찰했고, 여기에서 경성을 조망하듯 내려다보는 일본인의 시선 역시 오랜 기간 유지된 것이라 볼 수 있다. 위의 인용한 ②③ 외에도 경성 시가지에서 특히 조선인 마을이라 할 수 있는 종로, 청계천에서는 "연기 매캐한"이라든가 "지면에 안개 자욱이 낀" 등 매연이나 먼지에 의해 시야가 명확하지 않은 것에 대한 표현은 빈번히 등장한다. 그리고 ①②의 이치야마처럼 정주자 의식을 가진 재조일본인보다는 ④처럼 여행자로서 경성을 경험한 도키 젠마로[土岐善麿]와 같은 '내지인'에게 경성은 "침을 뱉고 또 침을 뱉어내면서" 다닐 수밖에 없는 가난하고 불결한 공간으로 감각된다.

이러한 가난과 불결의 감각이 전제된 경성 단카 중에서 조선인을 그려낸 예를 살펴보자.

184 이번 강의 단카는 대부분 엄인경·김보현 편역(2016) 『단카[短歌]로 보는 경성 풍경』(역락)의 번역에 의하며 이 서적의 인용 페이지로 표기한다. ①②는 p.49, ③은 p.2. ④는 市山盛雄(1935), 앞의 책(『조선풍토가집』), p.205.

① 조지리(造紙里); 종이를 뜨는 집에서 나온 남자 햇볕 잘 드는 언덕 경사진 데서 종이 떠서 말리네.

[紙漉小屋より出で来し男日あたりの丘のなだりに漉きし紙ほす] 原口順

② 조지리(造紙里); 산 속 깊은 곳 이 시골 마을 사는 사람은 종이 뜨는 일을 업으로 하고 사는 듯하다.

[山ふかきこの鄙里に住む人は紙漉く業を生活とすらし] 原口順

③ 도봉산(道峯山); 원료를 물에 개다가 또 뭉치는 야외의 종이 만드는 작업장에 풍기는 밤꽃 향기.

[原料を水にとかすと捏ねてゐる露天製紙場に匂ふ栗の花] 石井龍史

④ 장충단(奬忠壇); 달이 뜬 밤에 언덕을 내려오는 지게꾼 등에 어렴풋하게 파의 향내가 감돌았네.

[月の夜の坂下り来るチゲの背に葱のほのけき香はただよへり] 眞能露子

⑤ 덕수궁(德壽宮); 세월 오래돼 한국식인 게 좋게 보이는 문을 지나니 느릿느릿 흰옷의 노인 나와.

[年ふりて韓ぶりよろしきくぐり門のこのこと白衣の翁いで来つ] 市山盛雄

⑥ 경성(京城); 각양각색의 여자들과 아이들 지나다니는 거리에 온통 물건 파는 사람 목소리.

[いろいろのをんなこどもの行き通ふ町なかにして物賣のこゑ] 浅野梨郷

⑦ 남대문통(南大門通); 한국 아가씨 항간을 다니면서 펄럭인 치마 쌀쌀한 봄밤에 하얗게 보이더라.

[韓の娘がちまたを行きて翻へす裳春の夜寒に白く見えける] 臼井大翼

⑧ 정관각(靜觀閣); 가리개 쓰고 행동거지 조신한 어린 소녀의 옥 같은 살갗 비친 능사로 된 저고리.

[かしづきてたちゐしづけき少女子の玉肌透くや紗綾の上衣[チョゴリ]] 百瀬千尋[185]

조선인을 초점에 맞출 경우 우선 눈에 띄는 특징은 생활인으로서의 조선 남성이 그려지는 경우가 상당히 드물다는 점이다. 조선인 남성의 모습을 나타낸 단카는 ①②③④의 사례 정도다. ①②의 조지리(造紙里)는 조선 시대에 조지서(造紙署)라는 관아가 있다가 1882년 조지서가 폐쇄된 후에도 그 자리에서 종이를 계속 만들던 동네로, 이곳과 ③의 도봉산처럼 한국식 종이 제작에 종사하는 사람, 그리고 ④의 지게꾼[担軍]이 조선 남성으로 그려진 정도다. 물론 지게꾼의 경우는 조선미술전람회의 대표적 조선색 경물 소재로 다루어져 그 위상이 다른 경우도 많다. 어쨌든 생계를 위해 종이를 뜨는 일을 하는 사람과 이미 조선색 및 조선 정조의 클리셰로 자리한 지게꾼 외에는, 경성의 조선인들이라면 ⑤처럼 간혹 노인의 모습이거나 ⑥⑦⑧처럼 여성, 아이들로 등장할 뿐 일반 남성은 잘 그려지지 않았다.

또 하나의 특징으로 조선인들은 ⑤에서 보이는 "흰옷", ⑦과 같이 치마가 밤에 "하얗게 보이"는 등 백의(白衣)의 이미지로 처리되는 점이다. 흰옷은 일본인과 조선인의 거리를 의식하게 만드는 소재였는데, 여기에서도 경성 조선인들이 흔하게 입지만 일본인에게는 눈에 설고 생소한 일상복 흰옷이 대상화되어 있는 것을 알 수 있다.

조선인 지역인 종로, 청계천을 배경으로 하는 단카에서도 여성과

185 ①②는 p.103, ③은 p.162, ④는 p.63, ⑤는 p.85, ⑥은 p.2, ⑦은 p.23, ⑧은 p.32.

아이들에 대한 묘사가 눈에 띄는데, 이것은 식민자 제국의 남성성에 피사된 피식민자의 여성성이라는 구조, 즉 식민지주의적인 심상지리 [Imaginative Geography][186]가 실천된 것으로 보인다. 요컨대 이 실천이란 의도적이든 그렇지 않든 일본인 가인들의 남성적 시선이 경성의 여자들과 아이들을 바라보는 일방성과 다름없다.

이렇게 볼 때 경성 자체를 제목으로 한 단카나 경성의 관문이자 첫 인상인 남대문, 경성역을 노래한 단카에서 시작한 경성 거리의 불결함, 매연, 안개, 소음의 인식은 경성 조선인의 삶을 일정 거리에 놓고 타자화하며 여성적인 것, 혹은 불결한 것으로 대상화시키는 일본인 시선과 중첩되는 것으로 정리할 수 있다. 한 가지 더 부연할 지점은, 경성 자체를 가제로 한 단카에서 이 가집에 참여한 조선인 가인 열다섯 명 중 한 명의 노래도 채택하지 않았다는 것이다. 이것은 경성이라는 도시가 옛 왕조의 전통을 이어서 사는 조선인들의 생활공간으로서 인정된 것이라기보다 일본인 시선에 의해 대상화된 장소로 인지되고 있는 것을 보여준다 하겠다.

그런데 일본인 입장에서 식민지 대도 경성에 대한 인식이 부정적 이미지로 대상화되기만 했는가 하면 그렇지 않은 사례도 많다. 예를 들자면 근대라는 격변을 겪으면서 조선의 도읍 '한양'에서 근대 도시 경성으로 변천하는 변화 그 자체도 민감하게 포착되었다. 이러한 유형에서는 도시의 변모상, 한양이나 한성 시절에는 있다가 경성에서 사라져 버린 것들, 그리고 근대 도시 경성이 되면서 새로이 생긴 것들이 단카

---

186 강상중(2004), 『오리엔탈리즘을 넘어서』, 이산, p.90. 에드워드 사이드, 박홍규 역(2000), 『오리엔탈리즘』, 교보문고, pp.102-107.

의 소재가 되었다.

① 남산(南山); 차분히 앉아 물끄러미 바라본 남산 자락엔 붉은 지붕들 수가 더욱 늘어났구나.
[おちつきてしみじみ對ふ南山の麓邊は赤き屋根ふえにけり] 百瀨千尋

② 덕수궁(德壽宮); 월산대군이 거주하셨던 궁궐터였던 곳이 오늘날 개방되어 사람들 노니누나.
[月山大君住みたる宮の跡處今日ゆるされて人々あそぶ] 丘草之助

③ 신당리(新堂里); 소나무숲을 베고 토지 개간한 넓은 대로에 이정표가 새로이 박아 세워져 있네.
[松林伐り墾かれし大通を路標あたらしく打ち立ててあり] 高橋珠江

④ 광화문(光化門); 위엄이 있는 문의 그 뒤편으로 있던 한국식 궁궐의 그 풍경이 이제 보기 어려워.
[いかめしき門のうしろに韓ぶりの宮のけしきは今は見がたし] 植松壽樹

⑤ 조선총독부(朝鮮總督府); 광화문 있던 자리에서 철거돼 조선총독부 새로운 청사 위치 정해져 버렸구나.
[光化門取り除かれて總督府の新しき廳舍の位置定まれる] 寺田光春[187]

①에서는 남산에서 보는 일본인 마을에 일식 가옥의 "붉은 지붕들 수"가 많이 늘어난 것으로 경성의 일본인 거주자가 많아졌다는 감회가 담겨 있다. 그리고 ②처럼 조선 왕족의 터전으로 이었던 궁궐이 지금

187 ①은 p.49, ②는 p.83, ③은 p.134, ④는 p.87, ⑤는 p.89.

은 개방되거나, ③처럼 숲을 없애고 개간한 대로에 새로 생긴 이정표로 장소의 성격이 변화한 것에 대한 술회인 경우도 있다. 사라지거나 혹은 변질된 '한성' 때의 것들에 대한 회상과 새로 생긴 '경성'의 것들에 대한 감회를 노래한 예는, ④와 ⑤처럼 경복궁의 정문인 광화문이 철거되고 그 자리에 조선총독부가 들어선 1920년대 중반의 사건을 염두에 둔 단카에서 가장 확연히 나타날 것이다.

조선총독부 신청사

1926년 경복궁 정문 앞에 당시 '동양 제일의 건축물'이라 일컬어지는 조선총독부가 들어섰다. 주변 경관과는 불협화음을 이루었지만 경성의 심장부에 선 이 건축물에는 그리스의 아테네를 꿈꾼 독일과 독일의 도시 체제를 수용한 일본의 욕망이 모두 담긴[188] 조선총독부 신청사가 제국의 위용을 드러내며 광화문 자리에 들어선 것이다. 주지하듯 야나기 무네요시[柳宗悅], 아사카와 노리타카[浅川伯教]와 다쿠미[巧] 형제로 대표되는 조선 문화와 민예의 비호자들로 알려진 인물들은 이 처사에 거세게 비판했고 다행히 경복궁 정문 광화문은 해체의 위기를 면했다. 그러나 왕궁의 정문은 그 위치를 이전하지 않으면 안 되었던 것이다.

더욱이 광화문처럼 이전된 것도 아니고 철거되어 버리는 운명에 처하거나 심하게 무너진 '한성' 시절의 왕성(王城) 문에 관련된 아래와 같은 단카도 있다.

188 전진성(2015), 『상상의 아테네 베를린·도쿄·서울』, 천년의상상, pp.487~511.

① 서대문(西大門); 서대문 자리 부순다고 하는 날 살짝 소매에 넣어서 집에 왔네 바로 이 돌멩이를.

[西大門壊すといふ日ふと袖に入れて歸りしこの石くれよ] 横田葉子

② 광희문(光熙門); 성곽의 벽이 무너진 것을 보며 인간 세상의 변천하는 모습에 생각이 미치누나.

[城壁の崩えしを見つつ人の世のうつろふ姿に思ひいたりぬ] 小泉苳三[189]

서대문은 일제강점기에 통칭된 이름이고, 정식 이름 돈의문은 원래 한양 도성의 축조와 함께 14세기 말에 건립되었던 것이다. 이 문은 일제에 의해 전차 도로 개설이 결정되면서 1915년 철거되었는데, ①은 철거 당시의 상황에서 읊어진 것으로 보인다. ②의 광희문은 일제에 의해 철거된 것은 아니지만 임진왜란 당시 심하게 파괴된 상태 그대로 수축(修築)공사가 이루어지지 못하고 시신을 운반하는 시구문(屍軀門)으로 사용하던 문이었다. 그 광희문의 손상을 마주하고 "인간 세상의 변천"을 떠올리고 있다. 산문이 아닌 까닭에 심도 있는 역사적 고찰이나 역사적 비판 의식까지 끌어내기는 어렵지만, 사라지거나 훼손된 조선 왕조에 대한 기억을 담고 있다.

반대로 한성이 경성으로 바뀌면서 근대 시설로 새롭게 랜드마크처럼 자리한 건물들도 있다.

① 조선총독부(朝鮮總督府); 장엄하게도 우뚝 솟아 있구나

---

189 ①은 p.104, ②는 p.122.

다스리는 일 연민을 담아내어 우러르게 하리라.

[おごそかに建ちそびえたれまつりごと憐憫をこめて仰がしめなむ] 中島哀浪

② 조선은행(朝鮮銀行); 돌로 지어진 하얗게 말라 있는 은행 건물의 그늘진 조용한 곳 아래로 와 보았네.

[石造しろくかわける建物のかげしづかなる下に来りぬ] 末田晃

③ 금융조합협회(金融組合協會); 거대한 협회 건물을 마련하고 앞으로 더욱 번영해 나아가리 우리 금융조합은.

[巨大なる協會館をしつらへていや榮ゆらむわが組合は] 牟田口利彦

④ 경성운동장(京城グラウンド) 세상의 변천 대단하기도 하다 서로 얽혀서 힘을 겨루는 데는 넓은 노천 운동장.

[世の移りすさまじきかも相搏ちて力きほふに廣き野天なり] 大内規夫[190]

서양식 외관과 함께 신식 설비를 갖춘 이 건물들의 위용과 그에 대한 동경이나 감탄은 ①처럼 "우러르게" 하는 조선총독부를 읊은 단카에서 잘 드러난다. 그 밖에도 ②③④와 같이 조선은행이나 금융조합협회, 경성운동장과 같은 장소에 관한 노래에서도 볼 수 있다. 현재 화폐박물관으로 사용되는 조선은행, 거슬러 올라가면 농협의 전신이 되는 금융조합협회, 동대문운동장으로써 1990년대까지 사용된 경성운동장 등은 당시 근대적 설비를 갖추고 경성이 근대 도시로 "대단"한 변천을 이루어 향후의 "번영"을 이끌 건물이었다. 여기에는 도시 경성을 근대화하여 재조일본인이 자신들의 생활 터전으로 삼는 과정이 무의식 속

---

190 ①은 p.89, ②는 p.24, ③은 p.116, ④는 p.124.

에 투영되어 있다.

그런데 경성을 재조일본인의 생활 터전으로 삼은 의식, 혹은 무의식은 근대 서양식 건물들보다는 남산 일대에서 이루어진 일본의 토착 신앙인 신도(神道)의 사당 신사(神社)나 일본식 사찰의 건립에서 더 뚜렷이 보인다.

① 남산신사(南山神社); 올라가려고 올려다 본 신궁의 돌로 된 계단
마치 급류와 같이 하늘에 걸린다네.
[のぼらむと仰ぐ神宮の石の階段たきつせなして空にかかれり] 中島哀浪

② 조선신궁(朝鮮神宮); 멀리 한국에 자리를 옮기시어 제례를 받는
존귀한 혼령이라 받들어 절을 하네.
[韓国に遠く遷して祭りける尊き御靈とをろがみにけり] 渡名喜守松

③ 박문사(博文寺); 현명하도다 신당의 안쪽으로 진좌를 하신
히로부미 공 혼에 합장 배례를 한다.
[かしこしやみ堂の奥に鎭もれる博文公のみ魂をろがむ] 牟田口利彦

④ 박문사(博文寺); 경춘문 누각 용맹스러운 글자 찬란하게도 햇빛에
빛난 아래 경건히 지나가네.
[慶春門ろうたけき文字燦として日に耀へり虔しみくぐる] 原雪子同

⑤ 박문사(博文寺); 가을의 낮을 절문 앞에 감도는 햇살 길구나 한국식
칠한 가람 높이 빛을 내면서.
[秋の晝を寺門にかをる陽の久し韓ぬりの伽藍たかく映えつつ] 大内規夫[191]

---

191 ①은 p.51, ②는 p.21, ③은 p.65, ④⑤는 p.66.

조선신궁과 박문사

①은 현재 숭의여자대학 자리에 1898년 10월 3일 남산대신궁(南山大神宮)으로 창건된 남산신사, ②는 지금 안중근기념관이 있는 곳에 1925년 세워졌던 조선신궁,[192] ③④⑤는 이토 히로부미[伊藤博文]의 23주기 1932년 10월 26일 지금의 장충동 신라호텔 영빈관 자리에 완공된 박문사를 소재로 한 것이다. 이러한 노래에서 경성을 자신들의 도시로 삼으려 한 재조일본인들의 생활자로서의 감각을 읽어낼 수 있다. 왜냐하면 여기가 초대 통감인 이토 히로부미를 경성 명당 자리에 진좌(鎭座)시킴으로써 '이곳'의 신으로 토착화시키는 것이 공식화되는, 다시 말해 일본의 신성한 신불(神佛)이 남산 부근에 자리를 잡고 경성을 내려다보는 공식적으로 위치하게 되었기 때문이다. 그 과정에서 경희궁 정문이던 "경춘문"[193]—흥화문(興化門)이라고도 일컬음—이 박문사 사문(寺門)으로 사용되었고, "한국식 칠한 가람"이라는 표현에서 한국적인 양식과의 교합이라는 방식을 취했다는 사실도 드러난다.

---

192 한국전통문화대학교 전통문화연구소 편(2015), 『은뢰—조선신궁에서 바라본 식민지 조선의 풍경』, 소명출판, pp.6~44.

193 1988년 서울시가 경희궁을 복원하면서 지금의 자리로 옮겼으나 원래 자리가 어디인지는 확실치 않다.

하지만 경성이 근대의 대도시인 이상 '한성'의 흔적을 어느 정도 드리우면서도 모던한 공간일 수밖에 없었다. 한성이 경성으로 바뀌면서 근대의 생활양식을 도입한 도시의 모습이 현장감 있게 그려진 단카를 살펴보자.

① 미쓰코시[三越]; 별이 빛나는 아름다운 밤 경성 미쓰코시의 옥상에는 가을의 화초들과 물소리.

[星美しき夜の京城三越の屋上には秋の草花と水音] 平山斌

② 미나카이[三中井]; 미나카이의 신관 옥상 위에서 혼마치 점포 지저분한 집들의 안쪽 들여다본다.

[三中井の新館屋上ゆ本町の店舗きたなき家裏をのぞく] 寺田光春

③ 조지야[丁子屋]; 소개소에서 오늘도 허무하게 걸어나온 발 조지야 옥상으로 와서 쉬게 하누나.

[紹介所今日もむなしく出し足の丁子屋の屋上に来ていこふなり] 木村禾一

④ 종로(鐘路); 번쩍번쩍한 놋그릇 진열하고 세밑이 띠는 밝은 모습 있구나 화신백화점.

[きらきらと鍮器ならべて歳末の明るさはあるよデパート和信] 百瀬千尋

⑤ 지요다 그릴[千代田グリル]; 지요다 그릴 식당에 늦은 밤은 손님도 없고 리놀륨 바닥 넓어 댄스를 떠올린다.

[千代田グリルの食堂に宵は客なくてリノリユーム廣くダンス想ひをり] 百瀬百代

⑥ 정관각(靜觀閣); 잔디밭 위에 햇볕 비쳐 따스한 안쪽 마당은 어젯저녁 시원한 바람에 파래졌네.

[芝草に日の照り和む内庭はゆふべすずしく風青むなり] 百瀬千尋[194]

경성의 일본인 거주 지역이었던 남촌에는 미쓰코시, 미나카이, 조지야로 꼽히는 삼대 백화점, 혹은 여기에 히라타[平田]를 더하여 사대 백화점이 형성되었다. ①의 미쓰코시는 일찍이 미쓰코시 백화점의 경성 출장소로 출발한 미쓰코시 포목점[吳服店]은 1929년 미쓰코시 백화점 경성 지점으로 승격되면서 근대식 백화점 건물로 신축 개점했다. ②의 미나카이도 1932년에 대형 백화점으로 신축되며 이국적 건물 풍광으로 명소가 되었고, ③의 조지야는 그보다 먼저 생긴 백화점으로 역시 처음에는 포목점으로 유명했다. ④의 화신백화점은 조선인이 세운 백화점으로 북촌 상권의 주역이었으며 당시 종로 상권에 의해 뒷받침되었다.[195] 경성의 대중들은 1930년을 전후로 새로운 소비 공간인 백화점에 주목했고, 상품 진열이나 소비를 즐겼으며 그 백화점 옥상을 고단한 일상의 쉼터로 활용하거나, 혹은 길가에서는 보이지 않는 지저분한 점포 안쪽을 내려다보기도 한 모양이다.

그리고 가끔이겠지만 ⑤에서 보듯 지요다 그릴과 같이 유리 천정에 리놀륨 바닥의 서양식 요릿집에서 양식을 경험하거나 댄스파티 같은 모던 연회에 참석하고, ⑥과 같이 조선호텔 정관각의 잔디 깔린 마당을 즐기기도 했는데, 이러한 공간에서도 현대적이고 모던한 경성 생활의 일단을 추체험할 수 있는 것이다.

이제 경성의 대중들의 청각적인 환경으로 옮아가 보면 JODK, 즉 경

---

194 ①은 p.41, ②는 p.39, ③은 p.42, ④는 p.109, ⑤는 p.34, ⑥은 p.32.
195 권창규(2014) 『상품의 시대』 민음사, pp.138~139.

성방송국의 라디오 방송에 그들이 얼마나 귀를 기울였는지 새삼 알게 된다.

① DK의 방송 끝나고 창문 쪽에 있으면 정적 속 멀리서 다듬질 소리가 들려오네.

[DKの終りて窓により居ればしじまを遠き砧聞ゆる] 難波正以知

② 긴장해 마른 침 삼키며 들으실 남편 얼굴이 마이크에 보여서 진정이 되지 않네.

[かたづのみ聞きてゐまさむ夫が顔マイクに見えて気は落ちつけず] 高橋珠江

③ 라디오에서 흘러나오는 아내 낭영을 하는 그 목소리 떨림을 놓치지 않으려고.

[ラジオより流れ来る妻の朗詠の聲のふるへを聞きのがさざり] 高橋豊

④ 현해탄 넘어 흘러나갈 아내의 이 목소리를 고향 마을에 계신 장모 들으실 테지.

[玄海を越へて流れむ妻の聲を郷里なる義母も聞きおはすらむ] 高橋豊[196]

일본의 도쿄방송국(JOAK), 오사카방송국(JOBK), 나고야방송국(JOCK)에 이어 1927년에 탄생한 경성방송국(JODK)을 소재로 한 노래들이다. 다카하시 부부에 의해 읊어진 것으로 보이는 ②③④를 통해 본다면 라디오는 마이크 앞에 서는 출연자에게 부부, 혹은 부모 자식 간에 현해탄을 넘어 공간을 축소하듯 메시지를 전달해 주는 새로운 문명으로 금

196 ①②③④는 모두 p.114.

세 자리 잡는다. 라디오가 끝나면 정적의 다듬이질 소리만이 들린다는 ①에서 JODK가 경성의 청각 세계에 얼마나 강력한 영향력을 끼쳤는지 추측할 수 있다. 이후 라디오는 1930년대 말부터 중일전쟁을 거쳐 태평양전쟁으로 치닫는 때에는 전쟁 상황과 속보뉴스 등을 전하며 대중의 귀를 오래도록 사로잡는 강력한 매스미디어가 된다. 이외에도 한강에서 스케이트를 타거나 망우리고개에서 드라이브를 하고, 전차나 버스, 비행기와 같은 근대의 탈것을 단카의 소재로 삼은 경우도 있다. 이와 같이 백화점이나 라디오, 서구 근대 문명의 이기를 실생활에서 향유하는 내용에서 재조일본인들의 모던 경성 라이프의 일면을 엿볼 수 있다.

3. 단카에 담긴 경성의 역사 기억

경성과 같이 오래도록 역사적 장소였던 곳에는 과거의 서사가 층층이 잠복되어 있다. 제국의 주변이자 식민지 조선의 중심 경성에서, 어떤 곳에서는 근대 대중문화의 상징적인 문명으로 일컬어지던 것들이 일상화되는 한편 어떤 곳에서는 조선시대부터 일본에 의해 한국이 강제 병합되기 이전의 한성의 역사가 표상된다. 단시형 문학인 단카는 개인 감상에 근거한 음영(吟詠)이라는 스탠스를 취하고 있지만, 사실 그 기저에는 장소에 얽힌 기억들이 공유되어 얽혀 있다.[197] 한 공간은 개인의 차원에서 이야기되는 동시에 공동성을 지니며 집단의 차원에

197 成田龍一(1998)『「故郷」という物語—都市空間の歴史学』, 吉川弘文館, p.3.

서 이야기되는 것[198]이기 때문이다.

경성 관련 단카를 보면 조선의 과거를 떠올리는 경우가 많은데, 사례를 보면 다음과 같다.

① 남대문(南大門); 마치 옛날의 이조시대 문화를 이야기하듯
남대문은 드높게 가을하늘에 섰네.
[いにしへの季朝の文化かたるごと南大門はたかし秋空に] 宮崎利夫

② 박물관(博物館); 뒹굴고 있는 이 커다란 옹이에 옛 사람들의 손을
보노라 아아 서글픈 손의 자국.
[ころがれるこの大甕に古の人の手を見つあはれ手のあと] 中島哀浪

③ 경복궁(景福宮); 일세 풍미한 옛날 그리워하는 이 나라에서 오래된
그릇들의 여러 종류를 본다.
[ときめきし古しのぶこの國のふるきうつはのくさぐさを見つ] 若山牧水

④ 세검정(洗劍亭); 말씀하시는 세검정과 관련된 옛날 일들을 등 쪽에
햇볕 쬐며 듣고 앉아 있었네.
[說きたまふ洗劍亭の故事を脊に陽をうけて廳きゐたりけり] 大橋文字

⑤ 종로(鐘路); 아침 저녁에 시각을 고하는 종은 멀고먼 과거
운종가의 거리에 울려 퍼졌겠구나.
[朝夕の刻告ぐる鐘はいにしへの雲縦街をとよもしにけむ] 百瀬千尋

⑥ 경학원(經學院); 명륜당 문을 굳게 닫고서 그 문 안에서 천 년 동안
변함도 없는 도리를 설했겠지.

---

198 신지은(2013) 「장소와 기억, 그리고 기록」『장소경험과 로컬 정체성』, 소명출판, pp.30~44.

[明倫堂かたく閉してそが中に千年かはらぬ道を説きけむ] 松村桃代

⑦ 경학원(經學院); 아주 오래된 여기 경학원에서 일하는 사람 예전에 온 적 있는 나를 기억하누나.

[もの古りしこの學院の司人曾つて来にけるわれを見知れり] 川田順[199]

오늘날의 관점에서 "이조(李朝)"라는 용어를 쓰고 있는 점이 눈에 걸리지만, 위에서 보듯 왕궁이나 궐문, 종로, 박물관이나 세검정, 또는 옛 성균관을 총독부가 개칭한 경학원 등의 장소에서는 사라진 조선왕조의 드높은 전통과 "아주 오래된" 역사를 떠올리는 경우가 많다. 그러한 과거의 역사와 전통은 현재와 대비되면서 "쓸쓸하다", "적적하다", 또는 "서글프"다는 식으로 감상되는데, 일방적인 부정적 평가라고 하기보다는 조선의 "천 년 동안"의 유구함이 강조된다.

물론 오래된 경성의 사찰들이 조선의 전통을 소비하는 행락지로 추락한 사례도 없지는 않으나, 조선의 과거가 얼마나 유구했는지를 저절로 강조하게 된다는 점은 북한산이나 관악산 및 오래된 사찰들을 소재로 한 많은 단카에서도 볼 수 있다. 이러한 단카에서는 "천 년 동안", "과거", "예전", "오래된", "옛날" 등의 단어가 되풀이하여 등장하므로 조선 역사의 유구함이 자동적으로 연상되는 것을 알 수 있다.

토포스(topos)란 그리스어로 '장소'를 뜻하는데 물리적인 공간을 뛰어넘어 언어 및 의식과도 밀접한 관계를 가지고 기억을 재생(再生)하는 중요한 요소로 취급되는 개념[200]이다. 이제부터 경성의 풍토어들이 어

199 ①은 p.15, ②는 p.73, ③은 p.76, ④는 p.98, ⑤는 p.108, ⑥⑦은 p.120.
200 나카무라 유지로, 박철은 옮김(2012), 『토포스』, 그린비, p.8.

떻게 경성에 관한 역사 기억으로 관련되고 환기(喚起)의 장(場)이라 할 수 있는 토포스가 되는지 짚어보기로 한다.

경성의 과거인 한성은 조선 왕조의 도읍이었다. 따라서 바로 위에서 본 것처럼 경성의 가장 중심부에 남아 있는 왕궁이나 눈에 띄는 궐문에서 저절로 조선왕조가 연상되었을 법한데, 이러한 공간은 일제강점기에 유원지로 변모되어 재조일본인 행락객이 많은 곳이었다. 이러한 장소들을 소재로 한 단카에서는 앞에서 본 것처럼 조선의 유구함이 노래되는가 하면 조선 왕조의 패망과 그로 인한 망국(亡國)의 슬픈 이미지가 드러난다.

① 남대문(南大門); 빌딩들 이어 서 있는 가운데에 남대문이 옛 나라
모습 간직해 둔 것도 애잔하다.
[ビルヂングたち並ぶ中に南大門ふるきくにぶりを残すもあはれ] 寺田光春

② 남대문(南大門); 서울, 서울 초겨울 비에 젖어 검푸르게 서 있는
남대문에는 밤의 담쟁이덩굴.
[京, 京しぐれにぬれて黝み立つ南大門の夜の蔦かづら] 富田碎花

③ 창경원 비원(昌慶苑祕苑); 가랑비 내린 동물원으로 혼자 외로이 와
서 새매가 내는 소리 적적히 느끼누나.
[小雨ふる動物園にひとり来て鷂のこゑを寂しみにけり] 丘草之助

④ 경복궁(景福宮); 무성히 자란 용마루의 일면에 가득 핀 풀들 속에서
우는 까치 한탄하는 듯하네.
[生ひしげる甍いちめんの草のなかに鳴く鵲はなげかふごとし] 中島哀浪

⑤ 경복궁(景福宮); 저녁 해 드는 이 오래된 정원의 깔린 기와들 들쑥

날쑥하여서 밟기에 쓸쓸하다.

[夕日さすこの古庭の敷瓦でくぼくにして踏むにさびしき] 川田順[201]

여기에서 보듯 경성은 그 관문이자 상징물처럼 되어 버린 남대문이 "옛 나라 모습 간직"한 채 담쟁이덩굴이 뒤덮인, 그야말로 패망하여 관리되지 않는 '이조'를 상징한다. 담쟁이덩굴은 경성 관련 단카에서 매우 빈번히 등장하는데 폐허 속에 외벽을 타고 건물의 외관을 덮어버린 담쟁이덩굴은 폐허가 된 패망 왕조의 표상이라고 할 수 있을 것이다. 이처럼 조선의 패망으로 인해 경성의 왕궁은 총독부의 허가로 동물원이나 공원으로 조성되었으며, 이곳을 찾은 일본인들에게 망국에 대해 느끼는 감상적인 "애잔함"과 지금은 없는 왕조에 대한 부재감을 "적적"함으로 "한탄"하는 정서를 불러일으키는 것이다.

그런데 여기에서 중요한 것은 그 한탄의 정서를 이해할 때 조선 왕조 패망의 이유를 어떻게 생각했는지에 관한 단서를 제공하는 단카가 있다는 사실이다. 바로 경복궁 내의 가장 아름다운 공간, 경회루를 소재로 한 노래들이다.

① 경회루(慶會樓); 항상 여기에 펼쳐지던 연회의 술잔 기울 듯 기울어지는 나라로 여겨지게 된다네.

[常ここに張りしうたげの酒杯の傾ける國しおもほゆるかも] 中島哀浪

② 경회루(慶會樓); 여기 누각의 계단에 새겨 있는 모란꽃들이 지는

201 ①②는 p.16, ③은 p.71, ④⑤는 p.75.

일은 없으리 생각했던 거겠지.

[この樓の階段に彫りたる牧丹の花散ることなしと思ひたりけむ] 中島哀浪

③ 경회루(慶會樓); 돌기둥 밑을 빠져나가 보았네 그 옛날 당시의 왕의 사치스러움 머릿속에 그려져.

[石柱の下をくぐりつそのかみの王者の奢侈ぞ偲ばれにける] 窪田わたる[202]

조선의 패망이란 위의 경회루 단카에서 보자면 "연회의 술잔 기울듯 기울어지는 나라"와 다름없고, 화려한 꽃의 상징인 "모란꽃들이 지는 일은 없으리"라고 아무런 위기의식도 없이 앞을 내다보지 못한 "왕의 사치스러움"이 문제였다는 의식이 깔려 있다. 조선 패망에 대해 1900년을 전후한 시기의 긴박했던 한일 간의 수많은 사건들은 전혀 원인으로 논해지지 않고 있으며, 다가올 시대에 대한 대비는커녕 연회와 주연(酒宴)으로 인한 흥청거림과 사치, 안일함과 같은 왕조 내부의 문제에 기인한 것이라 생각하게 만든다. 내부적으로 망국의 요소를 가진 것이 강조되면서 외부에서 가한 일본의 압력 행사는 은폐되는 역사 기억의 왜곡이 일어난다.

지금부터는 재조일본인들이 조선의 과거 역사와 마주하면서 의식, 또는 무의식적으로 발생하는 기억의 소거나 망각에 관한 문학적 표현에 관해 고찰해 보자. 왕궁이나 경성 관문인 남대문이 갖는 상징성과는 각도를 달리하여 역사적으로 중요한 사건이 벌어진 공간에 관해 읊은 다음의 단카들이 그러한 예다.

---

202 ①은 p.78, ②는 p.79, ③은 p.81.

① 약수대(藥水臺); 산 속 깊이로 우리들 와 있는데 나무 틈으로 물건 파는 조선의 아이들 나와 사라 해.

[山深く我ら来つるに木の蔭ゆ物賣る鮮童らの来てしひるなり] 市山盛雄

② 약수대(藥水臺); 약수대 근처 앉아서 잠시 쉬고 있노라니까 한동안은 더위를 잊고 있게 되누나.

[藥水のほとりにありてやすらへばしばし暑さを忘れてゐたり] 志方言川

③ 장충단(奬忠壇); 길가 가까이 무성한 소나무들 키 크다보니 걷던 상태 그대로 골짜기가 보인다.

[道迫りてしげる松の木高ければ歩くままにして谷みえにけり] 浦本冠

④ 장충단(奬忠壇); 서리를 맞아 마른 붓꽃 포기들 일렬로 서서 개천의 기슭으로 기울어져 있구나.

[霜枯れしあやめの株は一列に溝川の岸に片よりてあり] 水井れい

⑤ 파고다공원(パゴダ公園); 황량한 겨울 마른 파고다공원 적적했지만 탑에 감돌고 있는 봄날의 햇살 기운.

[冬枯のパゴダ公園さびたれど塔にはにほふ春の日のかげ] 名越湖風[203]

①②의 약수대는 보통명사 같지만 서울의 사대(四大) 물맛 중 하나로 유명했던 취운정(翠雲亭)을 일컫는다. 취운정은 19세기 후반 조선 후기의 정치가 민태호(閔台鎬, 1834~1884)가 지은 정자였는데, 이곳은 독립운동가들의 회합 장소로 이용된 공간이었다. 그런데 위 단카에서는 이곳의 역사적 의미를 느낄 수 있는 맥락은 전혀 보이지 않고 조선 아이

---

203 ①②는 p.54, ③④는 p.63, ⑤는 p.112.

들이 물건을 팔러 오고 더위를 피해 휴식의 공간으로 기능한 약수터만이 그려져 있다.

이렇게 조선인에게 특별한 의미를 갖는 역사적 공간에서 역사성이 소거된 채 휴식 공간으로 조성된 예는 장충단이 대표적이다. 주지하듯 원래 장충단은 1895년 명성황후 시해 사건이 있은 지 5년이 지나 고종이 죽은 황후를 위해 지은 곳으로 봄과 가을에 제사를 지내던 초혼단(招魂壇)이었다. 그런데 1908년 대일(對日)감정을 악화시킨다는 이유로 제사는 금지되었고 벚꽃 명소의 공원으로 탈바꿈된 것이다. 장충단을 소재로 ③④에서는 이미 명성황후, 고종, 초혼단을 떠올릴 만한 가어는 없고 골짜기가 가까우며 개천이 흐르는 한적한 공간으로 그려져 있을 뿐이다.

⑤의 파고다공원도 또한 3·1만세운동의 발상지로서 독립선언서가 낭독된 뜻깊은 곳이지만 겨울의 황량한 풍경 속에 햇살을 받는 모습이 고작이다. 이러한 예를 통해 재조일본인 가인들 뇌리에서 작용한 집단적인 역사성의 소거와 망각 장치를 엿볼 수 있다.

그러나 모든 일본어 문학이 한일 간의 역사 기억을 소거하거나 망각한 것은 아니다. 『조선풍토가집』에서도 과거 조선과 일본의 역사적 관계와 사건들을 떠올리게 만드는 단카가 상당수 존재한다. 그런데 여기에서 흥미로운 점은 그 관계사가 주로 임진왜란, 청일전쟁, 러일전쟁 이후 1910년 한국 병합에 이르는 시기에 대한 기억, 즉 일본의 한반도 점유나 전승(戰勝)의 기억으로 점철되어 있는 측면이다. 먼저 임진왜란 관련해서는 통감부, 초기 총독부가 설치되면서 제국의 입장에서 일본 지배의 논리를 당위적인 것으로 만든 남산의 왜성대 지명 자체가 가장 명백한 지점이라고 할 수 있다.

이외에도 근대의 동아시아 역사의 사건들 속에서 중요한 무대가 된 공간들을 놓치지 않은 단카들이 있다.

① 덕수궁(德壽宮); 사카자키 데와노 가미가 분로쿠의 전쟁 때 진을 쳤던 궁궐의 뜰 안에는 가을 풀 향기가 나.

[坂崎出羽守が文録の役に陣をとりしみ苑の中は秋草匂ふ] 丘草之助

② 경복궁(景福宮); 이 근처에서 민비가 덧없이도 최후를 맞은 곳이라는 말 듣고 여름 풀 밟아본다.

[このあたり閔妃あへなき最後をば遂げし地と聽き夏草を踏む] 善生永助

③ 노인정(老人亭); 이 노인정에 아내와 쉬고 있네 바닥 아래로 잔물결 흘러가는 소리 들어가면서.

[この亭に妻と憩へり床下にせせらぐ水の音をききつつ] 丘草之助

④ 노인정(老人亭); 일본과 한국 담판을 이룬 자리 나중이 되어 여름풀 무성하게 노인정 되었구나.

[日韓の談判なせしあとどころ夏草ふかく亭あれにけり] 名越湖風

⑤ 하세가와마치[長谷川町]; 가로수들의 가지 꺾고 있구나 이 동틀 무렵 하세가와마치로 봄은 이렇게 왔다.

[街路樹の枝つみてをりこの朝け長谷川町に春は来にけり] 中村兩造

⑥ 조선호텔(朝鮮ホテル) 세상이 변해 호텔이 되었구나 대한제국의 황제가 천신지기 제를 올리던 곳이.

[世はうつりホテルとなりぬ韓皇帝天神地祇をまつれるところ] 名越湖風[204]

---

204 ①은 p.83, ②는 p.77, ③④는 p.58, ⑤는 p.27, ⑥은 p.29.

조선호텔과 환구단의 과거와 현재

①의 덕수궁 단카에서 말하는 사카자키 데와노 가미[坂崎出羽守]란 임진왜란 당시 여기에 진을 쳤었고, 일본으로 돌아간 후에도 그 공훈을 인정받은 왜장 사카자키 나오모리[坂崎直盛, ?~1616]를 일컫는 것이다. ②의 경복궁에서는 "덧없이도 최후를 맞은" 명성황후를 떠올리고 있는데, 일본 낭인들에 의해 시해당한 명성황후가 일본어 문학 안에 인식 혹은 표상된 방식은 복잡한 측면으로 보인다. ③④의 노인정은 민영준의 별장이던 한옥집 정자를 말하는데, ③에서 보듯 이미 휴식의 터로 변모한 약수대의 모습이 그려져 역사성이 망각된 측면도 있다. 하지만 이곳은 1894년 시점에서 조선의 대표 신정희(申正熙)와 일본의 오토리 게이스케[大鳥圭介] 공사 간에 회담이 진행된 곳이다. ④에서 "일본과 한국 담판을 이룬 자리"라는 표현에서 결국 국제전 청일전쟁에서 일본이 전승을 거두는 계기로 작용한 노인정의 역사성이 뚜렷이 드러난다. ⑤는 현재 소공동인 하세가와마치[長谷川町]라는 지명을 노래 대상으로 삼은 것인데, 이 하세가와란 조선군사령관이자 후에 무단정치의 주역이라고 비판을 받은 인물 하세가와 요시미치[長谷川好道, 1850~1924]의 이름에서 따온 것이다. 그는 러일전쟁 때의 수훈을 인정받아 자작 지위를 받았고 1916년에 제2대 조선 총독으로 취임했다. 하

세가와마치는 지명과 인물이 직결됨으로써 한반도 지배의 상징적 인물을 상기시키는 기능을 갖는 점에서 왜성대와 유사하다.[205] ⑥의 조선호텔은 고종이 하늘에 제사를 드린 환구단(圜丘壇)의 일부를 헐고 지은 것인데, "대한제국의 황제가 천신지기 제를 올리던 곳"이라고 그 설립의 배경을 정확히 지적하고 있다. 경성제대 예과 교수였던 나고시 나카지로가, 필호인 고후(湖風)로 창작한 단카에서 이러한 역사성의 지적이 현저하다는 점이 주목된다.

이처럼 『조선풍토가집』 중에서 경성(서울)과 관련된 단카를 살펴봄으로써 지명에 따라 선택, 혹은 배치된 노래 속에 잠복하고 있는 한일관계의 과거 서사와 역사 기억의 구조를 짚어보았다. 경성의 지명은 다양한 방식으로 단카에서 토포스가 되었다. 그것은 조선 쇠망과 망국의 슬픈 정서, 애잔함, 한탄을 바탕으로서 하면서 그 원인을 왕조 내부의 문제로만 귀결시키는 방식이기도 했고, 일본 측에서 대일(對日)의 불온 정서와 이어질 염려가 있을 경우 가차 없이 공원화하여 유원(遊園)의 공간으로만 기능하게끔 기억을 소거하는 방식이기도 했으며, 과거 임진왜란이나 청일전쟁, 러일전쟁 등의 근대전에서 일본의 침략이나 전승, 그에 따른 한반도 지배의 정당성

경성 관련 단카를 편역, 해설한 『단카[短歌]로 보는 경성 풍경』(역락, 2016)

205 김종근(2010), 「식민도시 京城의 이중도시론에 대한 비판적 고찰」 『서울학연구』 38호, 서울시립대학교 부설 서울학연구소, pp.21-22.

을 기호화화는 지명이나 인명을 호명하는 방식이었다. 그리고 이러한 방식은 『조선풍토가집』이 성립하기까지 30년 정도 재조일본인의 집단적 기억으로써 기능한 것을 파악할 수 있다.

8강 키워드
『조선풍토가집(朝鮮風土歌集)』, 로컬 컬러, 이국정조, 조선색, 풍토, 『조선풍토기(朝鮮風土記)』, 「조선지방색어해주(朝鮮地方色語解註)」, 경성의 지명, 공간성, 역사 기억, 기억의 왜곡과 소거

9강
전쟁기 잡지 통폐합 상황하의 시가 문학

1. 1941년의 한반도 일본어 문단의 상황

이번 장에서는 일제 말기 전쟁이 확산되는 가운데 한반도의 하이쿠, 단카와 시, 센류 문단이 어떠한 향방을 보이는지에 관하여 추적하고자 한다. 1937년 중일전쟁이 발발한 이후 1930년대 말부터 1945년에 이르기까지 소위 일제 말기의 전쟁기에 한반도에서 이루어진 문학은 친일문학과 국책문학으로 점철된 소위 '암흑기'로 오랫동안 외면되었다. 이 시기 문학의 실질에 대한 규명은 1966년 임종국의 『친일문학론』에서 시작되었다고 할 수 있으며 한국에서는 2000년대에 들어서야 비로소 '이중 언어 문학'연구의 입장에서 활발히 논의되었다.

이 시기 조선인에 의한 이중 언어 문학을 연구한 한국문학계에서도 "당시 조선에서 이루어진 조선인의 문학 활동은, 같은 지역에서 동시대에 이루어진 일본인의 문학활동에 대한 검토 없이는 파악될 수 없다"고 보거나 "조선문인협회가 창립되기 전까지 식민지 조선에서 일본인의 문학 활동은 상당히 미미했다"고 했으며, "1939년까지는 조선에 거주하는 일본인에게는 독자적인 문단이 존재하지 않았을 뿐만 아니라 근대적인 의미에서의 문학활동 자체가 존재하지 않았다"[206]고까지 설명하며 조선 문단과 일본 문단은 분리된 것으로 인식되었고 한반도에서 20세기 이후 전개된 일본어 시가 문단은 시야에 포함되지 않았다.

---

206 윤대석(2002),「1940년대 전반기 조선 거주 일본인 작가의 의식구조에 대한 연구」『현대소설연구』 제17집, 한국현대소설학회, pp.183～205.

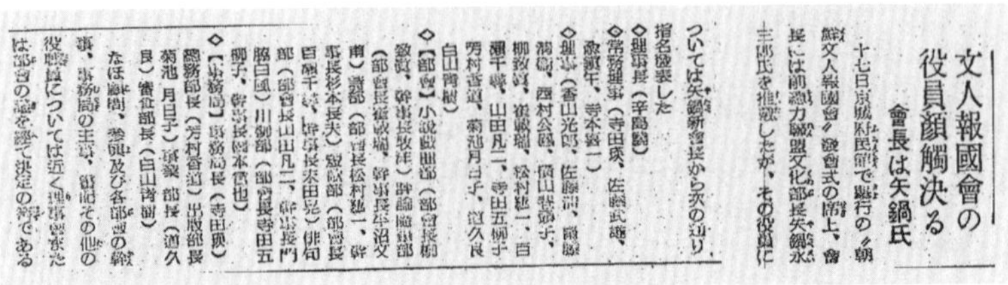

文人報國會の役員顔觸決る
會長は矢鍋氏

十七日京城府民館で擧行の〃朝鮮文人報國會〃發會式の席上、會長には前總力聯盟文化部長矢鍋永三郎氏を推薦したが、その役員については矢鍋新會長から次の通り指名發表した

『경성일보』 1943년 4월 17일자 「조선문인보국회」 결성 관련 기사

특히나 1939년 가을에 결성된 〈조선문인협회(朝鮮文人協会)〉는 당시 한반도 문단의 중심축이었고, 일제 말기에 성립되는 〈조선문인보국회(朝鮮文人報國會)〉의 전신으로 여겨졌던 까닭에 한국 문학 연구계에서 몇몇 연구[207]가 진행되었다. 이를 통해 〈조선문인협회〉가 결성된 과정이나 관련 조선인 작가들의 행보가 밝혀졌고, 재조일본인 문학자들과의 교섭도 어느 정도 조명함으로써 1940년을 전후한 한반도의 조선인 작가 문단은 그 동향이 파악되었다. 그러나 〈조선문인보국회〉라는 일제강점기 마지막 문학인 단체에서 절반의 비중을 점유하는 일본어 시가에 대해서는 소극적으로 취급되었을 뿐이다.

1943년 4월 17일에 결성된 〈조선문인보국회〉는 『경성일보(京城日報)』의 4월 18일자 기사에 따르면 〈조선문인협회〉뿐 아니라, 〈조선하이쿠작가협회[朝鮮俳句作家協會]〉, 〈조선센류협회[朝鮮川柳協會]〉, 〈국민시가연맹(國民詩歌聯盟)〉, 〈조선가인협회(朝鮮歌人協會)〉라는 기존의 다섯

207 박광현(2010),「조선문인협회와 '내지인 반도작가'」『현대소설연구』 제43집, 한국현대소설학회, pp.79~111. 이건제(2011),「조선문인협회 성립과정 연구」『한국문예비평연구』 제34집, 한국현대문예비평학회, pp.433~463 등.

단체[208]의 발전적 해산에 의해 발족된 것이다. 〈조선문인보국회〉의 임원을 맡은 조선인 유진오, 유치진, 최재서, 가야마 미쓰로[香山光郎, 이광수], 마키 히로시[牧洋, 이석훈], 마쓰무라 고이치[松村紘一, 주요한], 히라누마 분포[平沼文甫, 윤두헌] 등은 한국 문학 연구계에서 다방면으로 연구가 이루어진 것은 주지의 사실이다. 그러나 〈조선문인보국회〉의 부회가 소설, 평론, 시, 단카, 하이쿠, 센류라는 여섯 장르로 구성되어 있고, 전체 이사나 사무국에도 이 여섯 장르의 대표자들을 골고루 배치하고 있다는 점에 주목해야 한다. 일제 말기에 해당하는 1943년 당시 단카, 하이쿠, 센류라는 일본 전통시가 장르가 조선 문단 전체의 반 이상을 담당하는 큰 영역이었음을 보여주기 때문이다. 따라서 〈조선문인보국회〉를 논한다고 하더라도 단카, 하이쿠, 센류 문단이 제외된다면 일제 말기 한반도 문인 총결집이라 할 수 있는 이 단체의 절반밖에 이해하지 못하게 된다.

이 중 조선인 문학인의 참가가 두드러지는 〈조선문인협회〉에 관해서는 위에서 언급한 바와 같이 한국 문학 연구자들에 의해 천착이 되었지만, 〈조선문인보국회〉 결성에 관여한 다섯 개 단체 중 재조일본인이 주도한 네 단체에 대해서는 알려진 바가 별로 없다. 이 네 단체의 존재는 하이쿠, 단카, 센류와 같은 시가 문학이 한반도 일본어 문학의 중심으로서 1900년대 초부터 1940년대에 이르기까지 40년 남짓 꾸준히 문단으로서 유지되었음을 잘 보여준다.

중일전쟁 이후 태평양전쟁으로 일본이 수행하는 전쟁 규모와 영역

208 임종국 저, 이건제 교주(2013), 『친일문학론』 민족문제연구소, p.170에서는 네 개 단체라고 지칭하고 있지만 오류로 보이며, 다섯 단체 중 조선가인협회(朝鮮歌人協会)가 누락되어 있다.

이 확장되면서 모든 물자는 부족해졌고, 특히 문학과 관련하여서는 종이 부족이라는 실질 문제에 봉착하면서 잡지 발행 자체가 위협을 받았고 1940년 하반기부터 조선총독부 당국은 잡지의 통폐합을 위한 협의를 진행했다. 그 결과 이듬해 1941년 한반도에서 발간 중이던 모든 문예 잡지가 일제히 폐간되었다. 이 잡지 폐간 조치는 언론 통제는 물론이고 문예에서 국책 이데올로기를 효과적으로 장악하기 위한 당국의 방책이었다. 이로 인해 문학 방면에서는 재조일본인과 조선인을 막론하고 '국민문학' 담론이 크게 부상하게 되며, 전쟁 수행에 조응하여 국민정신의 함양이라는 '국민문학' 본래의 목적에 맞게 당시 한반도 내 문단을 용이하게 조직하기 위한 움직임이 일었다.

이렇게 1940년대 초반은 한반도에서도 '국민문학'론이 왕성히 일어난 시기이다. 물론 '국민문학'론이 부상된 것이 이때가 처음은 아니며, 일본어 문학의 경우 '국민문학'은 대략 세 시기를 검토해야 할 것이다. 우선은 1890년대 중엽으로 청일전쟁 승리와 더불어 내셔널리즘이 고양되는 시기이다. 그리고 두 번째가 1930년대 말부터로 전쟁을 수행하며 천황제를 강화하는 실천으로써 총력전을 지탱하는 운동의 하나로 전개된 국민문학 운동이라 할 것이다. 그리고 세 번째는 1950년대로 미군 점령하에서 독립을 둘러싼 논의가 활발해지며 진행되었다.[209]

그리고 이윽고 장르마다 대표 잡지 한 종의 간행만을 당국이 허락한다는 방침에 따라 각 장르별 문단이 바삐 움직이게 되었다. 이제 이하에서는 이러한 총독부의 잡지 폐간 조치에 따라 일본어 시가문단이 어

209 内藤由直(2014), 『國民文学のストラテジー』, 双文社出版, pp.7～11.

떻게 반응하고 움직이면서 유파 간 경합이나 갈등을 지나 대표 잡지를 간행하게 되는지, 혹은 1940년대에 어떠한 작품집을 남기게 되는지 등을 하이쿠, 단카, 센류를 중심으로 현존본 자료를 통해 살펴보기로 한다.

2. 〈조선하이쿠작가협회〉의 『미즈키누타(水砧)』

전 문예잡지의 폐간과 그에 따른 장르별 대표 잡지 한 종만의 간행을 허락한 조치에 가장 빠르게 반응한 것은 하이쿠 장르였다. 1941년 7월 〈조선하이쿠작가협회〉가 하이쿠 장르 내에 유파별 대통합을 이루고 가장 먼저 기관지 『미즈키누타』를 간행했기 때문이다. 그리고 단카(短歌)와 시 장르가 '시가(詩歌)'로 묶여 국민시가연맹으로 새로 조직되면서 두 달 지난 9월 『국민시가』가 창간되었으며, 그로부터 또 두 달이 지난 11월에 비로소 일제 말기 한반도의 문학에서 가장 뜨거운 화두였던 『국민문학』이 최재서 주재로 간행되었다. 이러한 장르별 유파 및 문학결사의 통폐합 과정은 일본에서도 마찬가지였는데 한반도의 일본어 문단 쪽이 훨씬 빠르게 진행되었다고 할 수 있다.

『미즈키누타』는 1941년 7월에 창간된 하이쿠 잡지로 〈조선하이쿠작가협회〉의 기관지다. 1941년 이 협회가 결성되고 『미즈키누타』가 창간되기까지의 경위와 과정을 살펴보고 이 잡지의 특성을 파악하여 일제 말기 한반도에서 이루어진 하이쿠 활동을 파악해 보자.

우선 『미즈키누타』가 나오기 이전의 조선반도 내의 하이쿠 문단 상

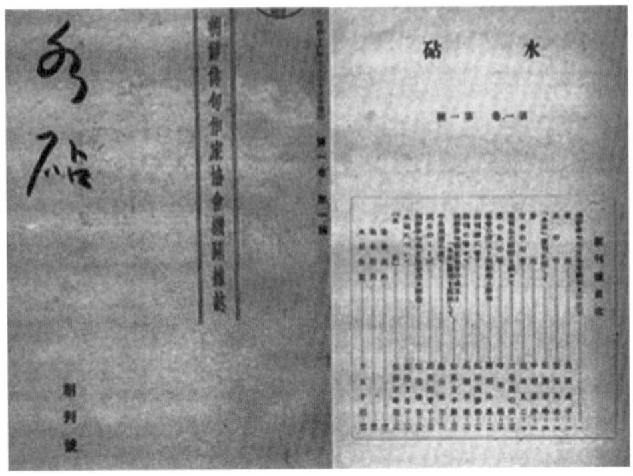

조선하이쿠작가협회의 기관지 『미즈키누타』

황을 간략히 정리하면 다음과 같다. 1920년대 전반 경성에서 『황조(黃鳥)』라는 하이쿠 잡지가 나왔고, 이것이 『장고(長鼓)』로 이름을 바꾸면서 조선반도에도 일본 호토토기스 계열의 하이쿠가 먼저 발흥하게 된 것은 주지의 사실이다. 그리고 1930년대에 들어서면 실로 한반도의 하이쿠 전성기라고 할 만한 시기로, 경성의 『장고』가 『세이코[青壺]』로 개칭되고, 『풀씨』와 『관(冠)』, 『장승』이라는 샤쿠나게 파 잡지까지 등장한 것도 앞서 살펴보았다. 신의주에서는 『아리나레(アリナレ)』, 평양에는 『유한(有閑)』, 부산에는 『까치[鵲]』, 원산에는 신흥하이쿠 계열의 『산포도』가 있었고, 대전에는 『호남음사구집(湖南吟社句集)』, 광주에는 『딸기[いちご]』, 목포에는 『가리타고(カリタゴ)』, 대구에서는 『가쓰기(かつぎ)』 등이 계속 간행되고 있었다. 대부분은 호토토기스 계열이었지만, 신흥하이쿠와 샤쿠나게 파까지 포함하여 최소 여덟 종 이상의 하이쿠 잡지가 존재했다.

이윽고 1937년 이후 '성전(聖戰)'으로 일컬어진 중일전쟁에 돌입하면서 한반도 역시 전체주의적인 이른바 '신체제' 시대로 이행하게 되었고, 하이쿠 문단 역시 이 영향을 받게 된다. 호남지방에서는 『딸기』와 『가리타고』를 중심으로 〈남선(南鮮)하이쿠작가협회〉를 조직하고 기관지까지 발간할 계획이었으나 당국은 하이쿠 잡지의 통합일원화를 이유로 허락하지 않았다. 국책에 순응한다는 의미로 모든 하이쿠 잡지들 역시 폐간을 받아들일 수밖에 없었는데, 한반도의 하이단을 통합하여 강력한 하나의 단체를 결성한다면 하이쿠 장르에 한 권의 기관지 발간은 허가될 수 있었으므로 호토토기스 계열의 하이진들을 중심으로 급거 1941년 5월 25일 10명의 발기인들이 모였다. 그리고 곧 6월 2일 70여 명의 하이진들이 설립위원회를 개최했으며 드디어 같은 달 12일 결성식을 거행했다.

이 협회 결성식이 당국의 인정을 받은 것은 〈일본하이쿠작가협회〉의 회장 다카하마 교시[高浜虚子]가 조선 방문을 기회로 임석하게 된 영향이 크다. 이때 다카하마 교시가 경성제국대학 학생들과 협회의 회원 약 200명과 함께 좌담회를 가진 것이 협회의 발족과 활동개시에 큰 기폭제가 된 것은 말할 나위도 없다. 이때 조선 특유의 냇가에서 빨래 방망이질을 하는 광경과 소리를 일본어로 표현한 단어 '미즈키누타[水砧, 물다듬이]'를 협회의 기관지로 명명(命名)하게 된 논의의 과정이 『미즈키누타』에 자세히 소개되어 있다. 원래 '다듬이[砧]' 자체는 가을을 의미하는 계어지만, 냇가에서 빨랫방망이를 두드리는 조선 아낙네들의 빨래터 광경은 얼었던 물이 풀리는 봄에 어울리는 매우 조선적인 특유한 것이었다. 협회에서 2월이나 3월 중 어느 쪽 계어가 좋으냐는 문의에 다카하마 교시가 3월 정도가 적합하다고 답변하면서 3월의 계어로 확정되었다. 그리 많지 않은 조선적 계어의 하나가 탄생하는 과정이라 할 수 있으며, '水砧'라는 제자(題字)도 다카하마 교시가 협회에 선물했다.

협회의 이름도 일본에서는 이미 성립한 〈일본하이쿠작가협회〉에서 본떠 〈조선하이쿠작가협회〉라 했으며, 1941년 7월 이렇게 『미즈키누타』는 한반도 유일의 하이쿠 잡지로 창간된 것이다. 협회는 8월 이후 매월 정례회를 개최했고, 다음과 같은 선언과 강령을 내걸었다.

> ① 조선하이쿠작가협회 강령
> 하나, 일본문학으로서의 전통을 존중하는 건전한 하이쿠의 보급
> 하나, 국민시로서의 하이쿠 본래의 사명 달성
> 하나, 하이쿠를 통한 시국하 국민의 교양
>
> ② 조선하이쿠작가협회 선언
> 반도는 제국의 중요한 일익으로서 시국하 몇 배나 되는 사명달성에 매진하지 않으면 안 되고, 본 협회는 일본 전통의 국민시인 하이쿠로써 국민정신을 육성하고 신하로서의 도리를 실천하며 그 성과를 거둘 것을 기한다.[210]

이와 같이 한반도 하이쿠 문단의 화합과 절충, 협력, 구작(句作)의 정진을 도모했으며, 협회규약의 총칙에 따라 "국민총력조선연맹문화부의 지도하에 국책에 순응하여 하이쿠 문학을 통해 공공 봉사하고 시국

210 「朝鮮俳句作家協会綱領」(1941), 『水砧』第1卷第1號, 朝鮮俳句作家協会, p.1.

하 문운의 흥륭에 공헌하며 아울러 회원상호의 연락친화를 도모"하는 것을 목적으로 한다는 국책 순응의 태도를 명시하고 있다.

『미즈키누타』는 그때까지 유파별로 활동하던 한반도 내의 하이진들이 계열을 막론하고 하이쿠 단일협회를 지향한다는 목적을 위해 서로 협력하고 융합과 교섭, 화해를 하는 장으로 마련되었으며, 적어도 그러한 장의 표방이었다. 인적 뒷받침이 탁월한 호토토기스 파의 우세 속에서 출발한 『미즈키누타』는 타 유파와의 갈등을 절충하기 위한 방안으로써, 각파의 지분에 해당하는 지면을 할당했고 하이쿠 투고 시선고(選考)를 받기 원하는 선자를 미리 지명할 수 있게 초기 규정이 마련되어 있었다.

이처럼 『미즈키누타』는 시국에 따른 조선 하이진들의 총결집이라는 측면을 가지면서, 동시에 이러한 신체제하에서도 조선의 향토 하이쿠를 확고하게 하려는 성격과 일본에 비해 통합된 협회와 그 기관지를 갖는다는 특이성을 전면에 내세웠다. 창간호의 「협회 설립과 조선 향토 하이쿠」라는 글에서는 다음과 같이 말하고 있다.

> 내가 말하는 향토 하이쿠는 그러한 진부한 구가 아니라, 조선 특유의 재료를 취해 하이쿠를 짓는 경우든, 생활환경에서 조선특유의 사상(事象)을 대상으로 하이쿠를 짓는 경우든, 직접 몸소 느끼는 현실의 진상을 대상으로 취하여 하이쿠를 지어갔으면 하는 것이며, 이렇게 함으로써 내재적인 향토 하이쿠가 본질적인 모습을 형태화하리라고 생각한다. 이러한 하이쿠는 지나치는 여행자에게는 바라기 어려운 것이며, 우리들 조선땅에 뿌리를 내린 자들만이 해 나갈 수 있는 것이라

본다.[211]

이러한 하이쿠를 지향한다는 점에서 여행자가 아닌 조선땅에 오래도록 뿌리를 내리고 생활해 온 재조일본인에게서 가능한 조선 '향토' 하이쿠 확립을 제창했다. 조선색의 근간으로 사용된 '향토'가 국민문학의 다른 문맥에서 1941년 시점에 다시 호명된 장면이다.

그러나 당시 한반도 하이쿠 문단의 실정은 이렇게 협회 설립의 목표나 지향점과 반드시 일치하는 것은 아니었다. 이를 볼 수 있는 대표적 예가 계어나 하이쿠 용어에 혼란이 생겨 논란을 빚거나 작품에 대한 평가가 엇갈린 사례다. 더불어 여러 유파가 한 잡지에 결집하다 보니 하이쿠에 대한 어쩔 수 없는 기본 입장 차이가 드러나게 되고, 협회에서는 반목의 움직임에 대해 경계하며 "협회의 진로를 저지하려 하거나 반도 하이단에 독을 끼치는 것은 통제를 어지럽히는 것"이므로 협회의 이름으로 배격한다는 식의 태도를 보이기도 했다.

호토토기스 계열의 주도 상황은 다음 두 가지 측면에서 금방 알 수 있는데, 그 첫째는 다른 파의 잡영에 비해 호토토기스 계열은 매호 400구 내외로 인원과 구수에서 『미즈키누타』의 하이쿠 창작을 압도적으로 리드했다는 점이고, 둘째는 선정 후의 소감이나 촌평은 호토토기스 계열의 한 사람만 지속적으로 게재하고 있다는 점이다. 그러나 다른 유파, 특히 신흥 하이쿠와의 갈등 역시 필연적이어서 창간호에 조선반도의 신흥 하이쿠를 이끌던 에구치 한에이로[江口帆影郎]는 「창간

---

211 西村公鳳(1941), 「協会の設立と朝鮮郷土俳句」, 위의 책(『水砧』第1卷第1號), p.15.

호에 부치다」라는 글에서 "무슨 싹이 뾰족뾰족 나온 것이나 산령의 단풍 쪽이 산록의 그것보다 짙은 데에 놀라 그것을 17글자로 지어 기뻐하고 있을 시대가 아닌 것이다"라는 다소 호토토기스 비판적인 언사를 썼다. 이에 대해 제3호에서 아라마키 신류시[荒巻枕流子]가 「창간호 미즈키누타를 읽고」를 통해 "작자와 선자에 대한 큰 모욕이며 호토토기스 진영에 대한 심대한 모욕"으로 받아들이며 "이러한 언사를 하는 사람이 조선하이쿠작가협회 내에 존재하는 것은 협회의 전도와 미즈키누타 발전을 위해 유감천만의 일"이며 "장래 〈조선하이쿠작가협회〉에서 이러한 과실을 범하는 자가 다시 나오지 말 것을 간절히 원할 따름"이라고까지 강도 높게 반발하는 내용도 실었다. 신흥 하이쿠는 협회 창간에 대리자를 참석시키고 초반에 10구 안팎의 적은 수의 하이쿠만을 투고하여 위축된 출발의 모습을 보였지만, 이후로 점차 구수가 증가하여 제5호와 제6호에서는 100수 가까운 구를 게재할 만큼 성장세를 보이게 되었다.

이처럼 각 유파의 첨예한 대립이 내재했지만, 『미즈키누타』는 창간호 후기에서 "하이론[俳論]은 정론(正論)이어야 할 것, 비평감상은 선인적이어야 할 것, 기타 진영을 확장하기 위한 것을 배격할 것"이라는 세 가지 주의사항을 환기시키며 많을 경우 도합 1000구 이상의 선발된 하이쿠를 담아내는 명실상부 한반도 최대이자 유일의 연합 하이쿠 잡지가 되었다. 지정된 선자에 의한 하이쿠 외에도 이미 경성은 물론 인천, 평양, 전주, 광주 등에 존재하던 다양한 구회의 소식과 하이쿠도 제2호 이후 꾸준히 회보(會報)에 보고되었다.

이 잡지의 내용 구성에서 눈에 띄는 것은, 가장 먼저 창간호에 저간의 특수한 사정에 대해 각파나 기존 잡지들을 대표하던 사람들이 협회를 조직하기에 이른 경위나 입장, 각오 등을 서술한 내용이 상당히 많다는 것이다. 그리고 창간호답게 협회장 사토 비호[佐藤眉峰]의 선(選)으로 '미즈키누타(빨랫방망이)'라는 구제하에 200여 구의 회원들이 지은 하이쿠가 소개되었다. 그리고 『미즈키누타』 제2호부터는 호토토기스, 샤쿠나게, 신흥, 운모(雲母)라는 네 파의 대표 선자들에 의해 협회 회원들의 투고 하이쿠가 각각 「잡영(雜詠)」이라는 난으로 게재되었다.

각파별로 창작 하이쿠를 선발하여 게재한 「잡영(雜詠)」란과 회보, 선후소감 등의 촌평 외에도 『미즈키누타』는 임원진들의 수필, 일본 내지의 유력 하이쿠 잡지의 신소식을 거의 한 달 정도의 시차로 전하는 「하이쿠잡지 전망」, 하이쿠의 문학적 정신과 생활의 반영이나 대중화를 논한 다양한 구론(句論)도 게재되었다. 그리고 제4호에는 1941년 타계한 이시지마 기지로[石島雉子郎]를 추모하는 글, 제5호에는 마사오카 시키의 사촌동생이자 대구에서 도서관장을 하며 하이쿠 잡지 『가쓰기(かつぎ)』를 주재하고 요양을 위해 고향 마쓰야마[松山]로 돌아간 우타하라 소다이[歌原蒼苔]가 보낸 엽서가 소개되는 등 한반도에서 활동하거나 큰 영향을 주었던 내지 하이진들의 소식, 협회의 규약 등을 담고 있어, 명실상부 한반도에 존재했던 최후의 하이쿠 종합잡지로서의 역할을 하려는 노력이 보인다.

1941년 5월 25일 협회의 발기인 모임에 사토 비호[佐藤眉峰], 미타니 란노슈[三谷蘭の秋] 등 10명이 참석했고, 이어 6월 2일 주로 경인지역의 하이진과 목포의 무라카미 세이도[村上星洞], 무라카미 교시[村上杏史], 광주의 안도 호시로[安東方子郎], 천안의 도미야 세이보[富谷青芒], 원산에서는 에구치 한에이로의 대리인 등이 출석하여 설립위원회가 개최되었다.

특히 사토 비호는 잡지 통폐합 상황에서 하이쿠만의 독자적 잡지의 발행을 허락받는 데에 지대한 공헌을 하면서 〈조선하이쿠작가협회〉의 회장으로 추대된 인물로, 본명은 사토 다케오[佐藤武雄]이며 도쿄 제국대학 의학부를 졸업하고 법의학에 종사하다 1929년 경성제국대학 교수로서 조선에 부임한 인물인데, 1931년부터 33년까지 타이완 외유 후 조선으로 다시 돌아온 비호는 법조계인사들의 하이쿠 잡지 『관』을 이끌었으며 조선하이쿠회 회장을 역임했다.[212] 경성제국대학 의학부장으로 근무하며 1930년대 후반부터 1940년대에 걸쳐 재조일본인 하이단을 결속시키고 이끌어간 대표인물로, 『미즈키누타』에서도 하이쿠 선자로서의 활동이나 창작 하이쿠뿐 아니라 「제왕절개」, 「한밤중의 태양의 추억」 등 문학적 에세이를 게재했다. 사토는 종전 후 고향 나가노현[長野県]으로 돌아가 신슈대학[信州大学] 학장까지 역임했다.

『미즈키누타』의 하이쿠 선자가 지정제라고 한 것처럼 네 명의 선자(選者) 역할은 중요했다. 호토토기스 파의 선자를 맡은 것은 도미야스 후세이[富安風生]였다. 그는 아이치 현[愛知県] 출신으로 도쿄 제국대학 독일법률과를 졸업하고 체신성(遞信省)에 들어갔는데, 1919년 다카하마 교시와 인연을 맺어 『호토토기스』에 하이쿠를 투고했다. 1922년 〈도다이하이쿠회[東大俳句会]〉 결성에도 관여했던 인물인데, 이후 체신성 요직을 맡았고 조선에서는 체신차관(遞信次官)까지 역임했고, 1937

212 山下一海 外編(2008), 『現代俳句大事典』 三省堂, p.252.

년에는 관계에서 퇴직하고 하이쿠 중심의 생활에 들어선 것으로 알려졌다.[213] 도미야스는 『미즈키누타』 이전에 부산에서 『가사사기』를 주재했던 한반도 호토토기스 계열의 지도자격 인물이었고, '전(全) 조선을 짊어질 정도의 대인물'로 평가되었다. 창간호에는 자작 하이쿠 다섯 구를 게재했고, 제2호부터 제6호에 이르기까지 평균 400구 이상의 잡영(雜詠)을 선(選)했으며 제3호부터는 선후의 소감문을 작성하여 비상시국에 하이쿠에 거는 기대와 건전성을 환기하며 인상적인 구들을 발췌하여 열거하고 촌평을 남겼다.

샤쿠나게 파의 선자는 니시무라 고호[西村公鳳]로, 그는 1925년 조선으로 건너와 1930년대 후반에 맹위를 떨친 샤쿠나게 파를 대표했으며 하이쿠 잡지가 통폐합되기 전에는 〈조선샤쿠나게연맹〉의 『장승』을 주재했고 조선흥농사(朝鮮興農社)의 간부였다.[214] 『미즈키누타』 제2호 이후 꾸준히 200구 전후의 잡영을 통해 샤쿠나게 계열의 하이쿠를 지속적으로 게재했다.

신흥 하이쿠에서는 역시 에구치 한에이로가 선자를 맡았는데, 1930년대 당시 강원도 원산을 근거지로 하여 간행된 하이쿠 잡지 『산포도』의 주재자로서, 일본에서 일었던 신흥 하이쿠 운동이 주창한 청신한 서정성, 반(反) 호토토기스, 무계(無季) 하이쿠, 전쟁에 대한 관심 등의 특징을 적극 실천했던 사람이다.[215] 초창기 유파 간 갈등 탓인지 제2호

---

213 山下一海 外編(2008), 위의 책(『現代俳句大事典』), p.371. 豊田康(2007) 『韓国の俳人 李桃丘子』 J&C, p.49.

214 山下一海 外編(2008), 위의 책(『現代俳句大事典』) pp.408~409. 豊田康(2007) 위의 책(『韓国の俳人 李桃丘子』), p.49.

215 山下一海 外編(2008), 위의 책(『現代俳句大事典』), pp.289~290.

에서 잡영 10구의 선발에 그쳤지만, 제3호에서 38구, 제4호에서는 61구, 제5호와 제6호에서 100구 가까이로 신흥 하이쿠 계열의 작품 선발이 크게 증가하게 되었다. 특히 그가 전쟁에 대해 가진 관심은 제6호 「어떤 젊은이의 죽음」이라는 제목의 에구치 하이쿠 다섯 구에서도 확인할 수 있다. 에구치는 종전 후 일본으로 돌아가서도 『태양계(太陽系)』와 같은 하이쿠 문예지에 관여했다.

마지막 선자는 운모(雲母) 계열의 이다 다코쓰[飯田蛇笏]였는데 그는 야마나시 현[山梨県] 출신으로 일찍부터 〈와세다 음사[早稲田吟社]〉에 참가했고 다카하마 교시에게 사사받았으며 『호토토기스』에 꾸준히 구를 게재하며 활동했다. 이다는 간경(簡勁)하고 창고(蒼古)하며 중후한 구풍을 확립했으며 다수의 구집과 수필, 평론을 남겼는데, 1915년부터 『운모』와 그 전신인 『기라라(キラヽ)』를 주재하여 아쿠타가와 류노스케[芥川龍之介] 등을 비롯한 동시대 문학자들의 상찬을 받으며 인구에 회자되는 구를 많이 남겼다. 1940년 4월부터 조선반도부터 중국 북부 대륙을 돌며 각지에서 하이쿠 모임과 강연회를 열었는데, 『미즈키누타』의 선자 활동도 그 연장선상에 있었던 것으로 보인다. 이다가 주재한 하이쿠 잡지 『운모』는 엄밀하게는 호토토기스 파와 밀접한 연관을 갖기 때문에 갈등관계의 유파로는 볼 수 없지만,[216] 높은 시적감각을 천연자연의 생명과 하나가 되어 영탄하고 사람의 마음을 풍요롭게 한다는 『운모』의 특색을 반영한 하이쿠를 선발한 것으로 보인다.

『미즈키누타』의 편집자 기구치 다케오[菊池武夫]도 간과할 수 없는

---

216 山下一海 外編(2008), 위의 책(『現代俳句大事典』), pp.31~32. p.84.

인물인데, 창간호부터 제6호에 이르기까지 매호 후기를 통해 편집의 방침과 특이사항, 투고자들에 대한 감사를 상세히 기록했다. 또한 상임이사도 겸하면서 겟짓시[月日子]라는 하이고[俳号]로 다수의 하이쿠 창작도 게재했다. 기쿠치 자신은 호토토기스 계열이었지만, 통폐합된 하이쿠 잡지의 편집 책임인 만큼 각파의 인물들에 대해 고루 소식을 전하려고 배려했으며 중립적 태도를 견지하고자 노력한 흔적이 곳곳에 보인다.

이외에도 협회의 고문과 이사와 회원들은 매호 창작 하이쿠를 게재했는데, 특히 조선인 하이진으로 회령을 근거지로 하여 창간호부터 제6호까지 5구를 게재한 이순철(李淳哲), 목포를 근거지로 하여 제3호부터 제6호까지 6구를 실은 의성 이영학(誼城 李永鶴), 경성을 근거로 하여 창간호와 제3호에 총 3구를 실은 윤계원(尹癸元), 평양을 근거지로 하여 창간호에 1구를 게재한 허담(許淡) 등의 이름이 보인다. 실제로 『미즈키누타』에는 평양의 가네우미 에이진[金海永鎭]이나 경성의 오키 보쿠토[大木朴堂]와 같이 창씨개명한 조선인으로 추정할 수 있는 이름도 보이는 등 복잡한 상황이었지만 일제 말기까지 하이쿠 창작에 참여한 조선인도 알 수 있다는 점에서 주목할 만하다.

3. 『국민시가(國民詩歌)』와 1940년대 일본어 시가

이제 일제 말기의 한반도의 단카 문단의 동향을 조명해 보자. 1930년대에 『진인』이 도쿄〈진인사〉로 모두 옮겨가고 중일전쟁 이후 반도 가단을 대표할 만한 뚜렷한 단카 잡지는 『아침[朝]』 정도만이 확인된다. 현재 1940년 10월에 발행된 제1권 제8호만이 현존본으로 확인되는데, 발행인 겸 주재자는 『진인』에서 눈에 띄는 활약을 하던 미치히사 료다. 중일전쟁이 장기전으로 접어든 이 시점에서 한반도의 문예잡지는 형식과 내실을 모두 갖추기가 점차 곤란한 상황에 빠졌던 듯, 『아침』의 「편집후기」에서는 단카 제출자가 적은 것을 염려하는 문구[217]가 보이고, 잡지의 체제도 시가 정신을 논하는 소품 산문들과 단카 작품이라는 단순한 구성을 취하고 있다. '교육소집(教育召集)', '세계사', '이념', '격돌', '신질서', '배급', '이상호흡', '사이렌' 등 전쟁 참여와 직결된 단카가 직접 읊어지거나, 내선일체 구호하에 조선인들의 창씨개명이 진행된 상황도 단카 속에 그대로 드러나 있어 1940년의 조선이 놓인 시대상을 읽어내기에 유용하다.

1940년 간행된 단카 잡지 『아침』

『아침』이 얼마나 지속적으로 간행되었는지는 확인할 길이 없지만, 일단 1941년 6월 총독부 당국에 의해 잡지들은 모두 폐간 처분을 받았고, 국민총력조선연맹문화부 지도하에 7월에 〈국민시가연맹〉이 결성되어 단카와 시 장르를 통합하여 9월 조선 유일의 시가잡지 『국민시가』가 창간되었으며, 미치히사 료를 비롯해 『아침』에 관여한 상당수

217 道久良(1940), 「編集後記」, 『朝』10月号, 『朝』 發行所, p.33.

국민시가연맹이 1941년 9월 창간한 『국민시가』 창간호 표지

최재서가 책임편집하여 1941년 11월 창간된 『국민문학』

가인들의 이름이 『국민시가』에서도 확인되므로 그 연속 관계는 분명히 있었던 것으로 보인다.

앞서 본 하이쿠 문단처럼 기존 유파의 통합만이 아니라 단카 문단은 시와의 장르 통합도 함께 이루어내야 했다. 그런 까닭에 『국민시가』의 성립은 유파 간의 갈등을 극복하고 단일 장르에 기반을 두어 빠른 시간 내에 출발한 하이쿠 잡지 『미즈키누타』보다는 두어 달 지체되었다. 그러나 반년 이상의 공백 기간을 거치며 진통 끝에 11월에 창간된 최재서(崔載瑞)의 『국민문학』보다는 두 달이나 이른 시기에 창간이 되었으므로, 『국민시가』에서 논해진 '국민문학' 담론들은 『국민문학』 성립에 일정한 자극이 되었을 것으로 추측된다. 최재서는 『국민문학』 편집후기에서 창간호가 11월에 나오기까지의 어려움을 토로하며 '문단 공위 시대(文壇空位時代)'[218]라고 한바 있다. 이는 산문 문단이 없었다는 표

---

218 崔載瑞(1941), 「編集後記」, 『國民文学』(創刊号), 人文社.

현이지만, 하이쿠의 『미즈키누타』와 시와 단카를 통합한 『국민시가』가 각각 선행되어 창간되는 정황에서 조선인 작가들의 소설 발표의 장이 없다는 초조함을 부채질한 것은 자명하다.

다음은 『국민시가』 창간호 「편집후기」의 일부다.

> 본지는 조선에서 유일한 시가잡지로서 발행이 허용되고 있으며 그 점에서는 책임도 또한 극히 크다는 점을 우리들은 자각하고 있다. 그렇기 때문에 본지 발행의 목적은 "고도의 국방국가체제 완수에 이바지하기 위해 국민 총력의 추진을 지향하는 건전한 국민시가의 수립에 힘쓴다"는 점을 분명히 해 두었다. ……이제부터는 건전한 대륙문화건설을 위해 건설적인 작품을 보내줄 것을 희망한다.[219]

여기에서 보듯 잡지 발행의 목적은 "고도의 국방국가체제 완수에 이바지하기 위해 국민 총력의 추진을 지향하는 건전한 국민시가의 수립에 힘쓴다"는 것으로 명시되었다. 그리고 조선이라는 '재주지의 초심자들 지도를 위해' 종합잡지이면서도 회원잡지의 형태를 겸하는 까닭을 밝히고 있다. 한편으로 '내지' 일본에서 이루어진 가단의 통일체인 〈대일본가인회(大日本歌人會)〉가 종래의 결사조직에 여전히 중점을 둔 것에 비해, 조선의 〈국민시가연맹〉은 기존의 모든 결사가 해산하여 결성된 것이었다. 이는 결사의 대변자적인 관계를 떠나 기존의 결사 중심적 의식을 청산하고 공정한 문학행동을 할 것을 중앙에서 떨어진

219 道久良(1941), 「編集後記」, 앞의 책(『國民詩歌』創刊號), p.96.

원격의 땅에서 '내지'를 향해 발신한다는 '반도 문학'의 긍지도 드러내고 있다.[220] 『국민시가』는 명실상부 '반도 시가단의 최고 지도기관'이자 '시가단의 유일한 공기(公器)'[221]임을 자부하고 있었는데, 요컨대 『국민시가』는 식민지 한반도에서 간행된 마지막 일본어 시가 전문잡지였다고 정리할 수 있겠다.

〈국민시가연맹〉과 『국민시가』의 창간으로 1930년대까지 각각 별도의 문단을 형성하여 존재하던 '단카'와 '시'는 '시가(詩歌)'라는 이름으로 합체되었다. 이 과정에서 단카 쪽이 초반에 시 장르를 리드하는 형세로 창간되는데 이렇게 된 요인은 다음 두 가지로 볼 수 있다.

첫째는 한반도 가단의 확고한 창작 인프라는 40년간 구축된 문예지, 혹은 매체 문예란의 모집 단카 등의 선발과 심사, 평가 시스템이 『국민시가』에도 도입되어 있다는 점이다. 이는 시가를 포함한 '국민문학'에서 강조되는 '실천'과 '지도성'에 매우 적합한 시스템이며, 1923년 창간된 『진인』이래로 잡지 간행의 주축이 되는 회원의 단카 투고와 그에 관한 상세한 선후평(選後評) 등이 오랫동안 한반도 단카 문단에서도 체계화되어 있었기 때문이다.

둘째로 일본 시가 문학의 전통과 역사를 따질 때 "2,600년의 전통을 가지는 일본 정신문화의 강고함"[222]을 사실화하고 그 '건전성'을 일찍이 보여준 것을 1,300년 전에 등장한 『만요슈[万葉集]』에서 찾기 때

---

220 道久良(1941), 「時評」『國民詩歌』十月号, 國民詩歌発行所, pp.43～45. 道久良(1941) 「時評」『國民詩歌』十二月号, pp.46～47.

221 美島梨雨(1941), 「半島詩歌壇の確立」, 위의 책(『國民詩歌』十月号), p.63.

222 道久良(1941), 「精神文化の問題」, 앞의 책(『國民詩歌』創刊号), p.21.

문이다. 이는 『국민시가』의 논문에 『만요슈』에 담긴 단카와 주요 가인들에 대한 내용이 어떠한 가론보다 압도적으로 많다는 것에서도 뒷받침되며, 창간호의 이론 「단카의 역사주의와 전통[短歌の歴史主義と伝統]」, 「오쿠라 소론[憶良小論]」, 10월호의 「단카의 역사주의와 전통-2-」, 12월호의 「단카의 역사주의와 전통-3-」[223]이 모두 『만요슈』와 그 전통성 및 영원한 역사성을 본격적으로 다룬 평론들인 것에서도 분명하다. 『국민시가』의 가론(歌論)이 거의 대부분 『만요슈』와 그 대표 가인들을 단카 모범이나 평가의 전거(典據)로 삼고 있는 것은 단카의 시가로서의 정통성을 드러내는 확실한 방법이었다.

이에 비해 『국민시가』의 시 장르 쪽은 창간부터 초반까지는 창작시가 위주였고 단카 쪽보다 이론이 활발하거나 구체적이지 못한 면모를 보인다. 그러다 『국민시가』 창간 1주년을 지나면서, 시인 아마가사키 유타카[尼ヶ崎豊]를 중심으로 예술성과 가장 직결되는 문학 형태로서의 시가 조금씩 강조되었다.

> 우리는 우리들의 시가 가지는 가치를 절대적인 것으로 우러러본다. …… 우리의 시는 영혼의 전령(全領)이다. …… 우리들의 시는 문화의 최고봉에 위치한다. 시는 일 국민, 한 민족, 아니 인류로부터 가까이에 있고 멀어질 수도, 없어서도 안 될 근간이자 나아가 한 나라의 운명

---

223 末田晃(1941), 「短歌の歴史主義と伝統」, 위의 책(『國民詩歌』創刊号), pp.28～32. 瀬戸由雄(1941), 「憶良小論」, 위의 책(『國民詩歌』創刊号), pp.57～66. 末田晃(1941), 「短歌の歴史主義と伝統-二-」, 앞의 책(『國民詩歌』十月号), pp.12～23. 末田晃(1941), 「短歌の歴史主義と伝統-三-」, 앞의 책(『國民詩歌』十二月号), pp.11～21.

을 좌우하는 힘을 갖고 있다. 시는 정치를 지도하고 종교, 교육, 예술, 전쟁, 이 모든 것을 유도하는 원천이라고 할 수 있다. …… 문화문예는 정치의 도구가 아니라 높은 의미의 정치 그 자체인 것이다. …… 훌륭한 시인의 시 속에는 반드시 개인을 훨씬 넘어선 뛰어난 지혜의 깨달음이 있다는 것을 확신해서 한 세대의 정치가, 한 시대의 지도자가 될 사람은 이러한 시의 참뜻을 이해하지 못한다면 그 자격이 없다고 생각한다. …… 시는 혼의 전령이다. 시는 영혼의 전령이다. 시는 정신의 전부이다. 따라서 모든 정신에 앞서서 모든 정신을 관장한다.[224]

아마가사키는 발레리나 보들레르, 괴테 등의 유럽 시인들의 시에 관한 담론을 인용하면서, 시가 조국(祖國)과 유기적 연계를 갖는다는 점, 온갖 전통, 신화, 언어, 풍속, 습관 등을 소홀히 여겨서는 안 된다는 일반 문학론을 표명했다. 그러나 시가 혼(魂), 즉 정신의 영역을 전부 관할하는 지고성을 가진 것임을 강조하고, 국가의 운명을 좌우할 수 있는 가장 우월한 문화문예의 대표라고 밝혔다. 용어로서의 '시'는 '가(단카)'를 포함할 수 있지만, '가'는 '시'를 포함할 수 없는 영역과 보편적 이론을 바탕으로 현대적 세계로 확대될 수 있는 '시'의 힘과 선도성에 가치를 부여한 셈이다.

이렇게 1940년대 전반기 '국민시가론'의 등장 하에 문예잡지 『국민시가』는, 수천 년 역사의 생명력과 전통성을 지닌 단카와 광범위한 동시대성과 세계성을 구비한 시(詩)가 '시가(詩歌)'라는 용어에 의해 결합

224 尼ヶ崎豊(1942),「詩並に詩人について」『國民詩歌』8月號, pp.39~43.

되어 탄생한 것이다. 즉 『국민시가』는 단카가 가진 수천 년의 역사와 전통성을 획득하게 된 시단과 시가 가진 광범위성과 현대성을 획득한 가단이 상호 '시가'라는 용어에 서로 합의하며 탄생했고, 한반도 일본어 시가 문학의 공적 장으로서 기능하게 되었다.

『국민시가』의 구성을 살펴보면 현존본 여섯 호에는 도합 1,400수 이상의 창작 단카와 160편의 창작 시, 약 40편의 시가론을 포함한 평론이 실려 있으며, 이밖에 전호(前號)에 게재된 작품에 대한 비평과 시평(時評) 및 편집후기가 거의 매호 갖추어져 있다. 시가 전문잡지답게 『국민시가』의 가장 중심은 창작 단카와 창작 시 작품이며 현존본 여섯 호의 창작 단카와 시의 작자 수 및 작품 수를 정리하면 아래와 같다.

『국민시가』 현존본 여섯 호의 창작 시가

	1941년 9월(창간)호	1941년 10월호	1941년 12월호	1942년 3월(특집)호	1942년 8월호	1942년 11월호
가인	91명	74명	70명	113명	47명	37명
단카 수	367수	290수	295수	280수	223수	254수
시인	24명	35명	18명	47명	16명	20명
시 수	24편	35편	18편	47편	16편	20편

전체적으로 시와 단카의 균형을 맞추려는 편집방침과 배치 의도가 드러나기는 하지만, 가인의 수와 단카의 수가 시에 비해 많고, 편집겸 발행인이 가인 미치히사 료, 역시 가인 스에다 아키라로 이어지는 점 등에서 볼 때에도 실제 편집의 주도권 역시 시보다는 단카 쪽에 있다고 판단된다.

「서」에서 밝혔듯이 『국민시가』의 현존본 여섯 호를 완역한 상태이고 이 잡지에 관한 연구서도 출판되었으므로[225] 자세한 내용은 본서에서 다루지 않는다. 다만 당시 '국민문학' 담론의 맥락을 『국민시가』가 어떻게 파악하고 있었는지, 그리고 그것에 단카가 얼마나 유용했는지에 관해서 짚어두기로 한다. 문예잡지를 통제한 〈국민총력조선연맹문화부〉의 참사(参事)이자 시인인 다나카 하쓰오[田中初夫]는 '국민'과 '국민문학', '조선의 국민문학'에 대해 다음과 같이 인식했다.

> ① 국민이라는 의식이 왕성해진 것은 극히 최근이다. ……국문학의 전통이야말로 국민문학의 기조이다. 일본문학의 고전 속에 국민문학의 성격이 드러나는 것이다. 이 고전의 정신을 떠나서 국민문학은 존재하지 않는 것은 물론……일본문학 속에 역시 태고로부터 끊임없이 흐르는 일본문학의 근본정신이 존재하는 것을 부정할 수 없다. 그것은 국민생활의 뿌리 깊은 전통이 우리를 지배하고 문학 안에도 작용하는 것이다. 이 강력한 문학적 전통의 정신이 국민문학 성립의 기조이다.
>
> ……조선에서도 우리 반도 재주의 작가들은 일본의 국민문학수립의 기운에 따라 일본 국민의 일원으로서 국민문학 수립을 위해 노력해야 한다. ……반도의 민족적 전통생활을 일단 탈피하여 황국신민 생활로 들어감으로써 비로소 국민문학 수립에 참가한다고

---

225 엄인경(2015) 『문학잡지 『國民詩歌』와 한반도의 일본어 시가 문학』과 엄인경 외 5인의 연구자들의 협업으로 『국민시가』 여섯 호의 현존본이 완역되어 2015년 도서출판 역락에서 간행되었다.

할 수 있다.

② 역사주의와 전통은 여기에서 명백히 나뉜다. …… 『만요슈』는 단순한 단카 집록이 아니다. 뛰어난 예술작품이지만 예술성을 넘어 깊고 큰 것을 가지고 있어야 한다. 그것은 무엇을 의미하는가 하면 영원성의 상징적 생명의 원천이며, 전통성의 모태적 존재일 것이다. ……단카의 역사주의에서도 마찬가지이다. 우리는 무엇을 위해 단카를 짓는 것인가. 무엇이 목적이라 단카의 길을 걷고 있는 것인가. 서른 한 글자의 형식 속에서 더욱이 이러한 험한 시대를 굳이 단카를 짓는 것은 어떤 이유일까?[226]

①에서 보이는 '국민문학', '황국신민 생활'은 이 시기 대부분의 문헌에서 강조되는 문학과 생활의 기본적 용어라 할 수 있는데, 『국민시가』에서는 이곳에서 한발 더 나아가 '국문학의 전통'과 '고전의 정신', '뿌리 깊은 전통'이라는 요소가 강조되고 천삼백 년이라는 유구한 역사를 담지하는 『만요슈』와 단카가 '국민시가'의 핵으로 부상한다.

이 점은 당시 주요 가인 스에다 아키라가 쓴 ②에서도 확인된다. 『만요슈』는 물리적 시간이 가져다주는 유구한 역사성뿐 아니라 생명의 원천과 예술성을 포함하는 전통성의 모태적 존재로 인식되었다. 『국민시가』를 리드한 가인들은 시대를 초월한 생명력을 가진 『만요슈』에서 고전의 현대적 의의에 대한 고민과 해답을 찾고자 했다. 인용 부분에서 말하고 있는 험난한 시대에 한반도(혹은 만주)에서 생활하면서

226 ①은 田中初夫(1941), 「國民文学序論」, 앞의 책(『國民詩歌』十月號), pp.7～11. ②는 末田晃(1941), 앞의 글(「短歌の歴史主義と伝統 二」), pp.17～18.

굳이 단카를 창작하고자 하는 문학 행위에 대한 심경 자체를 가인들은 다음과 같이 직접 단카로 표현하고 있다.

① 그저 오로지 타향에서의 여행 익숙해지리 상심을 말로 않고
단카[短歌]만 짓고 있다.
[ひたぶるに異境の旅に慣れなむと傷心云はず歌作り居り] 渡邊修

② 내가 읊는 이 단카 부끄럽지만 한두 수라도 싸우는 그대에게
적어서 드립니다.
[わが詠める歌恥づれども一二首を戦ふ君にしたためにけり] 西願寺文子

③ 하늘의 색이 또렷하게 개이면 조선인 여기에서 보이는 쓰시마(対馬)의 섬과 산.
[空の色のさだかに澄めば朝鮮のここより見ゆる対島島山] 今府劉一

④ 간토 쪽에서 국토를 지킨다며 사키모리들 멀리서부터 왔던
쓰시마 산 보이네.
[関東より國土守るべく防人はるばる来たる対島山見ゆ] 今府劉一

⑤ 바람 시원한 야자나무 그늘에 쉬고 있는 용감한 자를 떠올리니
안심이도다.
[風涼しき椰子樹の陰に憩ひゐる益良男想ふは心安けし]

⑥ 사내대장부 명예로운 전사를 몇 번 씩 듣는 내 가슴속의 고동치는
울림아.
[ますらをの名誉の戦死幾度と聞く我が胸の鼓動のひびきよ][227]

---

227 ①은 1941년 앞의 책(『國民詩歌』創刊號), p.88. ②는 위의 책 (『國民詩歌』創刊號), p.94. ③④는 앞의 책(『國民詩歌』十月號), p.52. ⑤는 1942년 앞의 책(『國民詩歌』第2巻第8號), p.19.⑥은 앞의

①은 경상북도의 와룡국민학교 훈도(訓導) 와타나베 오사무의 단카로 타향살이에 익숙해져야 하지만 여행자처럼 정착하지 못하는 '외지'의 삶 속에서 갖게 되는 여러 가지 상심(傷心)을 말로는 풀지 못하고 단카라는 수단에 의해 토로한다는 내용이다. ②는 사이간지 후미코라는 여성의 단카인데, 전쟁터에 나가 있는 "그대"에게 격려의 수단으로 단카를 지었고 이것을 전쟁터와 총후(銃後), 즉 후방 사이의 연락책으로 형상화시켰다. ③④는 이마부 류이치의 단카인데, 조선땅 부산에서 맑은 날 육안으로 볼 수 있는 쓰시마[対馬]를 보면서 그 행위를 통해 『만요슈』 시대에 국경을 지키며 단카를 남긴 특별한 존재였던 '사키모리[防人]'라는 고대 일본에서 북규슈[北九州] 지역의 수비를 담당하던 변경의 병사를 연상하고 있다. 변경을 지키는 군인의 심정과 정서를 '사키모리'로 직유하는 것은 ⑤에서도 마찬가지인데, 열대의 어느 섬 야자수 그늘 아래에서 쉬고 있는 사람을 사내대장부라는 의미를 갖는 '마스라오(益良男, 또는 益荒男)'라고 표현하고 있다. 또한 '마스라오'로서 수행하는 명예로운 전쟁은 ⑥에서도 보이는데, 이 '마스라오'란 남성적 기상을 일컬으며 근세 일본의 국학자들에 의해 '마스라오부리(益荒男振り, 혹은 丈夫風)'가 『만요슈』의 남성적이고 대범한 가풍이자 와카의 이상으로 여겨진 개념이다. 『국민시가』의 단카를 통해 1940년대의 단카가 『만요슈』의 전통과 직결시키는 의도를 생생히 드러내는 부분이다.

시 쪽을 보면 시를 가장 많이 수록한 일본인 시인들은 아마가사키 유타카[尼ヶ崎豊], 이마가와 다쿠조[今川卓三], 아베 이치로[安部一郎] 등이

책(『國民詩歌』第2卷第10號), p.80.

며, 조선인 가인 참가가 서너 명에 불과한 단카에 비해 눈여겨 볼 것은 조선인 시인들이 스물세 명에나 이른다는 것이다. 강문희(姜文熙), 구자길(具滋吉), 김경린(金璟麟), 김경희(金景熹), 김북원(金北原), 김기수(金圻洙), 김상수(金象壽), 가네무라 류사이[金村龍濟, 김용제], 유하국(柳河國), 이춘인(李春人, 본명 이강수), 임호권(林虎權), 시로야마 마사키[城山昌樹, 본명 미상], 신동철(申東哲), 이와타 샤쿠슈[岩田錫周, 본명 미상], 양명문(楊明文), 윤군선(尹君善), 아사모토 분쇼[朝本文商, 본명 미상], 조우식(趙宇植), 주영섭(朱永涉), 히라누마 분포[平沼文甫, 윤두헌], 히라누마 호슈[平沼奉周, 윤봉주], 가야마 미쓰로[香山光郎, 이광수], 홍성호(洪星湖) 등이 이에 해당한다.

이광수, 김용제 등에 관해서는 연구가 많지만 김경린, 김경희, 김기수, 이춘인 정도가 임종국의 『친일문학론』 중 「신인작가론」에서 조금 다루어졌을 뿐이고, 양명문이 평양 출신으로 1950년대 월남작가로 활동한 것, 임호권은 전후 김경린 등과 함께 모더니즘에 기반한 신시론(新詩論) 활동을 했던 것, 윤두헌, 윤봉주가 형제로 추측되는 것 등의 단편적인 정보 외에 대부분의 시인들에 대해서는 알려진 바가 많지 않다.

『국민시가』와 『국민문학』[228]의 일본어 시 대조표

	『국민시가』의 일본어 시 (1941년 9월 창간호~1942년 11월, 도합 6호)	『국민문학』의 일본어 시 (1941년 11월 창간호~1945년 5월, 도합 37호)
일본인 시인/시	62명 / 123편	27명 / 93편
조선인 시인/시	23명 / 40편	17명 / 43편
합계	시인 85명 / 시 163편	시인 44명 / 시 136편

228 사희영 역(2014), 『잡지 『國民文學』의 詩 世界』 (J&C)에서 『국민시가』의 시 참조.

또한 위와 같이 『국민문학』에 수록된 시와 대조해서 볼 때 『국민시가』의 시 쪽이 현존본 수가 현저히 적음에도 불구하고 시가 전문 잡지에 걸맞게 훨씬 많은 시인과 시를 포함하고 있는 것을 알 수 있다. 시인의 경우에도 이광수, 윤두헌, 김경희, 이마가와 다쿠조 등을 비롯하여 1940년대 최대 문학잡지인 『국민문학』에 시를 게재하지 않은 일본인과 조선인 시인 다수가 『국민시가』에만 시를 수록한 것을 확인할 수 있는데, 일제 말기의 일본어 시단을 이해하는 데에도 『국민시가』는 필수적 자료라 하겠다.

『국민시가』는 1941년 9월호의 창간호, 10월호, 12월호(11월호는 간행되지 않음), 1942년 3월에 〈국민시가연맹〉의 제1작품집이자 3월 특집호로서 『국민시가집(國民詩歌集)』, 1942년 8월호(제2권 제8호), 1942년 11월호(제2권 제10호)의 간행이 확인되었다. 현존본 『국민시가』는 이상의 여섯 호이지만, 임종국의 『친일문학론』 기사에 따르면 1944년 4월에 6월호 편집에 관한 시부회가 있었고 5월호 비판과 7월호 특집호 결정 등이 이루어졌다고 하므로[229] 조선문인보국회 탄생 후에도 시가 전문 잡지로 존속했던 것을 알 수 있다.

4. 하이시(俳詩)로의 변모를 꾀한 1940년대 센류

1943년까지 〈조선센류협회〉가 있었다는 것은 앞서 확인이 되었지

229 임종국 저, 이건제 교주(2013), 앞의 책(『친일문학론』), p.179.

만, 1930년대말부터 1940년대에 이르기까지 한반도 센류계의 동향을 알 수 있는 유일한 자료는 1940년에 간행된 단행본 『조선풍토하이시선[朝鮮風土俳詩選]』뿐이다. 일제 말기 한반도에서 센류가 어떠한 전개를 보이는지는 『조선풍토하이시선』을 통해 살펴볼 수밖에 없는데, 이 책은 쓰무라 효지로[津郁瓢二樓, 본명은 兵治郎]가 편집한 센류 구집(句集)으로, 1940년 9월 1일에 자비출판한 것이다. 당시 조선의 문화인들이라 할 수 있는 인물들의 센류, 한시, 그림 등을 다수 권두에 배치하여 편자 쓰무라의 교제 영역의 폭을 보여주고 있다.

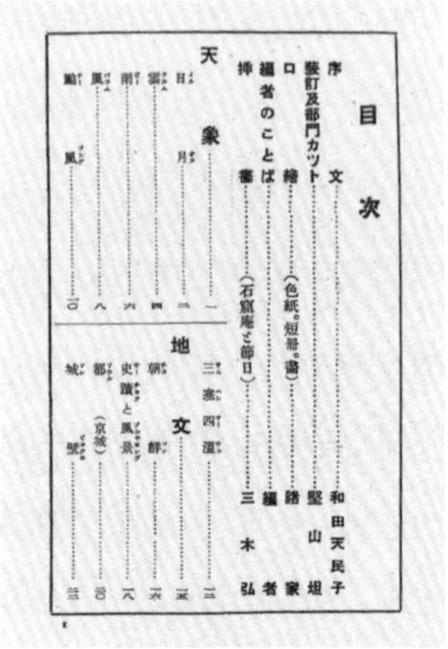
目次

序文……和田天民子
装釘及部門カット……堅山坦
口絵（色紙。短冊。書）……諸家
編者のことば……編者
挿書（石窟庵と節日）……三木弘

天象……一
日月……二
雲……四
雨……六
風……八
颱風……一〇
三寒四温……一三

地文……一五
朝鮮……一六
史蹟と風景……一八
都（京城）……二〇
城壁……二二

1940년 간행된 센류 작품집 『조선풍토하이시선』목차 일부

센류라는 말 대신 '하이시[俳詩]'라는 용어를 사용하고 있는데, 와다 덴민시가 쓴 「서문」에 따르면 '하이시'란 "하이쿠처럼 반드시 자연감을 주로 하는 것이 아니며, 또한 센류처럼 동적이면서도 비속에 빠지는 일 없"는 "열일곱 자의 음을 가지고 만유(萬有)를 노래하는 것"[230]으로 정의내려진다. 즉 '하이시'란 센류를 일컫는 것이되 메이지 시대 이후 1930년대까지 센류가 가진 저급하고 비속한 문학이라는 인식을 불식시키고자 편자 쓰무라가 고집스럽게 주장했던 용어라 할 수 있다. 이는 비슷한 시기에 그가 기고한 『조선철도협회회지(朝鮮鉄道協会会誌)』

230 和田天民子(1940), 「序」 『朝鮮風土俳詩選』, p.8.

나 『문교의 조선[文教の朝鮮]』등의 글에서도 그러한 사실을 알 수 있다.

① 이러한 덧없는 세상의 다반사에는 특별히 문헌이라고 할 만한 대단한 것은 보이지 않지만, 민중문학으로서의 단시형 중에 하이시(센류:괄호안 원문)……등의 구집이 가장 잘 그 시대상을 여실히 표현하고 있다.

② 그러나 현재의 센류(우리가 말하는 하이시)는 과연 그 정도로 저급한 비문학적인 것일까?……이상의 열일곱 자도 모두 센류계의 한 분야라는 것은 부정하지 않습니다. 그뿐 아니라 홋쿠[発句], 즉 현재의 하이쿠도 또한 센류의 한 분야인 것입니다. 요컨대 열일곱 음의 시 전부가 센류인 것입니다.

③ 메이지의 하이쿠 성인이라 일컬어지는 마사오카 시키[政岡子規]의 출현은 이것[=俳諧]의 시정(是正)과 가공에 의해 어엿하게 부흥을 이루고 갱생하여 '하이쿠'라는 새로운 명칭을 얻어 메이지 문단사 상에서 각광을 받으며 등장한 행운아가 되었다.
어리석은 형님격인 센류는 문학권 영역에 얽매여 숨이 곧 끊어질 듯 지적, 익살, 빈정거림, 말장난, 골계, 풍자, 혹은 에로틱한 맛, 그로테스크한 맛의 철없는 불량기를 발휘하여 일부의 인사들 외에는 상대도 하지 않았던 것인데, ……[231]

---

231 ①은 俳詩堂 津邨瓢二樓(1940), 「十七字音詩に表はれたる昔の交通風景」『朝鮮鉄道協会会誌』19巻10号, 朝鮮鐵道協會, pp.75～76. ②③은 俳詩堂 津邨瓢二樓(1941), 「俳詩(川柳)に対する教育理念　特に学校教育者への提唱―」『文教の朝鮮』第185号, 朝鮮教育會, p.72.

①②에서 보듯 근대 이후 같은 열일곱 글자로 이루어진 단시형 문학임에도 불구하고 하이쿠와 센류가 처한 사정은 매우 달랐다. 이에 대한 단적인 인식은 ③과 같은 쓰무라의 발언으로 쉽게 이해할 수 있다. 이러한 경향은 일본뿐 아니라 한반도의 문단에서도 마찬가지였을 것으로 보이는데, 특히 1930년대에는 단카와 하이쿠 장르가 한반도에서도 성황을 이루며 각 계열별 활동을 두드러지게 보이고 각광을 받았는데, 이에 비해 센류는 창작의 활발함에 비해 문단의 평가에서 상당히 불리한 위치에 놓여 있었다.

이에 쓰무라 효지로는 40년간 조선에 거주하며 경성 〈남산음〉의 잡지 『센류삼매[川柳三昧]』, 경성 〈사온음사(四溫吟社)〉의 센류 잡지 『사온(四溫)』, 인천의 센류 잡지 『장고(長鼓)』, 조선금융조합연합회의 기관지 『금융조합(金融組合)』의 하이시단[俳詩壇] 등에서 활동을 하며 '반도 로컬 컬러의 일대보고'[232]를 축적하여 1927년부터 13년간에 걸친 이러한 축적물을 모아 이 중 일부를 선정해 『조선풍토하이시선』을 엮은 것이다. 이 구집의 간행 동기는 대략 다음과 같다.

> 무릇 같은 하이시계[俳詩界]라도 조선이라는 것, 조선의 관습, 반도인의 풍속과 생활 또는 순수 반도인이 한시뿐 아니라 온갖 우리나라의 모든 단시형에도(특히 이 경우 하이시에) 기능과 감흥을 가지고 있다는 점도 내지 분들이 알아주었으면, 아니 확실히 주시해 주었으면 하고 생각하며 또한 그보다도 한일병합, 내선일체 이미 30년이 되어 점차

232 津邨瓢二樓(1940), 「編者のことば』, 앞의 책(『朝鮮風土俳詩選』), p.12.

희미하게 꺼져가는 조선의 향기를 어떤 수단방법으로 빼곡이 담아둘 필요성도 고려되었기 때문입니다.[233]

즉, 한반도의 일본인이나 한반도인들이 일본의 전통 단시형 시가에도 상당한 능력과 감상능력을 가지고 있음을 '내지'의 일본인에게 알리고 싶다는 점, 그리고 식민지화 이후 빠르게 변화하고 점차 사라지려하는 조선고유의 풍물과 관습, 자연 등을 하이시, 즉 센류를 통해 남겨 두고 싶다는 희망이 바로 이 구집을 간행하게 된 배경이다.

『조선풍토하이시선』은 「서문」, 권두의 그림들, 「편자의 말」, 센류 작품, 「발문[跋]」으로 구성되어 있는데, 우선 「서문」은 일본과 조선을 넘나들며 센류 활동을 했고 『센류삼매』를 주재하여 1930년까지 조선의 센류계를 리드한 와다 덴민시가 써 주었다. 당시 와다는 일본에 귀국한 상태였는데, 조선에 체류한 동안 깊은 교우관계를 가졌던 쓰무라가 조선의 풍토를 센류로 집대성하려는 의도에 호응하여 「서문」을 보낸 것으로 보인다.

『조선풍토하이시선』에 수록된 쓰무라 효지로의 초상화

또한 권두에 한문학계 거두 마쓰다 가쿠오[松田學鷗]의 친필 한시, 조선남화원(朝鮮南畵院)을 주재한 고(故) 구보타 덴난[久保田天南]과 중추원 참의를 맡은 한규복(韓圭復)의 사군자화, 와다 덴민시 외에 당시 조선뿐 아니라 일본과 만

233 津郇瓢二樓(1940), 위의 글(「編者のことば」), p.12.

주에서 센류 활동을 한 대가들의 친필 센류, 그림 등을 수록하고 있다. 또한 황국신민의 서약과 만화가 시게오(しげを)가 그린 쓰무라의 초상화도 권두 사진들 사이에 들어 있다.

『조선풍토하이시선』의 센류 작품이 실린 목차를 정리하면 다음과 같다.

대분류	소분류	구수
천상 (天象)	일월, 구름, 비, 바람, 태풍, 삼한사온	81
지문 (地文)	조선, 사적과 풍경, 서울(경성), 성벽, 남대문, 내와 강	80
인생 (人生)	인사, 본관, 명함, 양반, 상민, 아버지, 어머니, 홀아비, 소사(召史), 총각, 팔삭(八朔)	146
신앙 (信仰)	성황신, 무당, 장승, 답교(踏橋), 불망비(不忘碑), 칠석	77
학예와 경제 [學藝と経済]	과거, 서당, 사군자, 바둑, 장기, 엽전, 장날, 전당포	91
행사 (行事)	세배, 춘련(春聯), 세장(歲粧), 문안비, 농악(農樂), 채빙(採氷)	77
관혼상제 (冠婚喪祭)	관례, 계례(笄禮), 수방(守房), 한식, 추석, 상립(喪笠), 아이고(哀號), 곡비(哭婢)	103
관인사인 (官人私人)	암행어사, 환관, 면장, 의생, 복덕방, 객주, 세물전(貰物廛), 주막, 물장사, 나무장사, 엿장사, 지게꾼, 기생, 은군자(隱君子), 갈보	192
의관 (衣冠)	관, 입자(笠子), 백의, 두루마기, 저고리, 치마, 버선	96
장신구 (裝身具)	가락지와 반지, 비녀, 토수(吐手), 주머니, 우산, 양산, 나막신, 수건	111
음식 (飮食)	인삼, 약물, 약주, 막걸리, 병탕(떡국), 명태어, 김치, 냉면, 설농탕, 고추장	109
주거 (住居)	온돌, 사랑(舍廊), 내방(內房), 토막, 뒷간	67
집기와 가구 [什器と家具]	옷장, 의자, 상, 독, 신선로, 장고, 목침, 담뱃대, 식도, 숟가락, 다듬이, 방망이, 요강	175

희노애락 (喜怒哀樂)	절날[節日], 화전[花戰], 널뛰기[跳板戲], 제기차기[蹴錢戲], 돈치기[投錢戲], 그네[鞦韆], 연[紙鳶], 씨름[脚戲], 아리랑	120
동식물 (動植物)	당나귀, 까치, 빈대, 마늘, 참외, 바가지	79
잡 (雜)	석인(石人), 태형(笞刑), 빨래, 수염, 성냥, 도깨비, 화전(火田), 창씨(創氏)	108

이처럼 이 구집에는 16개의 대분류와 그 안의 132개의 소분류 목차에 따라 총 1712구의 센류, 하이시가 실려 있다.

또한 여러 개의 구제(句題) 목차 사이에 삽화를 넣어 시각적인 조선 풍토나 단어 이해에 도움을 주고 있다. 권두의 만화나 목차 중간의 삽화 등이 많아 당시 만화와 문학의 관계를 엿볼 수 있다. 특기할 만한 것은 각각의 구제에 대해 먼저 한글음과 가까운 한글식 읽기를 달고 이를 다시 일본어의 유사한 말로 제시하며 해당 단어에 대한 설명을 상세하게 달아 읽는 자로 하여금 조선의 풍물, 자연, 지리, 관습, 문화를 충분히 숙지할 수 있도록 했다는 점이다.

이 구집에 실린 센류는 대부분 편자 쓰무라나 와다, 요코야마 고토시[横山巷頭子] 등 1920년대 말기에 『센류 삼매』를 중심으로 활동한 재조일본인들의 작품이 상당수를 차지하고 있지만, 하이쿠에서 두각을 나타낸 인물들의 작품도 포함되어 있어서 하이쿠와 센류라는 용어의 잘못을 지적하며 두 장르의 문학성을 아우르고자 한 하이시의 주창자 쓰무라의 실천적 노력이 잘 드러나 있다. 또한 같은 시기의 단카계나 하이쿠계에 비해 안정근(安正根), 홍종인(洪鍾仁), 이인성(李仁聖), 최재봉(崔在鳳), 조세원(趙世元) 등 수십 명의 조선인과 그들의 센류 작품을 확인할 수 있다는 점이 식민지 한반도의 센류계의 또 하나의 특징이라 할 수 있을 것이다. 이러한 의미에서 이 구집은 편자가 조선에서 오랫동안 단시형 시가결사와 관련된 다양한 활동을 경험하면서 재조일본인, 조선인을 가리지 않고 조선의 풍물이 가장 잘 나타나 있는 작품을 모아 이것을 후대에 남기고 싶다는 희망이 잘 나타나 있다.

9강 키워드

문예잡지 폐간, 〈조선문인보국회(朝鮮文人報国会)〉, 〈조선하이쿠작가협회[朝鮮俳句作家協会]〉, 〈국민시가연맹(国民詩歌連盟)〉, 〈조선문인협회(朝鮮文人協会)〉, 〈조선가인협회(朝鮮歌人協会)〉, 〈조선센류협회(朝鮮川柳協会)〉, '국민문학', 『미즈키누타[水砧]』, 『국민시가(国民詩歌)』, 『국민문학(国民文学)』, 『조선풍토하이시선[朝鮮風土俳詩選]』

10강
한반도의 마지막 일본어 시가집
『조선시가집(朝鮮詩歌集)』

1. 1943년 국민시가발행소(國民詩歌發行所)의 작업

이번 장에서는 한반도에서 마지막으로 간행된 일본어 시가집인 『조선시가집』을 살펴보려고 한다. 앞에서 본 것처럼 1941년 7월부터 1943년 4월에 〈조선문인보국회〉가 발족하기 전까지 조선인과 재조일본인 모든 작가를 규합한 한반도 시가 문학의 전문적인 단체는 〈국민시가연맹〉이었고 그 기관지가 잡지 『국민시가』였다. 잡지 『국민시가』는 1942년 11월호까지의 현존본이 확인된 상태고 그 이후로도 간행되었다는 기록은 있다.

국민시가발행소는 정기적 잡지로서 『국민시가』를 발간하는 외에 간헐적으로 시가 작품집을 간행했는데, 현재로서는 세 권이 확인된다. 맨 먼저 1942년 3월 『국민시가』 3월 특집호를 겸하여 간행된 『국민시가집(國民詩歌集)』으로, 대동아전쟁을 기념하며 "무훈(武勳)에 빛나는 제국 육해군 장병 각위"들에게 감사와 위로를 목적으로 천 부 증쇄로 간행된 첫 번째 시가집이다. 여기 수록된 113명 가인의 단카 280수와 47명 시인의 시 47편은 철저히 전쟁 수행의 뒷받침이라는 목적에 부응하는 것으로 태평양전쟁의 전승 축하나 전사의 장엄함을 표현한, 국책

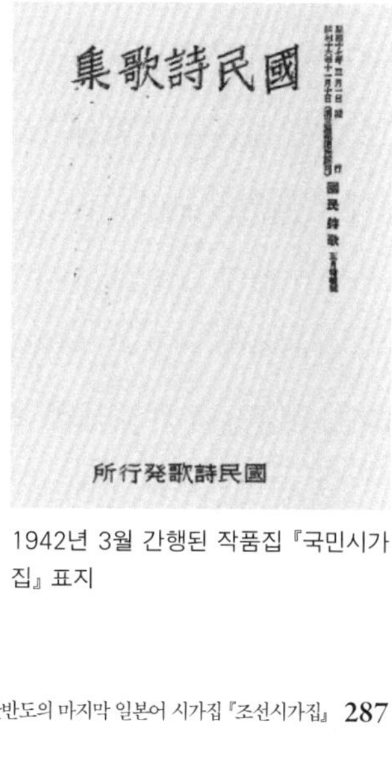

1942년 3월 간행된 작품집 『국민시가집』 표지

시가 일색의 작품집이다.

그리고 1943년 시점의 일본어 시가 문학의 현황을 알 수 있는 자료는 『국민시가』의 발행처인 국민시가발행소(國民詩歌發行所)가 발간한 두 권의 작품집뿐이다. 그 한 권이 1943년 3월 간행된 『애국 백인일수 전석(愛國百人一首全釋)』이며 또 한 권이 1943년 11월 간행된 『조선시가집』이다.

스에다 아키라가 편저한 『애국 백인일수 전석』

먼저 『애국 백인일수 전석』은 가인 스에다 아키라가 1942년 11월 〈일본문학보국회〉에 의해 발표된 『애국 백인일수』에 대해 주석과 해설 작업을 한 단행본이다. 먼저 『애국 백인일수』는 일본의 고대 『만요슈』부터 헤이안[平安] 시대와 가마쿠라[鎌倉] 막부, 남북조 시대, 무로마치[室町] 막부, 에도[江戶] 막부 시대로 내려온 수많은 와카 중에서, 일본이라는 '국가'에 대한 '애국'의 열정을 담았다고 일컬어지는 노래를 전쟁 수행 시기에 일본 '국민'의 사기를 진작하기 위해 선별하여 공표한 것이다. 일본에서 역사적으로 널리 유통된 '백인일수'의 전통에 따라, 『애국 백인일수』 역시 일반에 알려지고 암송될 만한 것이었다. 일본의 전쟁 수행에 동반되는 식민지 '조선'에서도 이 『애국 백인일수』는 널리 알려져야 했으며, 이것을 '외지'에서도 이해에 평이하도록 주석을 달고 해설을 추가한 것이 스에다 아키라의 『애국 백인일수 전석』이다.

『애국 백인일수 전석』은 부록으로써 「애국 단카집[愛國短歌集]」을 싣고 있다. 부록 「애국 단카집」은 『애국 백인일수』에서 제외된 와카들 중에서 편자 스에다 아키라의 기준에 따라 애국의 의미가 탁월하다고 판단한 단카를 추가로 수록한 것이다. '국가'와 '국민'의 영역이 일본의 고대부터 에도 시대에 이르기까지 일정치 않음에도 불구하고, 1940년대 전반에 시대적 요청에 따른 만들어진 '애국' 개념에 따른 와카의 선별과 해석이 여러 겹으로 이루어진 것을 확인할 수 있다. 천 년 이상의 축적을 갖는 고전 와카가 '애국'의 틀에서 '대동아전쟁' 수행의 전의 고취 도구로 전락한 1943년 시점의 극명한 사례라고 할 수 있다. 아울러 『국민시가』가 1942년 11월에 특집호의 테마로 삼은 '애국시가의 문제'라는 맥락을 계승한 것임도 짚어 두어야 한다. 왜냐하면 '애국 시가의 문제' 특집호에는 「애국 시가의 지도적 정신[愛國詩歌の指導的精神]」, 「애국시의 반성[愛國詩の反省]」, 「애국 시가의 재검토[愛國詩歌の再検討]」, 「애국 단카 감상[愛國短歌鑑賞]」, 「이토 사치오의 애국 단카[伊藤左千夫の愛國短歌]」와 같은 애국 시가의 이론으로 점철되어 있었으므로 그 영향력을 간과할 수 없기 때문이다.

그리고 현재 시점에서 국민시가발행소의 마지막 간행물이 바로 이번 장에서 본격적으로 다루려는 11월 간행의 『조선시가집』이다. 『조선시가집』은 「조선 시집」과 「조선 단카집」으로 분리되어 있고, 시집과 가집 뒤에 각각의 「후기」가 있다. 「조선 시집」이 먼저 배치되어 있는데, 시집에는 시인 18명의 시 32편이 수록되어 있으며, 뒤에 위치한 「조선 단카집」에는 가인 19명이 각기 7수의 단카를 선별하여 도합 133수를 수록하는 체제를 취했다.

먼저 비교적 특징이 명료한 「조선 단카집」 쪽을 보면, 국민시가발행소가 이전의 작업에서 해오듯 미치히사 료와 스에다 아키라가 편집위

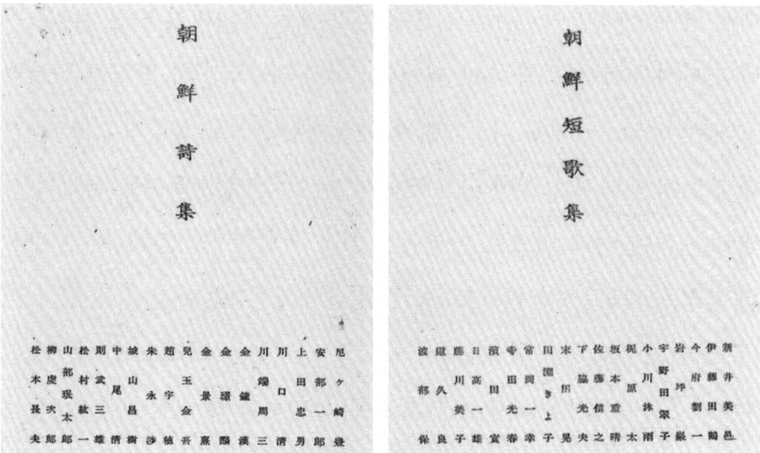

1943년 11월 간행된 『조선시가집』 내의 시집, 가집의 목차

원으로서 단카집 후기를 작성했다. 이쪽 후기에서는 바야흐로 '학도병 총출진'의 시기로 접어든 이때, '학도 출진'이라는 "비원(悲願)과 닮은 아름답고 장려(壯麗)한 감정"으로 시국에 적합한 단카를 조선 재주 가인들로 한정하여 선정, 수록했음을 밝히고 있다. 가인 19명 중 조선인은 없으며 모두 국민시가발행소가 간행한 잡지 『국민시가』에 단카를 투고한 경력이 있는 가인이다.

수록 단카의 내용은 대부분 전쟁을 미화하거나 전의를 고취하는 것이며, 주요 테마는 조선의 '징병제 실시'를 축하하거나 혹은 '학도 출진'을 격려하는 예가 많다. 편집 후기에서 명기하듯이 전쟁에 "승리하기 위한 문학이어야 한다는 것에는 한 치도 의심의 여지가 없"었으며, "황국(皇國) 문학으로 오로지 나아가는 것이 우리의 마지막 목표"[234]

---

234 末田晃・道久良(1943), 「後記」『朝鮮詩歌集』 國民詩歌発行所, p.110.

임을 천명(闡明)한 것에서 전쟁에 충실히 종사하는 문학 외에는 의미가 없다는 전쟁 문학의 귀결점을 볼 수 있다. 이것은 1920년대 전반기 『진인』의 성립 때부터 20년이 넘도록 한반도의 가인으로서 늘 '조선'을 의식하고 '조선의 노래'에 대해 오래도록 고민했던 미치히사 료가 스스로 수록한 아래의 단카처럼 결국 미연(未然)의 '조선 단카'를 읽어낼 수 있을 뿐이다.

> 조선 반도의 아이들도 자라나 천황의 나라 지킬 방패로 설 날
> 찬란하게 필 벚꽃.
> [半島の子らも育ちて大君のみ楯と立たむ日の桜花][235]

이전 잡지 『국민시가』나 국민시가발행소의 첫 번째 작품집인 『국민시가집』이나 『애국 백인일수 전석』처럼 시에 비해 단카 쪽이 우세한 상황이었는데, 『조선시가집』은 「조선 시집」이 「조선 단카집」보다 앞에 위치하고 분량도 많은 것이 큰 변화다. 단카집에 비해 「조선 시집」 쪽은 특징적인 내용으로 우선 18명의 시인 중 조선인 시인이 김종한, 김경린, 김경희, 조우식, 주영섭, 시로야마 마사키, 마쓰무라 고이치(=주요한)로 7명에 이르므로 그 구성 비율이 크다는 점이 가장 눈에 띄는 점을 들 수 있다. 기존에 『국민시가』에서 시 쪽 활동이 가장 두드러진 것은 아마가사키 유타카였으므로 평시라면 그가 후기를 썼겠지만, 1943년 하반기에 아마가사키는 출정중(出征中)[236]이었기 때문에 시집의 편

---

235 道久良(1943), 「朝鮮短歌集」, 위의 책(『朝鮮詩歌集』), p.106.
236 尼ヶ崎豊(1943), 「朝鮮詩集」, 위의 책(『朝鮮詩歌集』), p.2.

집위원도 역시 조우식과 김경희라는 두 조선인 시인에 의해 작성되었다. 선후 관계를 확신할 수 있는 근거는 없지만, 시 쪽 편집의 권한이 조선인 시인들에게 있었으므로, 어쩌면 「조선 시집」에서 조선인 시인의 비율이 4할에 가까워진 것은 아니었을까? 조우식, 김경희라는 편집위원에 의해 섭외가 이루어졌을 것으로 보이는 시인 김종한의 「대기(待機)」와 「동녀(童女)」 두 편의 시가 수록된 점도 특기할 만하다.

두 조선인 편집위원에 의해 기술된 「조선 시집」의 후기는 다음과 같이 조선의 일본어 시단을 화두로 삼는다.

> 조선의 국어 시단이 형성된 것은 최근 이삼 년이다. 그것은 조선 문학의 숙명적 추이에 따른 전환으로 결정된 것이며, 필연적으로 많은 희생과 혼돈과 곤란에 휩싸여 있으면서도 진정한 황민화 의식을 동반하는 신문화 이념에 의해 강인하게 태동했다. ……조선의 국어 시단은 확고히 건설될 수 있었던 것이다. 이렇게 확립된 시단은 …… 새로운 시인들의 참여에 의해 풍요롭게, 그리고 엄격하게 문화전(文化戰)의 일익으로서 영위될 것이다.[237]

조선에 '국어', 즉 일본어 시단이 형성된 것을 1940년대 이후로 보고 있는 점이 흥미로운데, 이것은 1920년대에서 1930년대에 걸쳐 재조일본인 시인들에 의해 유지된 일본어 시단(詩壇)에는 조선인 시인이 참여한 흔적을 찾기가 어렵다는 사실과 조응할 것이다. 그리고 이어지

237 趙宇植·金景熹(1943), 「後記」, 위의 책(『朝鮮詩歌集』), p.68.

는 후기의 내용은 단카집 후기와 마찬가지로 문학을 '문화전'의 일익으로써 영위되는 종속적 역할로 보고 있으며, 조선인 문학자로서 일본어 시단에 종사하게 된 경위를 "조선 문학의 숙명적 추이에 의한 전환"으로 평가하는 식의 내용이다.

그러나 조선인 시인을 편집위원에 배치하고 김종한과 같은 대표적 조선인 시인의 시를 수록함으로써 일본어 문학에서도 '내선일체(內鮮一體)'를 실천했다는 의도를 표명하려 한 점도 간과되지 말아야 할 것이다. 『조선시가집』이 간행되는 직접적인 계기는 바로 징병제 실시에 대한 발표였다. 징병제 실시는 곧 '내선일체'의 궁극적 형태라고 여겨졌는데, 일제는 징병제를 실시하는 이유에 대해 "조선 동포들이 내선일체 실시에 투철했다는 것을 인정하여 그 열렬한 열망을 수용"한 것이라 했고, 징병제 실시가 곧 내선일체 구현에 한 획을 긋는 것으로 반도 신민은 가장 영광스러운 황국신민도를 실천할 수 있는 길을 얻게 된 것[238]이라고 선전을 했다.

『조선시가집』의 간행 목적을 잘 보여주는「조선 단카집」의 다음 후기를 보자.

> 학도 총출진이 있는 가을이다. 젊은 사내들이 출정을 가는 날이다. 우리가 이 젊은 사내들의 출진을 생각할 때는 비원(悲願)과도 닮은 아름답고 장엄한 감정을 맛보게 된다. 그러한 감정들의 단적인 표현으로서 단카에, 시에 문학의 강하고 아름다운 길이 존재하는 것이 아니겠

238 최유리(2000),「일제 말기 징병제 도입의 배경과 그 성격」,『역사문화연구』 제12호, 한국외국어대학교 역사문화연구소, pp.391~404.

는가. ……

이번 호에는 학도 출진에 맞추어 우리 젊은이들의 정념의 증언(贈言)이라는 의미에서 각 작품으로부터 그에 걸맞는 것들을 선출하여 편집한 것이다.[239]

시국은 바야흐로 전쟁의 확장과 급박한 전황으로 인해 '학도 총출진'의 시기로 접어들었고, 학도 출진에 "비원(悲願)과도 닮은 아름답고 장엄한 감정"을 가지고 이에 걸맞은 작품을 선출해 편집했다고 했다. 일본 정부가 내각회의를 거쳐 조선에서도 징병제도를 실시하기로 한 것은 1942년 5월 8일이었다. 나중의 일일 것이라고 이야기가 돌던 징병제도가 앞당겨진 이유라면, 일본 입장에서 급박한 전황과 부족한 병사의 수 때문이었던 것은 추찰하기 쉽다. 조선의 징병제도 시행 발표로 인해 조선인 청년들은 선택이 아닌 강제로 동원되어야 하는 제도가 시행되었다는 점에서 이전 지원병제도와는 비할 바 없는 사회적 충격이 일었다.[240] 이렇게 1943년 8월에는 이에 맞추어 개정된 병역법이 발효되었고, 결국 10월에는 학도지원병 제도가 시행되기에 이른 것이다. 즉 『조선시가집』이 표명한 문학의 전쟁 종사가 한반도에서 이루어진 일본어 시가 문학의 마지막 방향타였다고 할 수 있다.

---

239 道久良・末田晃(1943), 앞의 글(「後記」), p.110.

240 박수현(2011), 「일제말 파시즘기(1937~1945) 『매일신보』의 대중선동 양상과 논리」, 『한국민족운동사연구』 제69집, 한국민족운동사학회, pp.246~247.

2. 시가로 묘사된 징병제와 학도 출진

이처럼 1943년 11월에 간행된 『조선시가집』은 전년의 징병제도 결정과 간행 직전의 개정된 병역법 발효 및 학도지원병 제도 시행 등에 직접적으로 영향을 받은 것으로, 징병제의 결정에 대한 감격과 전쟁 참여가 가능해진 자격이 부여된 것을 축하하는 시가가 많다. 학도 출진이란 일본인 병사의 부족이라는 문제를 벌충할 목적으로 고등교육기관에 재적한 스무 살 이상의 문과계 학도를 재학 중에 징병, 출정시키는 제도를 의미한다. 육군성(陸軍省)이 1943년 10월 20일 『육군특별지원병 임시채용규칙』을 시행하면서, 전문학교 및 대학에 재학 중 혹은 졸업한 조선인 청년들이 학도병으로서 지원을 하게 된 것이다.[241] "반도의 학도들에게 '영광스러운 병사로의 큰 길'이 개척된"[242] 것이라고 선전되었지만, 일제의 선동 논리와 다름없었다. 『조선시가집』 간행과 거의 비슷한 시기인 1943년 12월에 일본에서는 5만 명에 가까운 학도병들이 실제로 대거 입대했다.[243] 이러한 정황 속에서 『조선시가집』이 간행된 것이기에 수록된 시와 단카 작품에 징병제, 학도, 병사라는 소재가 비중 있게 다루어진 것은 당연한 귀결이었다.

먼저 단카 쪽을 살펴보자.

---

241 최지현(2007), 「학병(學兵)의 기억과 국가—1940년대 학병의 좌담회와 수기를 중심으로—」 『한국문학연구』 32집, 동국대학교 한국문학연구소, p.464.

242 京城日報社 編(1944), 「はしがき」 『(半島)学徒出陣譜』, 京城日報社, p.1.

243 이향철(2006), 「카미카제 특공대와 한국인 대원」, 『日本研究論叢』 제24호, 현대일본학회, p.290.

① 반도의 땅의 국민들의 기쁨은 극에 달하고 향하는 곳 오로지 군화의 울림소리.

[半島の民のうれしさ極りて行方一つの軍靴のひびき]

② 오늘부터는 천황이 다스리는 나라 무사네 기쁘지 않겠는가 젊은 이들을 봤네.

[今日よりはすめらみくにのつはものぞうれしからむとわかきらを見つ]

③ 천황의 은혜 황송의 그지없고 동포들은 다 징병제 실시 소식 들으며 오열을 해.

[皇恩のかたじけなさよ同胞は徵兵制實施をききて嗚咽す]

④ 나도 이윽고 소집이 되겠거니 저 남쪽 바다 그 시퍼런 바닷물 떠올린 한때였네.

[吾もやがて召さるるならむみんなみの海の蒼さを思ふひとときｌ]

⑤ 눈물도 없이 큰 체념에 들어가 돌아봐 주지 않을 국민이라고 그저 생각했는데.

[涙なく大きあきらめに入りゆきてかへりみざらむ民と思ひしに]

⑥ 우리를 친히 소집함에 황송해 이 세상 온갖 사념은 초월하여 돌아보지 않으리.

[吾らどち召さるるかしこしもろもろの思念は超えてかへりみざらむ][244]

가인 아라이 미쿠니의 단카로 이 중 몇 수는 『국민시가』 현존본에 중첩되어 보이므로, 『조선시가집』의 단카가 새로 창작된 것만이 아니

244 ①②③④는 新井美邑, 앞의 글(「朝鮮短歌集」(1943)), p.72. ⑤⑥은 小川沐雨, 위의 글(「朝鮮短歌集」(1943)p.82.

라 이미 잡지에 수록된 것에서도 편집의도에 적합한 것이 재수록되기도 했음을 엿볼 수 있다. 위의 예에서는 한반도를 배경으로 징병제 실시의 소식에 개인의 반응 양상이 묘사되어 있다. ①처럼 전쟁 참여는 지극히 기쁜 일이고, ②와 같이 천황은 절대적인 존재이며 그 절대자의 "나라 무사[みくにのつはもの]"로서 소집될 운명도 기쁘게 여김이 당연하다고 노래한다. 심지어 ③처럼 소집이 곧 "천황의 은혜"이며 감격의 오열을 금치 못하는 모습이 그려지며, ④에서 보듯이 "나도 이윽고 소집이 되겠거니"라고 예감하면서 당시 동남아로 확대되던 전쟁터 남양(南洋)이 "저 남쪽 바다 그 시퍼런 바닷물"을 떠올리는 구절은 경험한 적 없는 전장이 눈앞에 펼쳐지는 비장함과 죽음을 예감하는 약간의 두려움이 바탕에 깔린 듯하다.

또한 아예 단카의 제목을 「조선징병제도」라고 명시한 ⑤⑥과 같은 단카도 있는데, 은연 중에 일본의 국민과는 다르다는 차별, 그리고 차별에 대한 인식마저도 체념해 버리고 식민지 조선에 있는 일본의 '국민'인 "우리"를 친히 소집해 주신 것에 대해 황송함을 표하고 있다. ⑤에서 보이듯 "돌아봐 주지 않을 국민"이라고 여긴 2등국민 조선인을 친히 징병제로 소집해 준 것을 은혜로 여겼기에, 모든 생각과 사념을 "돌아보지 않으리"라고 반복하여 사용함으로써 미래에 대한 결의를 효과적으로 드러낸다.

한편 다음과 같은 단카들을 보면 이와 같은 징병제와 출정은 '황민'으로서 젊은이들의 당위로 인식되었고, 일정한 특징을 보이는 것을 포착할 수 있다.

① 징병당할 날 멀지도 않았노라 젊은이들이 황민된 마음으로 장검을 들어 찬다.

[徵さるる日遠くはあらず若人ら皇民心につるぎとり佩く]

② 사내대장부 가야 할 길이라고 하늘 구름 속 목숨 서로 공격해 창공에 출정할 날.(학도 출진)

[益良夫のゆくべき道と天雲にいのち相撃つ空に征く日ぞ(学徒出陣)]

③ 이 나라에서 바다를 수호하던 옛날 일들을 생각하면서 듣는 것도 아주 좋구나.

[この國の海の守りの古へを思ひつつ聴くことのよろしも]

④ 뭍에 하늘에 이제 다시 바다에 출정을 가는 병사 오늘의 긍지 말로 전해야 하리.

[陸に空にいままた海に征く兵のけふの誇りを語り継ぐべし][245]

①을 통해서는 젊은이들을 대상으로 하는 징병제도를 "황민된 마음"으로 의연하게 받아들여야 하는 당위성이 드러난다. 그리고 ②에서는 노래 앞에 「징병제 실시 경축」이라는 제목이 붙어 있는데, 단카 끝에 학도 출진이라 설명하고 있는 것에서도 명백하지만, 출정이 사내대장부, 즉 '마스라오'로서는 당연한 의무인 양 인지되고 있다. 스에다 아키라가 1920년대부터 잡지 『히사기』를 주재했고 『국민시가』 활동에서도 『만요슈』를 존중하는 단카 창작과 평론 활동을 20년 정도 지속한 가인이었던 만큼 그의 특징이 잘 드러난다. ③과 ④는 「해군특별지원

245 ①은 佐藤信之, 위의 글(「朝鮮短歌集」(1943)), p.89. ②는 末田晃, 위의 글(「朝鮮短歌集」(1943)), p.92. ③④는 日高一雄, 위의 글(「朝鮮短歌集」(1943)), p.103.

병제에 부쳐」라는 제목을 갖는데, 특히 "바다를 수호하"기 위해서 "바다에 출정을 가는" 병사의 의무가 "옛날 일"에서 "오늘의 긍지"로 마치 예로부터의 경험이 유전되어 현재에도 이어지는 듯한 구조를 취한다.

당시의 징병제와 학도 출진이 천 년도 더 이전의 먼 과거 『만요슈』 시절까지 거슬러 올라 '마스라오'로서 바다를 지키던 옛 무사의 의무가 역사적 시간을 축적하면서 1940년대 현재 시점의 '황민'으로서의 마음과 겹치기에 '긍지[誇り]'가 될 수 있었다.

이러한 인식은 단카에서만 보이는 고유한 것인가 하면 시 쪽에서도 대동소이한 경향을 볼 수 있다. 『만요슈』의 '마스라오'로서의 나라를 지키는 기상은 일본어 시가에 큰 영향을 드리운 것임을 알 수 있다.

저 만요(萬葉)로의 향수에
청단(靑丹)을 이루는 야마토[大和] 나라의 들판으로 돌아가자
……
흰옷은 '히노마루[日の丸]'의 징표로 바꿔 물들이고

다가올 해의 오월은 즐겁다
이미 총을 들고 나라 지키는 내 친구들
국방의 군복으로 세 번 옷을 갈아입었다.[246]

246 安部一郎, 「更衣のとき―徵兵制を迎えた半島の青年たちに―」, 앞의 글(「朝鮮詩集」(1943)), pp.4~5.

이것은 아베 이치로[安部一郎]의 「옷을 갈아입을 때[更衣のとき]-징병제를 맞은 반도 청년들에게-」라는 시의 일부다. 이듬해의 "오월"이라는 표현이 시에서 두 번 반복되면서 1942년 5월의 징병제 발표를 명백히 의식하고 있으며, 오래도록 조선인과 조선색을 상징한 "흰옷"을 "히노마루[日の丸]의 징표" 즉 피 같은 붉은 태양빛으로 물들이고 "군복"으로 옷을 갈아입을 때가 되었다는 내용이다. 이 시에서도 앞부분에 보이듯 "만요(萬葉)로의 향수"와 일본 고대의 "야마토[大和]" 정신 및 역사성이 강렬한 홍백의 대비되는 색채 이미지와 더불어 강조되었다.

고대 야마토의 정신을 구현하는 데에 『만요슈』가 호명되면서 고대의 신화적 역사 역시 동시에 상기되는 효과가 있는데, 다음의 시에서 볼 수 있다.

> 지금은 새로운 기키[紀記]의 세상으로 하여금
> 나라를 낳는 고통의 때이며
> 너의 날이야말로
> 노래해야 할 만요(萬葉)의 봄이 될 것이다.[247]

시인 가와바타 슈조는 징병제 실시가 임박한 지금의 고통을 먼 과거 신화의 세계에서 일본이라는 나라를 낳으며 겪은 조국(肇國)의 산고(産苦)와 등치시킨다. 새로운 나라를 낳기 위한 산통은 "기키[紀記]" 즉 『고지키[古事記]』와 『일본서기(日本書紀)』의 신화로 승격되고 결국 찬란한

247 川端周三, 「光塵」, 위의 글(「朝鮮詩集」(1943)), p.15.

"만요의 봄"이 보장된다는 환상을 그려낸다. 이처럼 청년들이 학도 출진과 징병제에 응하는 마음가짐을 논하는 『조선시가집』의 시가는 내부적으로 『고지키』, 『일본서기』, 『만요슈』를 근거로 한 고대 일본정신을 지금 시점으로 가지고와서 현실을 정당화시키는 특징을 보여준다.

여기에서 한 가지 주목할 점은 젊은 병사들이 바다를 바라보는 시점의 문제다. 왜냐하면 그것이 태평양전쟁에 소집된 학도병들이 하늘에서 마치 새가 바다를 내려보는 듯한 조감(鳥瞰)의 구도를 보이며 비행특공대의 이미지와 직결되는 것을 볼 수 있기 때문이다.

① 새벽 하늘은 보랏빛으로 잠들어 있었다 적란운을 뚫고 소년 항공병 가슴을 약동시켰다 해원(海原) 한 곳에 태양이 반짝하는 순간 두껍게 낀 구름의 틈에서 진주만이 보였다 소년은 잠자리처럼 날아갔다

② 가는 곳에 맑은 대해원을 선명하게 눈꺼풀에 그리면서 팔짱 낀 팔과 팔 절대 느슨하게 풀지 않고 자 쏜살같이 뛰어나가지 않으렵니까?

③ 그들이 가는 곳은 적의 기지 …중략… 나선형으로 강하하며 창공의 막을 가르면 화염에 취해 춤추듯 떨어지는 적기도 있으리 과감한 필중(必中) 폭격이 뒤를 잇는다 실로 하늘을 제압하는 자는 그들 하늘을 결정하고 하늘로 돌아가는 자는 그들

④ 비행기들로 결정되는 전투에 임해야 하는 것 잊을 수 있는가 지금 한순간인들

[飛行機に決むるたたかひを戰へること忘れめやこのかたときも]

아무렇지도 않게 일상생활을 하는 지금도 하늘에 깃든 목숨
소홀히 할 수 없다
[こともなくなりはふ今のときの間も空ごもる命かりそめならず][248]

①은 주영섭의 시 「비행시」 일부로, 한없이 펼쳐진 태평양은 마치 바다의 들판인 "해원(海原)"처럼 보이고 태양이 반짝일 때 구름이 가득한 하늘 아래에 펼쳐진다. 이 시는 새벽하늘의 보라색 어둠을 뚫고 진주만을 향하는 소년항공병의 모습을 욱일승천기(旭日昇天旗)를 배경으로 한 마리의 잠자리로 형상화하여 시의 시각성을 극대화했다. 그리고 ②는 야나기 겐지로[柳虔次郎]의 시 「강[河]」의 마지막 부분인데, 여기에서도 끝도 없이 펼쳐진 "맑은 대해원"을 하늘 위에서 내려다보는 조감 시선을 감지할 수 있다. 또한 ③은 1930년대에 경성에서 시 잡지 『낙타(駱駝)』를 주재하며 한반도의 일본어 시단에서 대표적 활동을 한 스기모토 다케오[杉本長夫]의 시 「하늘을 출정가는 자」의 일부다. 제목처럼 하늘로 전쟁수행을 가는 "그들"이 하늘에서 나선형으로 강하하거나 폭격을 적중시키며 하늘이라는 공간을 제압한 활약상을 묘사했다. 이것도 역시 시뿐 아니라 ④와 같은 단카가 있으니, 시가에서 하늘의 비행기와 "하늘에 깃든 목숨"은 전쟁에 뛰어든 청년병사의 가장 핵심적인 이미지였다고 할 수 있다.

---

248 ①은 朱永涉, 「飛行詩」, 위의 글(『朝鮮詩集』(1943)), pp.34~35. ②는 柳虔次郎, 「河」, 위의 글(『朝鮮詩集』(1943)), p.59. ③은 杉本武夫, 「空を征く者」, 위의 글(『朝鮮詩集』(1943)), pp.64~65. ④는 濱田實, 앞의 글(『朝鮮短歌集』(1943)), p.101.

식민지 '조선'에서 1943년 징병제 실시와 학도 출진을 기념하여 간행된 『조선시가집』에는 작품집 간행목적에 부합하도록 징병제 실시에 대한 축하, 학도 출진의 각오, 전쟁 참여에 대한 벅찬 패기를 다루는 단카나 시가 상당히 많이 수록되어 있다. 징병제 발표와 소집을 앞둔 청년들은 이를 '황민'의 도리로서 당연한 양 기꺼이 받아들이는 내용을 확인할 수 있었다. 그것은 임시적이거나 즉흥적인 반응이라기보다는 일본의 고대 야마토 정신과 그 정신을 구현한 것으로서 오래도록 상상된 『고지키』, 『일본서기』의 신화적 역사성에 뿌리를 내린 것이며, 『만요슈』에 그려진 바다를 지키는 젊은 사내대장부들은 '마스라오'로서 태평양전쟁 개전을 초래한 진주만 공습부터 이후 가미카제[神風] 특공대[249]의 비극으로까지 이어지는 하늘에서 바다를 조감하고 "하늘을 제압하는 자"들로서 표상되었다.

3. 일제 말기 전쟁 시가의 실상

『조선시가집』은 조선의 징병제 실시를 계기로 학도 출진을 응원하고 이에 관한 '국민'으로서의 의식을 고양시키기 위해 일종의 프로파간다로서 기획된 것이었다. 그런데 1942년 3월 비슷한 목적과 경과에 의해 간행된 국민시가발행소의 첫 번째 작품집인 『국민시가집』이 전쟁 승리와 전쟁 정당화 일색의 작품집이 된 것에 비해, 『조선시가집』

249 1944년 10월 성립한 가미카제 특공대의 표상에 관해서는 이향철, 「카미카제 특공대와 한국인 대원」 참조.

이 학도 출진과 징병제 찬양 일색인가 하면 단순히 그렇게만은 볼 수 없는 시가도 있다. 그 요인은 간행목적에 맞춘 창작 시가만 수록된 것이 아니라 기발표된 작품 중에서 선별한 것도 복합적으로 섞여 있기 때문이기도 할 것이며, 1942년 11월에 국민시가발행소가 기획했던 '애국시가의 문제'를 어느 정도 계승했기 때문이기도 할 것이다. 이제 『조선시가집』의 시가 작품을 유형화하여 살펴보기로 한다.

1943년의 화두라면 조선의 징병제 실시와 학도 출진이었고, 그것이 『조선시가집』 간행에 편찬 동기와 주요 소재가 되었음은 말할 나위도 없다. 그런데 이 작품집에는 1943년 당시의 창작 시가가 아닐 경우 중일전쟁부터 태평양전쟁 개전까지 약 4~5년 전 기간의 전쟁이 확대되는 시기의 전쟁과 전의를 고취하는 내용의 시가가 눈에 띈다.

① 중포(重砲)와
중기(重機)와
중전차(重戰車)의
끊임없는 격한 리듬은 끝났다 그 날
…중략…
거기에 살아남은 병사들은
삼삼오오
풀숲에 진을 치고
서로 안고 통곡하며
오로지 영령들의 승천을 월백(月魄)에게 빌었다.

② 전장으로——

살육의 마음은 시간에 선행한다

세차게 바람은 불고 전차는 바람과 다투며

병대의 자세는 움직이지 않고

꽃바다처럼 눈 멀리 내다보게 하는 이 지구에

확고하게 정좌하고 있다.[250]

이것이 가장 선명한 예가 바로「조선 시집」의 첫 번째 시 ①의 아마가사키 유타카의「월백(月魄)」이다. 이 시 제목에는 '장고봉 사건 종군초(長鼓峯事件從軍抄)'라는 부제가 있다. 장고봉은 다오산[刀山]이라 하며 훈춘시(琿春市) 징신진(敬信鎭)에서 북쪽으로 약간 떨어진 곳에 있는 그리 높지 않은 산으로 중국, 러시아, 북한의 접경지에 해당하는 곳이다. 1938년 7월에 조선, 만주, 소련의 접경지인 이곳에서 일본과 소련 두 군대가 충돌한 사건이 바로 장고봉 사건이다. 결국 장고봉은 소련의 귀속이 되었고 일본군이 패배하게 된 5년전 과거의 사건인데도 이 시를 아마가사키의 대표작으로 수록했다. 아마가사키는『국민시가』잡지를 비롯한 국민시가발행소의 간행물에서 시 쪽을 대표하는 시인이다.『조선시가집』에서는 출정으로 그가 부재중임을 알리며 패잔병들이 "영령들의 승천을 월백" 즉 달의 혼백에 기원하는 모습을 형상화한 시 내용을 평가하면서, 패배의 기억일지언정 전투에서 죽는 것이 얼마나 장엄하고 성스러운 것으로 추도되는지를 보여준 시로 수록했다.

---

250 ①은 尼ヶ崎豊,「月魄—長鼓峯事件從軍抄—」, 앞의 글(「朝鮮詩集」(1943)), pp.2~3. ②는 安部一郎,「兵站末地—ノモンハン戰抄—)」, 위의 글(「朝鮮詩集」(1943)), pp.6~7.

②의 아베 이치로의 「병참의 말지로[兵站末地へ]」라는 시 끝부분인데 이 시도 역시 비슷한 측면을 지적할 수 있다. 제목에 '노몬한 전투초[ノモンハン戰抄]'라는 부제가 있는 것처럼 노몬한 전투를 소재로 삼고 있다. 노몬한은 몽골 동부의 '만주'와의 접경에 있는 도시로 국경 무역이 발달한 곳인데, 이곳에서 1939년 5월부터 9월까지 소련, 몽골과 일본의 관동군이 치열한 전쟁을 치른다. 결국 대규모 사상자를 낸 뒤 일본의 패배로 끝나고 이후 일본이 소련을 상대로 개전할 의사가 없게 만든 중요 전투인데, 이 시에서는 죽음을 각오하고 "확고하게 정좌"한 부동 자세의 병대 모습을 숙연하게 그리고 있다.

시뿐 아니라 단카에서도 이와 같이 중일전쟁에서 태평양전쟁에 이르는 구체적 격전지와 그 장소를 배경으로 노래한 경향의 작품이 상당수 있다.

① 요란하게도 북알류샨 열도에 포성 울리니 꼭 천둥소리 같아
잠에서 깨났구나.
[轟然と北アリユシヤンに砲なれば鳴神の如く眼をさましたり]

② 솔로몬 제도 거칠고 격한 파도 넘어서 왔네 당신이 쓴 편지를 내가
받았다오.
[ソロモンのはげしき波を越へて來し君が便りはわれいただきぬ]

③ 산타 크루즈 바다를 떠올리면 넓기도 하다 진실되기 비할 데 없는
전투였노라.
[サンタークルーズの海を想へばおぎろなし眞實無比の戰せいりけり][251]

①의 단카는 1942년 6월에 벌어진 알류샨 열도 전투, ②는 1942년 8월의 솔로몬 해전, ③은 1942년 10월의 산타 크루즈 해전 등 일본군이 미군과 벌인 격전을 각각 소재로 읊고 있다. 이러한 예는 전쟁과 구체적 전투를 배경으로 한 단카의 보도문학적 성격을 여실히 드러낼 뿐 아니라 전장에 있는 듯한 임장감을 생생히 보여준다. 시가가 주는 이러한 면모는 읽는 이에게 전쟁 참여의식을 고취시키고 전쟁 수행이 얼마나 당위적인지를 장황하지 않으면서도 효과적으로 선전하는 기능이 있다.

또 한편에는 전쟁이나 전투의 구체적 무대를 그대로 제시해주는 위의 시가와는 달리, 총후의 '국민'들에게 전쟁 수행을 뒷받침할 애국심과 전의의 고양을 목적으로 제시된 시가도 있다.

① 천황의 말씀
태양과 하늘을 쏘며 날아다니고
신(神)으로서
이루시는 성업(聖業) 고귀하다

② 1월 8일은 첫 대조봉대일(大詔奉戴日)
이날 눈이 내렸네
우리 어머니는 아침 일찍 일어나 아침 집회에 가는데
공덕(孔德) 마을은 언덕 위에 있으므로

---

251 ①은 下脇光夫, 앞의 글(「朝鮮短歌集」(1943)), p.91. ②는 田淵きよ子, 위의 글(「朝鮮短歌集」(1943))p.95. ③은 新井志郎, 위의 글(「朝鮮短歌集」(1943)), p.71.

저쪽 언덕에 조용히 묵도하는 어머니 모습 보인다

흰 땅에 빨갛게 국기는 펄럭이고[252]

①은 시인 나카오 기요시[中尾清]의 「대조환발(大詔渙發)」이라는 시 일부로, 제목의 '대조환발'이란 1941년 12월 8일 태평양전쟁이 개전된 것을 선포한 천황의 조칙(詔勅)을 말한다. '현인신(現人神)'인 "천황의 말씀", 즉 개전을 선포한 조칙이 태평양전쟁을 거룩하고 신성한 "성업(聖業)"으로 고귀하게 여겨지게끔 만든다. ②는 다른 재조일본인 시인들에 비해 꽤 알려진 시인 노리타케 가즈오[則武三雄][253]의 시 「대조봉대일(大詔奉戴日)」이다. '대조봉대일'은 태평양전쟁 때 실시된 국민운동의 하나인데, 1942년 1월 8일부터 매월 8일마다 국기를 게양하고 기미가요[君が代]를 연주하며 신사에 참배하고 조칙을 봉독하는 등의 실천을 하도록 지정된 날이다. 시에서도 공덕동에 살면서 게양된 국기 아래 첫번째 눈 내린 대조봉대일에 묵도를 실천하는 어머니의 모습을 묘사하고 있다. 전장의 후방, 즉 총후는 어머니로 대표되는 여성들의 수호 영역이라고 할 수 있는데, 일상생활 전반에서 전쟁을 뒷받침하고 항상 애국심을 고취하며 일반 국민을 무장시킨다는 의도로 만들어진 대조봉대일을 시제로 삼았다.

---

252 ①은 中尾清,「大詔渙發」, 앞의 글(『朝鮮詩集』(1943)), p.43. ②는 則武三雄,「大詔奉戴日」, 위의 글(『朝鮮詩集』(1943)), p.48.

253 와타나베 키이치로(2002),「일본의 한 지방시인과 식민지 한국 체험—노리타케 카즈오[則武三雄]의 경우—」(『일본근대문학:연구와 비평』 제1집, 한국일본근대문학회, pp.223~242. 장인수(2014),「노리타케 가즈오[則武三雄]와 식민지 조선의 문단」『한민족문화연구』 제47집, 한민족문화학회, pp.301~329.

이렇게 중일전쟁 이후 태평양전쟁 개전을 거쳐 1943년 시점에 이르기까지 5년 여에 이르는 전쟁 기간이 『조선시가집』의 배경에 놓여 있다. 경우에 따라서는 다양한 전투와 전황의 현장에 관한 실제 묘사가 직접적으로 그려지기도 하고, 경우에 따라서는 전쟁 수행을 후방에서 뒷받침할 애국심과 국민의식 고취를 도모하는 다양한 총후의 이벤트를 소재로 삼기도 했다.

또 다른 방향성의 시가가 있다. 그것은 전쟁이라는 비일상적이고 힘든 현실을 극복하기 위해 내면적인 결의를 다지고, 이를 위해 일본의 전통과 신성성, 선조들의 역사에서 감지하는 어떤 힘을 차용하는 방식이다.

① 천명설이나 역성혁명의 대륙의 마음아
신에게서 불을 훔친
서구의 모리배는 굳이 무시하고
빛을 쳐다보고 있으면
저절로 차오르는 눈물처럼
나에게 전해오는 신의 무언가를 전하노라
외경하고 삼가는 마음을 아는 까닭에
끊임없이 진심을 추구하고
나의 노래 끝에서 태어나노라
위대한 빛을 위해 노래하다 죽노라

② 젊은 피여 타올라 뿜어져라

일장기의 그 붉은 마음을

가로막는다면 단호히 쓰러뜨리리

승리하는 것은 선조의 가르침

내가 출정할 남으로 북으로

(돌격 돌격 돌격이다)[254]

①은 가와바타 슈조의 시 「나의 노래 끝에서 태어나노라」의 마지막 부분으로, 천명설(天命說)이나 역성혁명(易姓革命)으로 상징되는 "대륙의 마음[からごころ]"이나 신에서 불을 훔친 "서구의 모리배[西欧の徒輩]"와 명백히 대비되는 신성한 일본의 "신의 무언가"가 나에게로 전해진다는 구조를 보여준다. ②는 나카오 기요시의 「결의」라는 시인데 세 연으로 이루어진 이 시의 둘째 연을 인용했다. 1연, 2연, 3연의 끝에서 각각 "(어뢰 어뢰 어뢰다)"나 "(돌격 돌격 돌격이다)", "(폭격 폭격 폭격이다)"를 반복적으로 사용하고 있어 시적 화자의 외부는 전쟁 중인 것을 강조하는데, 시적 화자의 내면은 "승리하는 것은 선조의 가르침"이라 굳게 믿음으로써 전쟁이 단연코 승리한다는 필연성은 선조들의 역사에서 뒷받침되고 있다.

이러한 측면은 앞서 지적했던 일본 고대의 신화적 신성성, 그리고 『만요슈』의 세계를 환기시키는 방식과 연계되는 지점이 있다. 단카는 『만요슈』의 고대부터 사용된 가어를 구사할 수 있는 점 때문에 그러한 신화적 신성함을 가지고 오기가 용이하다.

254 ①은 川端周三, 「わがうたの終りに生れる」, 앞의 글(『朝鮮詩集』(1943)), p.13. ②는 中尾清, 「決意」, 위의 글(『朝鮮詩集』(1943)), pp.46~47.

① 대동아국을 태어나게 만드는 새로운 신화 그 신성함 속에서 새해가 밝는구나.

[大東亞國生みなせるあたらしき神話の中に年明けにつつ]

② 신의 존재로 지금은 우러르는 천황이시니 그 간격이 크구나 보잘것없는 나와.

[神としていまは仰がるる君なりきそのへだたりや数ならぬ吾と][255]

일본과 일본의 고대 신화가 가진 신성함을 현인신 천황에게서 발견하며, 대동아공영권 건설을 위한 '대동아전쟁'이 고래로 약속된 필연적인 것이라 정당화된다. ①② 외에도 '와다쓰미(海神, わたつみ)'로 일컬어진 해신, 혹은 '스메라미(皇語, すめらみ)'라 일컬어진 천황 등의 가어를 사용한 단카에서는 일본의 신성함을 강조하여 전쟁 수행의 당위성과 승리의 필연성에 대한 신념을 보여준다.

또 다른 시가의 유형으로는 후방의 삶과 정서를 반영한 작품들이 있는데 가족, 혈육, 동포 등을 소재로 하는 점이 가장 두드러지는 특색이라 하겠다. 부모나 동포, 형제가 언급된 시는 도합 10편에 이르며, 처자식, 부모, 친구, 동포를 가어에 사용한 단카 또한 수십 수 있다. 이러한 유형의 시와 단카를 살펴보자.

① 아름답고 또한 위대한
천황 치세의 봄이구나

255 ①은 新井志郎, 앞의 글(「朝鮮短歌集」(1943)), p.70. ②는 伊藤田鶴, 위의 글(「朝鮮短歌集」(1943)), p.75.

반도에 자식들을 가진 어머니에게
빛이 나며 물든다
…중략…
무사가 지반을 다진 땅이다
반도에 자식들을 가진 어머니는
이 때문인지 책무가 무겁고
명예는 드높다

② 어렵고 힘든 위대한 전쟁 속에 나서 자라는 아이들은 나보다 아는 것도 많구나.

[きびしかるみいくさの中に生ひたてる子らはわれより知ること多し]

③ 조선 반도의 아이들도 자라서 천황의 나라 지킬 방패로 서는 날 찬란하게 필 벚꽃.

[半島の子らも育ちて大君のみ楯と立たむ日の桜花][256]

①은 스기모토 다케오의 「나 또한 무사의 어머니[われもまたもののふの母]」라는 시의 일부다. 일본의 상무(尙武) 정신을 대표하는 것은 사무라이, 즉 무사나 무인이다. 이들을 가리키는 '모노노우(もののふ)'라는 고어적 어휘를 사용하여 이 한반도에서 자식을 둔 어머니로서의 "책무"가 시에 노래되었다. 그 책무란 '황민'으로서의 아들을 출정시켜 천황을 위해 싸우도록 키워내는 것이며, 그 책무를 다함으로써 "명예" 즉 제목처럼 '나 또한 무사의 어머니'라는 드높은 자부심을 가질 수 있음

---

256 ①은 杉本長夫, 「われもまたもののふの母」, 앞의 글(「朝鮮詩集」(1943)), pp.66~67. ②는 藤川美子, 앞의 글(「朝鮮短歌集」(1943)), p.104. ③은 道久良, 위의 글(「朝鮮短歌集」(1943)), p.106.

을 말한다. '어머니'라는 존재에게 요구된 전쟁기의 시대적 책무란 다름 아닌 나라의 방패로서 아들을 병사로 육성해내는 이른바 '군국모성(軍國母性)'[257]이었던 셈이다. 단카 ②에서도 역시 전쟁기의 총후 생활 속에서 아이를 바라보는 모성, ③의 경우는 부성의 시선이 인식된다.

이처럼 『조선시가집』에 존재하는 부모, 처자식, 형제자매, 동포를 노래한 시가는 혈육의 정, 우정이라는 보편적인 인간 정서를 통해 비일상적 전쟁 행위에 당위성을 부여해준다. 또한 이것은 국가(國家)라는 확대된 가족개념으로 변모하면서 천황이라는 국가 가부장제도에 기여할 수 있는 아들, '마스라오'와 '모노노우'가 될 수 있는 남자들을 키우는 군국의 부모로서의 책무를, 총후의 명예로운 의무과제로 부과하는 논리를 내포하는 것이다.

1943년 시점에서 한반도 마지막 시가집으로 간행된 작품집 『조선시가집』에는 이렇게 다양한 전쟁 시가가 포함되어 있어서, 1942년 경부터 전쟁 말기까지 유행처럼 확산된 '애국'의 관념과 전쟁 수행을 당위적으로 만들고 전의를 고취시키는 프로파간다로서 기능한 것을 확인했다. 이것이 『조선시가집』이 지니는 국책시가로서의 특징이라 하겠다.

다만, 그럼에도 불구하고 1920년대부터 1930년대까지 끊임없이 한반도의 일본어 시가 문학에 요청된 조선적 소재들, 예를 들면 '은비녀'나 '가시나'등의 조선어 고유명사로 표기된 시어나 가어가 일제 말기 마지막 일본어 시가집에서도 추구되고 있는 이유는 아직 해명되지 못

---

257 辛英姬(2007), 「植民地 朝鮮에서의 徵兵制와 '軍國母性' - 崔貞熙의 1940~1945년 작품을 매개로」『大東文化硏究』 제59집, 성균관대학교 대종문화연구원, pp.403~441.

한 내용이다. 이것은 1930년대 중반 『조선풍토가집』에서 정점을 찍으면서 일본어 시가에 구현된 '조선색'이 전쟁기를 겪으며 어중간하게 끊어진 듯 여겨진 계보와 밀접한 관계가 있을 것이다. 그 계보를 추적하는 것과 『조선시가집』에 참여한 조선인 시인들이 해방 후 지속한 시 활동을 아울러 보는 작업이 '한반도의 일본어 시가 문학' 전체상을 그리는 데에 남겨진 과제가 될 것이다.

10강 키워드

국민시가발행소(國民詩歌發行所), 『애국 백인일수 전석(愛国百人一首)』, 스에다 아키라[末田晃], 『조선시가집(朝鮮詩歌集)』, 징병제 실시, 학도 출진, 전쟁 시가, 총후(銃後), 고대의 신화, 천황의 신성성

〔부록〕 20세기 전반 한반도 간행 일본어 시가 문학 관련 전문 문헌 목록

	잡지명	수록권호	주재·편자	발행소	출판지	현존본
【단카 전문 잡지】						
1	ポトナム [버드나무]	創刊号~ 第3巻第5号, 第11巻第9号~ 第23巻3号 (欠号有り)	小泉苳三 百瀬千尋等	ポトナム	경성 도쿄	1922.4~ 1924.5 1932.9~ 1944.3
2	眞人 (진인)	第2巻第1號~ 第21巻第3號 (欠号有り)	市山盛雄 細井魚袋等	眞人社	경성 도쿄	1924.1~ 1943.3
3	新羅野 [시라기누]	第1巻第10号~ 第11号 第2巻第7号	丘草之助 原口順等	新羅野社	경성	1929.11~ 12 1930.7.
4	久木 [히사기]	第5巻第6号, 12月号	末田晃	久木社	경성	1932.6 / 12.
5	歌林 (가림)	第2巻第1號	小西善三	朝鮮新短歌協會	경성	1934.12.
6	朝 [아침]	第1巻第8號	道久良	『朝』發行所	경성	1940.10.
7	國民詩歌 (국민시가)	9月(創刊)号~ 2巻10月號 (欠号有り)	道久良	國民詩歌發行所	경성	1941.9~ 1942.11
【하이쿠 전문 잡지】						
1	草の実 [풀씨]	第100号~ 第181号	楠目橙黃子 横井時春等	草の実吟社	경성	1933.10~ 1940.8
2	長栍 (장승)	第1巻第1號 ~第6巻第12號	西村省吾	朝鮮石楠聯盟	경성	1935.1~ 1940.12
3	山葡萄 (산포도)	第11巻第2号	江口元衞	山葡萄発行所	원산	1937.2
4	水砧 [미즈키누타]	第1號~第6號	菊池武雄	朝鮮俳句作家協會	경성	1941.7~ 1941.12

【센류 전문 잡지】						
1	ケイリン川柳 (계림 센류)	11月2号~ 12月3号	横山巌	鶏林川柳社	경성	1922.11~ 12
2	芽やなぎ (메야나기)	第1号~第7号 (欠号有り)	横山大納言 寺田沈澱子	芽やなぎ川柳社	경성	1923.4~ 11
3	川柳鼓 (센류쓰즈미)	創刊号	岡部茂太	つゞみ川柳社	평양	1925.6.
4	川柳砧 (센류키누타)	41号~54号	向田六寶	きぬた川柳吟社	경성	1926.5~ 1927.1
5	川柳三昧 (센류 삼매)	第10号~第45号	横山巷頭子	南山吟社	경성	1928.1~ 1930.12
【도도이쓰 전문 잡지】						
	かち烏(까치)	皐月號, 文月號, 霜月號	高野宵灯	青鳥社/ かち烏俚謡社	경성	1927.5, 8,11.

작품집명	저/편자	발행소	발행지	발행년월
【단카 작품집】				
歌集 淡き影(가집 옅은 그림자)	市山盛雄	ポトナム社	경성	1922.12
莎鶏集(사계집)	小泉苳三	ポトナム社	경성	1923.6
柊(호랑가시나무)	岡嶋郷子	近澤商店印刷部	진남포	1926.7
さきもり(사키모리)	神尾弌春		경성	1928.11
松濤園(송도원)	渡邊清房	元山短歌會	원산	1928.12
麥の花(보리꽃)	難波專太郎	眞人社	경성	1929.9
高麗野(고려야)	名越湖風	大阪屋號書店	경성	1929.11
(朝鮮歌集序編) 澄める空 (조선가집 서편 맑은 하늘)	道久良	眞人社	도쿄	1929.12
韓郷(한향)	市山盛雄	眞人社	도쿄	1931.2
(久木歌集)山泉集 (히사기 가집 산천집)	末田晃, 柳下博	久木社	경성	1932.1
新羅野歌集 第三(사계집)	丘草之助	新羅野發行所	경성	1934.1
(昭和九年版)朝鮮歌集 (1934년판 조선가집)	朝鮮歌話會	朝鮮歌話會	경성	1934.1

儒達(유달)	儒達短歌會同人	儒達短歌會	목포	1934.7
朝鮮風土歌集(조선풍토가집)	市山盛雄	朝鮮公論社	경성	1936.11
松の實(솔방울)	磯部百三	磯部百三先生歌集刊行會	경성	1937.2
朝鮮(조선)	道久良	眞人社	경성	1937.3
現代朝鮮短歌集(현대조선단카집)	現代朝鮮短歌集刊行會			1938.5
聖戰(성전)	道久良	眞人社	경성	1938.9
歌集 朝鮮女流六人集(가집 조선여류육인집)	小倉進平	日韓書房	경성	1941
國民詩歌集(국민시가집)	國民詩歌連盟	國民詩歌發行所	경성	1942.3
愛國百人一首全釋 附・愛國短歌集(애국백인일수 전석 부・애국단카집)	末田晃	國民詩歌發行所	경성	1943.3
和魂(화혼)	楠田敏郎	大洋出版社	경성	1944.7
【하이쿠 작품집】				
朝鮮俳句一萬集(조선하이쿠일만집)	戶田雨瓢	朝鮮俳句同好會	경성	1926.9
合歡の花(합환의 꽃)	新田留次郎	近澤茂平	경성	1927.2
金剛句歌詩集(금강구가시집)	成田碩內	龜屋商店	경성	1927.9
朝鮮(조선)	笠神句山	京城日報社學藝部	경성	1930.3
朝鮮俳句選集(조선하이쿠선집)	北川左人	靑壺發行所	경성	1930.8
河越風骨遺句集(가와고에 후코쓰 유구집)	河越朝彌	草の實吟社	경성	1933.11
京城句集(경성 구집)	高田宇外, 海市綠村	句集刊行會	경성	1934
梨の花(배꽃)	小山空々洞 外 4人	梨の花刊行會	경성	1934.8
朝鮮女流俳句選集(조선여류하이쿠선집)	海地福二郎	句集刊行會	경성	1935.7
くすり吐く(약 토하다)	川崎千鶴子	朝鮮印刷株式會社	원산	1935.11
落壺句集(오치쓰보)	後藤鬼橋, 大石滿城	落壺吟社	경성	1936.7
枯蘆(마른 갈대)	淸原伊勢雄	近澤書店	경성	1943.12
【센류 작품집】				
朝鮮川柳(조선 센류)	柳建寺土左衛門	川柳柳建寺社	경성	1922.10
朝鮮風土俳詩選(조선풍토하이시선)	津郵瓢二樓	橋本印刷所	경성	1940.9

한반도와 일본어 시가 문학

초판발행 1쇄 2018년 12월 31일

지은이 엄인경

펴낸곳 고려대학교출판문화원
www.kupress.com
kupress@korea.ac.kr
02841 서울특별시 성북구 안암로 145
02-3290-4230, 4232
Fax 923-6311
찍은곳 한국컴퓨터인쇄정보

ISBN 978-89-7641-974-3 93830

값 19,000원

* 잘못 만들어진 책은 바꿔드립니다.